Giovanni Netzer

Si en parvis!

Auf in den Himmel!
Rätoromanische Dramen des 18. Jahrhunderts

Editions Theaterkultur Verlag

D19 Philosophische Fakultät für Geschichts- und Kunstwissenschaften
der Ludwig-Maximilians-Universität München

Schweizer Theaterjahrbuch
Annuari svizzer dal teater
62-2001

herausgegeben von der Schweizerischen Gesellschaft für Theaterkultur
Edi da la Societad svizra per cultura da teater

Die Publikation wird unterstützt durch
La publicaziun vegn sustegnida da

> Schweizerische Akademie der Geistes- und Sozialwissenschaften
> Academia svizra da scienzas moralas e socialas
>
> Erziehungs-, Kultur- und Umweltschutzdepartement Graubünden
> Departament d'educaziun, cultura e protecziun da l'ambient dal Grischun
>
> Lia Rumantscha
>
> Fundaziun Museum Regiunal Savognin

Copyright© 2001 by Editions Theaterkultur Verlag. Basel

Umschlag: Hampi Krähenbühl SGD, Fürigen
Layout: Susann Moser-Ehinger, Basel
Fotos: Daniel Thuli, Ilanz
Druck: Druckerei Odermatt AG, Dallenwil
ISBN 3-908145-41-4

Meinen Eltern und meiner Schwester
in Dankbarkeit gewidmet

Inhaltsverzeichnis

Vorwort der Herausgeber.................... 13

Einleitung 15

I. Geschichte des rätoromanischen Dramas vor 1800........ 19
   1 Das Humanistendrama...................... 21
      1.1 Gian Travers 21
      1.2 Die ersten rätoromanischen Dramen 22

   2 Das Reformationsdrama des Engadins 23

   3 Das Studententheater der Benediktinerabtei Disentis........ 27
      3.1 Die Benediktinerabtei Disentis 27
      3.2 Das Disentiser Studententheater.............. 28
      3.3 Einsiedler Theatertradition in Disentis 31

   4 Das dörfliche Theater....................... 35

II. Die Dramentexte......................... 37
   1 Allgemeine Vorbemerkungen 39
      1.1 Quellenlage....................... 39
      1.2 Zitation der Dramentexte 40
          1.2.1 Transkription der Handschriften 40
          1.2.2 Zitation aus edierten Texten 41

   2 Das Drama *La Passiun da Savognin* 45
      2.1 Überlieferungsgeschichte und Textbefund........... 45
          2.1.1 Beschreibung der Handschrift 46
          2.1.2 Aufbewahrungsort................ 46
          2.1.3 Datierung der Handschrift 46
          2.1.4 Der Autor der *Passiun da Savognin* 46
          2.1.5 Aufführungen................. 47
      2.2 Darstellung des Inhaltes.................. 48
          2.2.1 Titel...................... 48
          2.2.2 Rollenverzeichnis................. 48
          2.2.3 Inhaltsangabe 48
      2.3 *Die Passiun da Savognin* – ein Rollenauszug?......... 51

3 Das Drama *La Passiun da Lumbrein* 55
   3.1 Überlieferungsgeschichte und Textbefund. 55
      3.1.1 Datierung der Handschrift 56
      3.1.2 Entstehung des Passionsspiels 56
      3.1.3 Aufführungen 59
   3.2 Darstellung des Inhaltes. 63
      3.2.1 Titel. 63
      3.2.2 Rollenverzeichnis. 63
      3.2.3 Inhaltsangabe 64
   3.3 Gliederung, Struktur und Disposition der Handlung 68
      3.3.1 Akt- und Szeneneinteilung 68
      3.3.2 Ort der Handlung 69
      3.3.3 Bühnenanweisungen 69
      3.3.4 Biblischer Bericht oder Neudichtung 71
   3.4 Redestil und Charakterisierung der Personen 75
   3.5 Sinnzusammenhänge 79

4 Das Drama *La Passiun da Sumvitg* 87
   4.1 Überlieferungsgeschichte und Textbefund 88
      4.1.1 Datierung des Dramas 88
      4.1.2 Der Autor der *Passiun da Sumvitg* 90
      4.1.3 Aufführungen 92
   4.2 Darstellung des Inhaltes. 93
      4.2.1 Titel. 93
      4.2.2 Rollenverzeichnis. 94
      4.2.3 Inhaltsangabe 95
   4.3 Gliederung, Struktur und Disposition der Handlung 103
      4.3.1 Akt- und Szeneneinteilung 103
      4.3.2 Ort der Handlung 104
      4.3.3 Bühnenanweisungen 104
      4.3.4 Biblischer Plot 105
   4.4 Redestil und Charakterisierung der Personen 107
      4.4.1 Redestil 107
      4.4.2 Charakterisierung der Personen 109
   4.5 Sinnzusammenhänge 113

5 Das Drama *Trinum Perfectum. S. Placidus* 123
   5.1 Überlieferungsgeschichte und Textbefund 124
      5.1.1 Beschreibung der Perioche 124

      5.1.2 Aufbewahrungsort.......................... 124
      5.1.3 Datierung 125
      5.1.4 Der Autor des *Sogn Placi*................... 125
      5.1.5 Aufführungen 125
  5.2 Darstellung des Inhaltes............................ 128
      5.2.1 Titel..................................... 128
      5.2.2 Rollenverzeichnis.......................... 129
      5.2.3 Der deutsche Wortlaut der Perioche............ 130
  5.3 Gliederung, Struktur und Rekonstruktion der Handlung . 132
      5.3.1 Akt- und Szeneneinteilung 132
      5.3.2 Ort der Handlung 132
      5.3.3 Anmerkung zur Rekonstruktion des Dramas 133

6 Das Drama *Sogn Gieri* 141
  6.1 Überlieferungsgeschichte und Textbefund 142
      6.1.1 Beschreibung der Handschrift 142
      6.1.2 Aufbewahrungsort.......................... 142
      6.1.3 Datierung der Handschrift 142
      6.1.4 Der Autor des *Sogn Gieri*.................... 143
      6.1.5 Aufführungen 144
  6.2 Darstellung des Inhaltes............................ 144
      6.2.1 Titel..................................... 144
      6.2.2 Rollenverzeichnis.......................... 145
      6.2.3 Inhaltsangabe 146
  6.3 Gliederung, Struktur und Disposition der Handlung 156
      6.3.1 Akt- und Szeneneinteilung 156
      6.3.2 Ort der Handlung 156
      6.3.3 Bühnenanweisungen 157
      6.3.4 Quantitative Untersuchungen................... 158
      6.3.5 Disposition der Handlung 161
  6.4 Redestil und Charakterisierung der Personen 165
      6.4.1 Vorbemerkung zum Sprachstil 165
      6.4.2 Redestil der Personen........................ 166
      6.4.3 Charakterisierung der Personen 167
  6.5 Sinnzusammenhänge 171
      6.5.1 Symbole und Leitmotiv 171
      6.5.2 Der leitende Sinn des Dramas.................. 173

7 Das Drama *Gion Guarinus* 179
  7.1 Überlieferungsgeschichte und Textbefund 179
    7.1.1 Beschreibung der Handschriften. 180
    7.1.2 Aufbewahrungsort. 181
    7.1.3 Datierung der Handschriften 181
    7.1.4 Der Autor des *Gion Guarinus* 182
    7.1.5 Aufführungen 182
  7.2 Darstellung des Inhaltes. 183
    7.2.1 Titel. 183
    7.2.2 Rollenverzeichnis. 183
    7.2.3 Inhaltsangabe 184
  7.3 Gliederung, Struktur und Disposition der Handlung 207
    7.3.1 Akt- und Szeneneinteilung 207
    7.3.2 Ort der Handlung 207
    7.3.3 Bühnenanweisungen 207
    7.3.4 Disposition der Handlung 209
  7.4 Redestil und Charakterisierung der Personen 210
    7.4.1 Vorbemerkung zum Sprachstil 210
    7.4.2 Redestil der Personen. 211
    7.4.3 Charakterisierung der Personen 213
  7.5 Sinnzusammenhänge 215
    7.5.1 Sentenzen und Leitmotive 215
    7.5.2 Der leitende Sinn des Dramas. 216
  7.6 Ein Vergleich: der *Joannes Guarinus* von Zug 218
    7.6.1 Einteilung des Dramas 219
    7.6.2 Inhaltsangabe 219
    7.6.3 Charakterisierung des *Joannes Guarinus* von Zug . . . 221
    7.6.4 Anmerkungen zur rätoromanischen Rezeption 222

8 Das Drama *Paulinus de Nola*. 227
  8.1 Überlieferungsgeschichte und Textbefund 227
    8.1.1 Beschreibung der Handschrift 229
    8.1.2 Aufbewahrungsort. 229
    8.1.3 Datierung der Handschrift 229
    8.1.4 Der Autor des *Paulinus de Nola*. 229
    8.1.5 Aufführungen 230
  8.2 Darstellung des Inhaltes. 231
    8.2.1 Titel. 231
    8.2.2 Rollenverzeichnis. 231

  8.2.3 Inhaltsangabe 232
 8.3 Gliederung, Struktur und Disposition der Handlung 238
  8.3.1 Akt- und Szeneneinteilung 238
  8.3.2 Ort der Handlung 239
  8.3.3 Bühnenanweisungen 240
  8.3.4 Quantitative Untersuchungen. 240
  8.3.5 Aufbau des Dramas 244
  8.3.6 Disposition der Handlung 245
 8.4 Redestil und Charakterisierung der Personen 247
  8.4.1 Vorbemerkung zum Sprachstil 247
  8.4.2 Redestil der Personen. 247
  8.4.3 Charakterisierung der Personen 249
 8.5 Sinnzusammenhänge 251
  8.5.1 Symbole und Metaphern 251
  8.5.2 Der leitende Sinn des Dramas. 253

**III. Bedeutung des rätoromanischen Dramas
des 18. Jahrhunderts** 255
 1 Einschränkungen 257
 2 Charakterisierung. 259
  2.1 Die Passionen 259
  2.2 Das Ordensdrama 260
  2.3 Die *Kleinen Dramen* 261
 3 Rätoromanische Dramen im europäischen Kontext. 263
  3.1 Die Passionen. 264
  3.2 Das Ordensdrama 265
  3.3 Die *Kleinen Dramen* 265
 4 Schlusswort 266

IV. Anhang 267
 1 Abkürzungsverzeichnis. 269
 2 Literaturverzeichnis 269
  2.1 Primärliteratur. 269
  2.2 Sekundärliteratur 271

Vorwort der Herausgeber

Die SGTK wurde 1927 unter dem Namen Gesellschaft für innerschweizerische Theaterkultur gegründet, 1930 in Gesellschaft für schweizerische Theaterkultur und schliesslich 1947 in Schweizerische Gesellschaft für Theaterkultur/Société Suisse du Théâtre/Società Svizzera di Studi Teatrali/Swiss Association for Theatre Research umbenannt. Auffallend ist hier einmal die Schwierigkeit, den Begriff «Theaterkultur» ins Französische und ins Italienische zu übersetzen, und dann der englische Name: Er sollte den internationalen Kontakt über die Gebiete der Landessprachen hinaus belegen. Weder bei der Erweiterung vom «innerschweizerischen» zum (gesamt)«schweizerischen» Tätigkeitsgebiet noch bei der Umbenennung 1947 nach dem Krieg wurden die Rätoromanen bedacht. Nachdem das Rätoromanische 1938 zur offiziellen Landessprache der Schweiz ernannt worden war, hätte man spätestens 1947 daran denken müssen.

Allerdings war bereits im 6. Schweizer Theaterjahrbuch 1934 ein erster verstohlener Blick auf rätoromanisches Theater gewagt worden. Zwar wurde es als solches beim Hauptthema «Erneuerung des schweizerischen Theaters» nicht berücksichtigt, aber es findet sich dort doch eine dreiseitige Rezension, in der Oscar Alig (Rom) die in *Igl Ischi* (Jahrgang XXII/1931 und XXIII/1932) publizierte Geschichte des rätoromanischen Theaters von 1650 bis 1850 von Guglielm Gadola würdigt.

Von da an – mit einer Ausnahme: in MIMOS 2/1980 berichtete Gian Gianotti *Von der Lage des Schultheaters in Romanischbünden* – dauerte es genau fünfzig Jahre, bis dieser Blick erneuert wurde. Im Rahmen eines geplanten Jahrbuches zum Thema *Mundarten im schweizerischen Theater* wurde Trista Murk gebeten, das aktuelle Theaterleben in Rätisch-Bünden darzustellen. Der 1984 abgeschlossene Aufsatz wurde allerdings erst 1987 publiziert, nachdem das geplante Jahrbuch nicht zustande gekommen war. Unter dem Titel Theater der Rätoromanen erschien er als Nr. 18-1987 in der Reihe «Schriften der SGTK». Ergänzend finden sich darin die Spielpläne der rätoromanischen Laienbühnen von 1984–1986. Ferner wurden Gian Gianottis Projekt eines dreisprachigen professionellen Theaters *Rätisches Theater – Teater Retic – Teatro Retico* sowie einige damals aktuelle mehrsprachige Produktionen vorgestellt; zudem wurde über den Aufbau des «Post da Teater de la Lia Rumantscha» berichtet.

In der Zwischenzeit war auf Antrag von Christian Jauslin (Interimspräsident 1985/86) das Rätoromanische enger in die Gesellschaft einbezogen worden. Nach Absprache mit Bernard Cathomas, damals Sekretär der Lia Rumantscha, wurde der Name der Gesellschaft auf der Vorstandssitzung vom 12. April 1986 in der Form der neuen romanischen Schriftsprache Rumantsch Grischun durch Societad Svizra per Cultura da Teater ergänzt. Auf Vorschlag der Lia Rumantscha wurde Gian Gianotti als Vertreter der Rätoromanen in den Vorstand gewählt.

Gian Gianotti wirkte in der ersten Hälfte der neunziger Jahre im Ausland, nahm aber seine Tätigkeit im Vorstand nach seiner Rückkehr in die Schweiz wieder auf und amtet seit 1995 als (notabene viersprachiger) Präsident der Gesellschaft. Giovanni Netzer, der während Gianottis Auslandaufenthalt als Mitglied romanischer Sprache in den Vorstand gewählt worden war, gehört dem Gremium weiterhin an. Dass seine Dissertation nun als Jahrbuch erscheinen kann, gibt den Bemühungen, den Rätoromanen und ihrem Theater in der SGTK besser gerecht zu werden, neuen Auftrieb. Der Vorstand hofft, diese Publikation zeige einerseits den Rätoromanen, dass ihr Theater so ernst genommen wird wie das der anderen Sprachgruppen der Schweiz, und vergrössere anderseits das Interesse der übrigen Schweiz am rätoromanischen Theater.

PD Dr. Andreas Härter, Sprecher der Publikationskommission

Orpheus maturos ex horto suo Flores colligit
Orpheus enquera ensemel las madiras flurs de siu hiert
Orfeo racoglie i fiori maturi del suo Giardino
Orpheus samblet die vollkomneste blumen aus seinem Garten[1]

Einleitung

Am 11. Juli 1746 wurde in der Benediktinerabtei Disentis das Drama *Trinum perfectum. S. Placidus* gegeben. Das Stück war bereits zwei Jahre zuvor mit grossem Erfolg aufgeführt worden.

Im Zentrum des Stückes stehen Leben, Leiden und Sterben des jungen Märtyrers Placidus von Disentis. Orpheus begleitet ihn durch alle Akte, beweint die unfruchtbare Einöde, freut sich dann über die blühenden Blumen, die Früchte des Glaubens. Waldgötter tanzen über die Bühne. Am Schluss trägt der ermordete Placidus sein Haupt ins Kloster und triumphiert über Viktor, den boshaften Grafen von Chur.

Eine grosse Menschenmenge hatte sich eingefunden, das Hochfest der Klosterpatrone zu begehen. Vor dem Kloster war eine Freilichtbühne errichtet worden. Ein hoher Gast war zu Besuch, Nuntius Philippo Acciajuoli. Für ihn wurde der erste Akt in italienischer Sprache aufgeführt. Den zweiten gab man deutsch, für Schule und Kloster. Für das Volk wurde der dritte Akt, der Höhepunkt des Stückes, romanisch aufgeführt. Zwischen den Akten wurde ein anderes Spiel, das *Opfer Abrahams,* gegeben – auf lateinisch.

Eine Perioche, ein barockes Theaterprogramm, belegt die Aufführung des *Trinum perfectum. S. Placidus* für das Jahr 1744. Diese Perioche ist einzigartig. Sie ist viersprachig abgefasst: lateinisch, romanisch, italienisch und deutsch. Woher die Zuschauer auch kamen, man war auf sie vorbereitet. Und man spielte in verschiedenen Sprachen.

Die Aufführungen des *Trinum perfectum. S. Placidus* sind Ausdruck einer besonderen sprachlichen Situation. Die Minderheit der Rätoromanen,

---

[1] Epilog des Dramas *Trinum perfectum. S. Placidus*. Beschreibung aus der Szenenübersicht in der Perioche zur Aufführung von 1744. – Peri.Placidus.Disent. S. 8–9

eingespannt zwischen zwei grossen Kulturräumen, hat viel von ihren Nachbarn übernommen. Die Dramen des 18. Jahrhunderts, die in dieser Arbeit besprochen werden, bilden hier keine Ausnahme. Die Stoffe wurden übersetzt, angepasst, vereinfacht. Ihre Qualität wurde durch die Überarbeitung nicht immer besser. Aber der Wille, Fremdes zu inkulturieren, zum Eigenen zu machen, kennzeichnet die Vitalität einer kleinen Kultur.

In dieser Arbeit werden sieben romanische Dramen des 18. Jahrhunderts vorgestellt. Sie sind teilweise nur fragmentarisch erhalten. Drei von ihnen wurden ediert und publiziert, drei liegen in handschriftlicher Form vor, eines wurde als Perioche gedruckt – das erwähnte Placidus-Drama, dessen Text nicht mehr existiert.

Wichtigstes Ziel dieser Arbeit ist die Erfassung und Dokumentation der Dramen. Die Texte werden detailliert vorgestellt. Überlieferungsgeschichte, Darstellung des Inhaltes und Analyse der dramatischen Form sind wichtige Bestandteile dieser Untersuchung. Mit zahlreichen, im laufenden Text zweisprachig wiedergegebenen Textbeispielen wird die sprachliche Eigenart der jeweiligen Stücke charakterisiert.

Erstmals werden in dieser Arbeit die Dramen des 18. Jahrhunderts zusammenhängend vorgestellt. Die grossen Passionen von Lumbrein und Sumvitg wurden schon früher besprochen. Die Literatur dazu ist häufig in rätoromanischer Sprache erschienen. Im Rahmen dieser Arbeit wird auch die Sekundärliteratur, insofern sie von wissenschaftlicher Relevanz ist, übersetzt und im laufenden Text wiedergegeben.

Die Heiligen- und Büsserdramen, die nicht zu den grossen Produktionen der Klosterbühne gehören und in dieser Arbeit als *Kleine Dramen* bezeichnet werden, haben viel weniger Aufmerksamkeit auf sich gezogen. Sie liegen nur in handschriftlicher Form vor. Um sie in dieser Arbeit vorstellen zu können, wurden alle erforderlichen Textpassagen aus den Originalmanuskripten transkribiert und übersetzt.

Ziel der vorliegenden Arbeit ist nicht die abschliessende Darstellung einer ganzen Epoche der romanischen Theatergeschichte. Die wenigen Texte, die aus dem 18. Jahrhundert überliefert sind und hier vorgestellt werden, bilden dafür keinen ausreichenden Hintergrund. Der Brand der Disentiser Klosterbibliothek im Jahre 1799 hat die dramatischen Bestände drastisch reduziert.

Mit dieser Arbeit werden die überlieferten Dramen des 18. Jahrhunderts theaterwissenschaftlich aufgearbeitet und für die deutschsprachige Forschung erschlossen. Es wird sich zeigen, dass das rätoromanische

Sprachgebiet im Graubünden des 18. Jahrhunderts kein weisser Fleck auf der kulturellen Landkarte war, sondern in aktivem Austausch mit den grossen Sprachgruppen eine eigene Prägung barocker Dramenformen entwickelt hat.

I. Geschichte des rätoromanischen Dramas vor 1800

1 Das Humanistendrama

Die Schriftwerdung der rätoromanischen Sprache setzt im frühen 16. Jahrhundert ein. Das Interesse an der romanischen Sprache entspringt humanistischem Denken.[2] Theaterstücke gehören zu den ersten rätoromanischen Textzeugen überhaupt.

> Noch bis zur Mitte des 16. Jh. war das Rätoromanische für die Aussenstehenden eine Barbarensprache, die nicht einmal geschrieben werden konnte. [...] Doch das zunehmende, durch den 1499 errungenen Sieg gegen die Habsburger bestärkte nationale Bewusstsein brachte auch eine Veränderung des Verhältnisses zur eigenen Sprache mit sich.[3]

Der erste dokumentierte romanische Autor ist Gian Travers. Seine *Chianzun dalla guerra dagl Chiaste da Müs* gilt als das erste Werk der romanischen Literatur. Gion Deplazes beschreibt ihn als «einzigartige Person, die ihn an Erasmus von Rotterdam»[4] erinnere.

1.1 Gian Travers

Gian Travers wurde 1483 oder 1484 in Zuoz geboren. Er studierte Jurisprudenz in Freiburg im Breisgau und in Leipzig. Dann schlug er eine politische Laufbahn ein. Er wurde bischöflicher Kanzler und beteiligte sich im Jahr 1515 an der Schlacht von Marignano. Zwei Jahre später wurde er Landeshauptmann des Veltlins. Die Erhebung in den Adelsstand eröffnete ihm neue politische Möglichkeiten. Als Gesandter der Drei Bünde geriet er 1525 in die Gefangenschaft von Gian Giacomo de Medici. In der *Chianzun dalla guerra dagl Chiaste da Müs* erzählt er von den Kriegsvorkommnissen und rechtfertigt seine Politik. Dieses Werk wurde nie gedruckt, erfuhr aber eine weite Verbreitung und ist in mehreren Handschriften erhalten.[5]

> Dass dieser Prozess der Bewusstseinsbildung mit einem einzigen Mann begann, hat nichts Aussergewöhnliches an sich. Es war Travers, der beweisen wollte und konnte, dass das Rätoromanische, wie jede andere Sprache auch, schreibbar sei, und dass man es, trotz der attestierten Grobschlächtigkeit

---

2 Vgl. GIGER. *Hecastus*. S. 9.
3 GIGER. *Hecastus*. S. 9.
4 DEPLAZES. *Funtaunas. Origins.* Tom I. S. 53.
5 Vgl. GIGER. *Hecastus*. S. 8.

und Wortarmut, in den Besitz einer Literatur bringen könne. Aus diesem Geiste heraus und nicht aus einem religiös-reformatorischen, fand die Einführung des biblischen Dramas durch Travers im Engadin statt, denn sowohl das Stück *Joseph* wie der *Filg pertz* wurden von einem noch ganz dem alten Glauben ergebenen Travers im noch durchwegs katholischen Zuoz aufgeführt.[6]

1.2 Die ersten rätoromanischen Dramen

Gian Travers hat das romanische Theater begründet.[7] Die erste Aufführung eines romanischen Theaterstückes wird auf das Jahr 1534 angesetzt.[8] Es handelt sich dabei um die biblische *Josefsgeschichte*,[9] die Travers verfasst hat. Aufgeführt wurde das Stück in Zuoz. Die Herkunft des ersten Theaterstückes von Travers ist bis heute unklar.[10]

> Man fragt sich natürlich, woher Travers die Vorlage seines Josephsspieles her hat. [...] Man denkt vor allem einmal zuerst an Zürich. Bullinger, der lange Zeit hindurch eifrigen brieflichen Kontakt mit den Bündner Reformatoren pflegte, war selber ein Liebhaber des Theaters. [...] Verdanken wir ihm die Aufführung des Josephsspieles in Zuoz? Die Frage ist gänzlich zu verneinen. [...] Wahrscheinlich hat Travers das Stück in seinen Studienjahren kennengelernt, die ihn während zwanzig Jahren über die Grenzen seiner Heimat nach München, Siebenbürgen und Freiburg im Breisgau geführt haben sollen.[11]

---

6 GIGER. *Hecastus*. S. 9–10.
7 Vgl. GIGER. *Hecastus*. S. 10–11.
8 Vgl. GIGER. *Hecastus*. S. 13.
9 Vgl. TRAVERS. *Ioseph*. S. 17–42.
10 Vgl. GIGER. *Hecastus*. S. 13.
11 GIGER. *Hecastus*. S. 13–15.

2 Das Reformationsdrama des Engadins

Doch schon für das zweite Stück Gian Travers', das die Geschichte des *Verlorenen Sohnes*[12] behandelt und ebenfalls um 1542 in Zuoz aufgeführt wurde, ist die Verbindung mit dem reformierten Zürich unbestreitbar. Das Engadiner Theater steht ab diesem Zeitpunkt in engem Kontakt zu den Zürcher Reformatoren und wurde wohl auch direkt in den Dienst des neuen Glaubens gestellt.

Das erste Drama, das ganz eindeutig mit der Reformation zusammenhing, war das Stück *Judith und Holophernes*. Es wurde 1554 in Susch im Unterengadin aufgeführt. Durich Champel[13] hatte das Drama geschrieben und inszeniert.[14]

> Champel, damals Pfarrer in Susch, betrachtete das Theater, ganz im Sinne Luthers und Bullingers, als ausserordentlich geeignetes Mittel, um den neuen Glauben zu festigen und zu verbreiten. So vermochte seine Aufführung zahlreiche Söldner dazu zu bewegen, dass sie dem unglücklichen Feldzug nach Siena, der mit einer blutigen Niederlage endete, fernblieben. Zu diesen Aufführungen strömten, wie Champel sagt, grosse Volksmassen aus dem Engadin zusammen.[15]

Die eigentliche Blüte des Engadiner Dramas trat nach 1564 ein. Champel selbst erwähnt einige Aufführungen, so z.B. die Geschichte des *Reichen Mannes*, die Geschichte der *keuschen Susanna*, *Wilhelm Tell* und ein *Passionsspiel*. 1576 wurde in Zernez die *Zerstörung Babylons* gegeben, in Celerina eine *Geburt Christi* und in Zuoz 1584 das Stück *Hecastus*.[16]

Dazu kommt die alttestamentliche Geschichte der *Drei Jünglinge im Feuerofen*, die Geschichte *Hiobs*, eine Disputation, die *Senchia Cicilia* und ein Fragment eines Dramas über den *hl. Stephan*. Wann und wo diese Texte

---

12 Vgl. TRAVERS. *Filg Pertz*. S. 42–99.
13 Durich Champel war Theaterautor, Humanist und Reformator. Er übersetzte den Psalter ins Unterengadinische und verfasste zwei grosse Werke in lateinischer Sprache, die «Raetiae Alpestris Topographica Descriptio» und die «Historia totius Raetiae». Champel starb 1582. – Vgl DEPLAZES. *Funtaunas. Origins.* Tom I. S. 67.
14 Vgl. GIGER. *Hecastus*. S. 17.
15 GIGER. *Hecastus*. S. 17–18.
16 Vgl. GIGER. *Hecastus*. S. 21.

aufgeführt wurden, ist nicht bekannt. Zum bürgerlichen Drama gerechnet werden schliesslich die Stücke *Marina* und die Liebestragödie *Valantin et Eglantina*.

> Ende der siebziger Jahre (vor 1579) sollen die Schauspiele, laut Champel, allmählich an Beliebtheit verloren haben, so dass sie immer weniger besucht und schliesslich ganz aufgegeben wurden. Champel will es sogar genauer wissen, wie es dazu kam: das Spielen, das anfänglich zur nützlichen Belehrung gedient habe, sei immer mehr in den Sog des Lasters geraten und verderblich und schlecht geworden. Das Renditedenken der Schauspieler habe diese dazu angetrieben, unwürdige und erpresserische Methoden anzuwenden, um zum begehrten Gelde zu kommen. So soll es vorgekommen sein, dass die, welche die Rolle des Teufels spielten, sich mitten ins Publikum stürzten, ehrenhafte Männer ergriffen und sie in die Hölle schleppten, um erst nach Entrichtung eines Lösegeldes sie wieder auf freien Fuss zu setzen. Solche Praktiken sollen dazu beigetragen haben, dass die Spiele immer weniger besucht wurden und schliesslich ganz aufhörten.[17]

Solche Aufführungen dürften der Grund gewesen sein, dass die Synode von 1576 allen Pfarrern verbietet, öffentliche Theaterspiele zu inszenieren. Ausserdem wird ihnen die Pflicht auferlegt, «alles in ihrer Macht stehende zu tun, damit auch die Aufführungen durch Laien unterbleiben».[18]

Das synodale Verbot wurde jedoch nicht sehr streng beachtet. Daher kommt es 1590 zu einem zweiten, umfassenden Verbot durch die Synode. Für das 16. Jahrhundert sind keine weiteren Spiele mehr bekannt. Spätere Abschriften der Dramen dienten nur noch zu Lesezwecken. Die alten biblischen Dramen hatten sich der Bühne entfremdet.[19]

Das Engadiner Reformationsdrama erlebte eine kurze, aber intensive Blüte, die mindestens bis zum ersten Theaterverbot von 1576,[20] höchstens aber bis in die erste Dekade des 17. Jahrhunderts reichte.[21] Giger fasst den Niedergang der reformierten Theaterbewegung im Engadin zusammen.

---

17 GIGER. *Hecastus*. S. 22–23.
18 GIGER. *Hecastus*. S. 23–24.
19 Vgl. GIGER. *Hecastus*. S. 27.
20 Vgl. GIGER. *Hecastus*. S. 29.
21 Vgl. GIGER. *Hecastus*. S. 30.

Wurden die früheren Spiele für die Zwecke der Reformation aufgeführt, so zeigt die jüngere Generation ein anderes Verhältnis zum Theater. Für sie war es vor allem eine angenehme und lukrative Unterhaltung. Diese Entwicklung des Theaters stiess im Bündnerland schon in den siebziger Jahren auf eine theologisch fundierte Theaterablehnung, für welche Ausschreitungen willkommenen Anlass boten, um gegen die Spiele zu Felde zu ziehen. Allerdings vergingen Jahre, bis man den Verboten Nachachtung verschaffen konnte [...] Aber die endgültige Aufgabe der Spiele ist vielleicht nicht nur den Theaterverboten zuzuschreiben. Der Übergang zum 17. Jahrhundert mit seinen politischen Wirren, seiner Unrast und der immer stärker werdenden Gegenreformation brachte wenig geeignete Voraussetzungen für ein Weiterführen des Theaterlebens mit sich.[22]

Zwischen der letzten Aufführung eines reformierten Dramas um 1610 und der ersten nachweisbaren Aufführung eines katholischen Dramas im Kloster Disentis im Jahre 1657 liegen fast fünfzig Jahre.[23]

---

22 GIGER. *Hecastus.* S. 29–30.
23 Vgl. GADOLA. *Historia. Emprema perioda.* S. 7.

3 Das Studententheater der Benediktinerabtei Disentis

3.1. Die Benediktinerabtei Disentis

Das romanische Theater ist untrennbar mit der Geschichte des Klosters Disentis verbunden.[24] In der Benediktinerabtei wurde das romanische Barockdrama gleichsam geboren.[25] Hier erlebte es die ersten bescheidenen Vorstellungen, aber auch die glanzvollsten Aufführungen der Blütezeit. Von hier aus gelangte ein grosser Teil aller Dramenstoffe in die weitere Umgebung, in die Dörfer, auf die Höfe. Die verschiedenen Klosterbrände, vor allem jener von 1799, zerstörten fast die ganze Barockliteratur des Klosters, darunter natürlich auch die Dramen jener Zeit. Trotzdem bewahrt die romanische Bibliothek des Klosters heute die grösste romanische Handschriftensammlung.[26]

Als Kulturstätte mit überregionalen Verbindungen öffnete sich das Kloster der barocken Theaterbegeisterung. Am Anfang dieser Zeit steht ein rätoromanischer Abt, Adalbert II. de Medèll.

Abt Adalbert II. de Medèll, 1655–1696
Adalbert de Medèll war einer der bedeutendsten Disentiser Äbte. Er stammte aus einer adligen Familie des Tavetsch. Adalbert wurde 1627 geboren, studierte in Rom und promovierte im Jahre 1655. Schon als Student in Rom war P. Adalbert als zukünftiger Abt behandelt worden, und die Abtwahlen, die nach dem Tode Adalbert I. stattfinden mussten, hatte man solange hinausgezögert, bis P. Adalbert aus Rom zurückgekehrt war, um ihn dann schon im ersten Scrutinium zu wählen.[27]

Abt Adalbert II. de Medèll tat sich besonders hervor als Mönch benediktinischen Geistes, als verständiger Abt, als kluger Politiker und vor allem als grosser Erneuerer und Bauherr des Klosters Disentis. Aber auch als Begründer und Förderer des rätoromanischen Buchdrucks hat er grosse Verdienste.[28]

---

24 Vgl. GADOLA. *Historia. Emprema perioda.* S. 2.
25 Vgl. GADOLA. *Historia. Emprema perioda.* S. 2.
26 Vgl. MÜLLER. *Bibliotheksgeschichte.* S. 553–558.
27 Vgl. GADOLA. *Historia. Emprema perioda.* S. 6.
28 Vgl. GADOLA. *Historia. Emprema perioda.* S. 6.

Unter Abt Adalbert II. de Medèll hält der barocke Geist Einzug in die Abtei, und dies gleichzeitig wie in den anderen Abteien St. Gallen, Einsiedeln, Rheinau, Engelberg, Muri, Fischingen und Vettingen.[29] Der einflussreiche Abt nahm ganz bewusst Patres in sein Kloster auf, die sich im Bereich der religiösen Literatur der Zeit auskannten. Dazu gehörte natürlich auch das geistliche Drama.

Andererseits schickte Abt Adalbert aber auch seine Fratres zur Ausbildung in andere Benediktinerklöster, wo jene mit dem neuen literarischen Geist in Berührung kamen. Auf diesem Hintergrund lässt sich auch erklären, warum beispielsweise Frater Maurus Cathrin aus Disentis im Jahre 1658 in einer Aufführung eines Barockdramas in Einsiedeln[30] während einer rätoromanischen Szene auf die Bühne tritt und als Legatus Rhaetus einen Begrüssungstext an den «Grond, Bossent è Sabi signiur Keiser»,[31] an den «Grossen, mächtigen und weisen Herrn Kaiser» richtet.

3.2 Das Disentiser Studententheater[32]

Unter Adalbert de Medèll erlebt das Kloster eine kulturelle Blüte. Abtei und Umgebung erholen sich von den Schrecken der Bündner Wirren (1603–1639), in denen Graubünden, als strategisch wichtiges Land an den alten Pässen, arg in Mitleidenschaft gezogen wurde.[33]
Der politische und materielle Aufschwung kommt auch der Klosterschule der Abtei zugute. Angeregt durch die Tätigkeit anderer Klöster, entsteht auch in Disentis eine Schultheater-Tradition, die lange andauern wird.

---

29 Vgl. GADOLA. *Historia. Emprema perioda.* S. 10.
30 Das Drama, das in Einsiedeln gegeben wurde, hiess: «Gratulatio Regnorum et Urbium ad Leopoldum primum electum Romanorum imperatorem» und wurde am 28. November 1658 in Einsiedeln aufgeführt. – Vgl. GADOLA. *Historia. Emprema perioda.* S. 10–11.
31 GADOLA. *Historia. Emprema perioda.* S. 11.
32 Der Abschnitt «Das Disentiser Studententheater» folgt im wesentlichen den Aufzeichnungen von Iso Müller. – MÜLLER. *Studententheater.* S. 246–273.
33 Vgl. BEZZOLA. *Litteratura.* S. 216.

I. Geschichte des rätoromanischen Dramas vor 1800

Das Drama «Ex Nachtigall libello»[34]

Vom ersten eigentlichen Schauspiel haben wir durch das Tagebuch des Rheinauer Paters Sebastian von Hertenstein Kenntnis. Hertenstein kam Ende 1656 zur Aushilfe nach Disentis und notierte zu Beginn des Jahres 1657 in seinem Tagebuch von der Aufführung einer Bearbeitung der *Trutznachtigall* des Jesuitendichters Friedrich von Spee.

Nach Iso Müller wurde das Stück in deutscher Sprache gespielt, denn es war für die deutsche Schülerschaft des Klosters bestimmt.[35] Am 1. Januar 1657 fand die Aufführung am Hofe des Abtes statt, wohl im Gang vor der Wohnung des Klosteroberen oder im sog. Karlssaal, dem Gastsaal der Abtei. Die zweite Aufführung wurde in der Kirche gegeben, wo sich auch Frauen einfinden konnten.[36]

Guglielm Gadola hingegen führt mehrere Argumente[37] für eine romanische Aufführung des Theaters an.

(1) Aus dem Bericht von Pater Sebastian von Hertenstein geht hervor, dass das Stück neu bearbeitet worden sei. Diese Formulierung hätte von Hertenstein nicht verwendet, wenn es sich um einen Auszug aus dem schon bestehenden Werk gehandelt hätte.[38]

(2) Die Bearbeitung der *Trutznachtigall* wurde in der Kirche vor dem Volk gegeben.[39] Man hätte aber dem Volk kein Drama vorgestellt, das es nicht verstehen konnte.[40]

(3) Obschon das Stück selbst nicht mehr erhalten ist, existieren in der alten Liedsammlung der Rätoromanen, der «Consolaziun dell'olma devoziu-sa»[41] aus dem Jahre 1690,[42] drei Lieder, die aus der *Trutznachtigall* stammen und, in ihrer für die Aufführung übersetzten Fassung, in die Consolaziun eingingen.[43]

---

34 Die (deutsche, bzw. romanische) Textvorlage des Dramas ist verlorengegangen. Aus diesem Grund verwendet G. Gadola die lateinische Bezeichnung «ex Nachtigall libello», die Pater S. von Hertenstein eingeführt hatte. – Vgl. GADOLA. *Historia. Emprema perioda.* S. 7.
35 Vgl. MÜLLER. *Studententheater.* S. 246.
36 Vgl. MÜLLER. *Studententheater.* S. 247.
37 Vgl. GADOLA. *Historia. Emprema perioda.* S. 11–12.
38 Vgl. GADOLA. *Historia. Emprema perioda.* S. 12.
39 Vgl. MÜLLER. *Studententheater.* S. 247.
40 Vgl. GADOLA, Guglielm: *Historia dil teater romontsch.* Band I. S. 12.
41 Vgl. MAISSEN. SCHORTA. *Consolaziun.*
42 Vgl. GADOLA. *Historia. Emprema perioda.* S. 12.
43 Vgl. GADOLA. *Historia. Emprema perioda.* S. 12.

Letztlich ist es nicht mehr nachweisbar, in welcher Sprache die Aufführung stattfand. Angesichts der Zweisprachigkeit vieler Patres und auch einiger Schüler ist es nicht ausgeschlossen, dass das Drama entweder in zwei Sprachen aufgeführt wurde, also dass man einzelne Teile in Deutsch, andere wiederum in Romanisch gab, oder dass man für die verschiedenen Aufführungen gar sprachlich verschiedene Textvorlagen verwendete.[44]

Das erste Placidus-Spiel von 1693
Einige Jahrzehnte später wählte man nicht mehr einen fremden, sondern einen einheimischen Stoff für die szenische Bearbeitung aus. Davon berichtet das Notizbuch der Familie Berchter,[45] das im Stiftsarchiv der Abtei Disentis aufbewahrt wird:

> «1693 den 11. Julii hatte R. P. Basilius Meyer von Einsidlen in der procession forgestelt dass geheimnuss, alss St. Sigisbertus erstlich ankhomen wahre und die kezerey und abgeterey auss tilgete und den wahren glauben einpflanzete, alwo Josephus Berchter, der Zeit schuoler in Kloster, mit noch einem alss Engel eingekleidet, 2 von leine gemachte statuas der abgetorey zerstukhet und auff einer seite dass Creüz, auff der andern seiten ein unser lieben Frawen Bildnuss auffgerichtet haben.»[46]

Diese Dramatisierung der Placidus-Legende war Bestandteil der Prozession am Hochfest der Klosterpatrone. Die Engel, die hier den heiligen Sigisbert begleiten, kommen weder in der *Passio Placidi*[47] (um 1200) noch im *Placi-Lied* von 1650/1680 vor, sondern gehen auf P. Adalbert Defuns zurück, der die Engel in einer 1684 verfassten Vita der Klosterheiligen einführt.[48]

Gadola rekonstruiert die Prozession folgendermassen:

> Die Prozession geht wie gewohnt von der Klosterkirche aus. An der Spitze flattert das grosse Banner, dann folgt die Jugend, hierauf die hochheiligen Reliquien. Inmitten der zahlreichen Reliquien zieht heute eine aussergewöhnliche Truppe mit ungewohnten Kostümen mit, sogar zwei Knaben, sorgfältig eingekleidet und mit Engelsflügeln ausgestattet, sind zu sehen. Andere Akteure tragen sogar Statuen falscher Götter, ein Kreuz und ein Mut-

---

44 Vgl. die viersprachige Aufführung des *Trinum Perfectum S. Placidus* von 1746. – MÜLLER. *Studententheater*. S. 257.
45 Vgl. BERCHTER. *Familien-Notizbuch*.
46 Vgl. BERCHTER. *Familien-Notizbuch*.
47 Vgl. MÜLLER, Iso: *Die Passio Placidi*. S 161.
48 Vgl. MÜLLER. *Studententheater*. S. 248.

tergottesbild. Auf der Ebene von Cons-su[49] angelangt biegt der vordere Teil der Prozession links ab, entlang eines Podiums, das als Bühne dient. Dann folgen die Reliquienträger und stellen die Reliquiare auf einem zweiten Gerüst auf, das etwas unterhalb des ersten aufgerichtet ist. Jetzt besteigen die Schauspieler die Bühne und setzen die Statuen, die sie mitgetragen haben, an ihren Platz. Gleichzeitig biegt der hintere Teil der Prozession, der Klerus und das zahlreich erschienene Volk, auf der anderen Seite ab, so dass die ganze Prozession die Form eines Amphitheaters annimmt. Dann, nach eingetretener Ruhe, erfolgt die kurze Darbietung, die zeigt, wie Sigisbert in der Einöde ankommt, wie er das Volk unterweist und die heidnischen Götterstatuen mit Hilfe von zwei Engeln zerstört. Anschliessend stellt man das Kreuz auf die eine Seite der Ruinen, das Muttergottesbild auf die andere Seite. Darauf kniet das ganze Volk nieder, um die Reliquien der Heiligen, die ja vor dem Bühnenaufbau aufgestellt sind, einen kurzen Augenblick lang zu verehren. Dann kehrt das ganze Volk bei Böllerschüssen und Glockengeläute zur Klosterkirche zurück, wobei es das *Te Deum* und das *Placi-Lied* singt.[50]

Gadola sieht in der dramatischen Entfaltung der Placidusprozession die Anfänge der Disentiser Theatertradition.[51]

3.3 Einsiedler Theatertradition in Disentis

Pater Basilius Meyer von Baldegg
Pater Basilius Meyer von Baldegg wurde 1668 in Luzern als Spross einer adligen Familie geboren. 1685 legte er in Einsiedeln die Profess ab und starb bereits 1704 mit 36 Jahren.[52]

Nach seiner Primiz sandten ihn seine Oberen nach Disentis. J. C. Fäsi, Meyers Biograf,[53] schreibt dazu:

> Sein Genie breitete sich über alles aus. Im Jahre 1695 fing er an, den Klostergarten zu erneuern und verschönern, und brachte ihn zu Stande. [...] Im folgenden Jahre befiel ihn wegen allzugrosser Anstrengung eine Unpässlichkeit, die ihn eine Zeitlang inne zu halten zwang. Zu einiger Erholung und Luftänderung, gieng er mit dem Fürst nach Dissentis in Bündten, wo er sich dann ungefähr anderthalb Jahr lang aufhielt, um zugleich die dortige Landessprache für den Beichtstuhl zu erlernen.[54]

---

49 Flurname in Disentis.
50 Vgl. GADOLA. *Historia. Secunda perioda.* S. 5.
51 Vgl. GADOLA. *Historia. Secunda perioda.* S. 7.
52 Vgl. HENGGELER. *Professbuch.* S. 375.
53 Vgl. FÄSI. *Kurze Biographie.* S. 287–301.
54 FÄSI. *Kurze Biographie.* S. 290–291.

Pater Basil eignete sich in Disentis die romanische Sprache an und verfasste dazu eine Grammatik, die nicht erhalten ist. Dass er sich in Disentis auch als Dichter und Regisseur betätigte, ist nicht überraschend. Schon als Frater hatte er 1687 ein «Actiönlein» mit «kurtzweiligen Scenis» verfasst.[55] Fäsi[56] schreibt dazu:

> Im Jahre 1687 den 11. Jenner führte er mit einigen seiner jungen Mitbrüder, ein für jene Zeiten artiges, von ihm selbst verfertigtes Lustspiel auf, wobey sich das ganze Convent und die weltlichen Kloster-Beamten einfanden. Der Gegenstand war: Die närrische Begierde, hoch und angesehen zu seyn. Es gefiel so wohl, dass Dietrich, einer der Zuschauer, in dem Diarium wünscht: «Gott woll den jungen Poeten segnen, dass er in allem Guten so zunemme!»[57]

P. Basil Meyer bekam in Einsiedeln wichtige Anregungen und Kenntnisse für sein eigenes Schaffen. In Einsiedeln wurde im Jahre 1659 das erste bedeutende Barockspiel aufgeführt, das die Engelweihe und die Translation des römischen Märtyrers Placidus zum Gegenstand hatte. Eine andere besondere Aufführung im Kirchenraum war das Meinradsspiel von 1663. In ihm erscheint auch Christus mit zwei Engeln.[58]

P. Basil Meyer hat die Einsiedler Theaterpraxis nach Disentis übertragen. Dort entwickelte sich ein eigenständiges Theaterwesen. Die Kontakte zu den grossen Schweizer Klöstern Einsiedeln und St. Gallen bestanden weiterhin und ermöglichten regen Austausch.[59] Leider fehlen für die Zeit um 1700 alle Angaben und Hinweise auf szenische Darbietungen. Sowohl die Textfassungen der einzelnen Stücke als auch Vermerke und Berichte in Chroniken und Tagebüchern sind – falls sie vorhanden waren – sicherlich ein Opfer der Flammen geworden.

Das zweite Placidus-Spiel von 1744
Während die bisherigen Spiele nur chronikalisch belegt sind, wird die Aufführung vom 11. Juli 1744 mit einer vollständigen Perioche dokumentiert. Das Stück trägt den Titel: «TRINUM PERFECTUM. S. PLACIDUS S.

---

55 Vgl. MÜLLER. *Studententheater*. S. 250.
56 Vgl. FÄSI. *Kurze Biographie*. S. 289.
57 Vgl. FÄSI. *Kurze Biographie*. S. 289.
58 Vgl. FÄSI. *Kurze Biographie*. S. 289.
59 Vgl. GADOLA. *Historia. Secunda perioda*. S. 21.

SIGISBERTI ABBATIS ET SUPERIORIS RHAETIAE APOSTOLI DISCIPULUS DEVOTUS CHRISTIANUS HUMILIS MONACHUS MARTYR GLORIOSUS»,[60] der in drei weiteren Sprachen wiederholt wird,[61] nämlich in rätoromanisch, italienisch und deutsch. Auf den Seiten 2 und 3 erfolgt eine viersprachige Inhaltsangabe des Dramas. Die Seiten 4 bis 9 geben eine genaue Übersicht über die einzelnen Akte und Szenen, wiederum in vier Sprachen. Auf der letzten Seite sind die Rollen und die Schauspieler namentlich angegeben.

Bezeichnend für die kulturelle und politische Situation des Klosters ist die Viersprachigkeit des Programmheftes. An der Spitze steht Latein, immer noch, aus der Barockzeit her, die universale, allgemein bekannte und verbindende Sprache. Dann folgt das Rätoromanische, das damals gerade Schriftsprache wurde und langsam Deutsch und Italienisch verdrängte. Die Beziehungen zu Mailand und Rom in kirchlicher Hinsicht, zur Nuntiatur in Luzern, der Besitz des Veltlins, die Sprache des Misox und des Calancatales sowie der tessinischen Vogteien, all das macht begreiflich, dass in diesem Programmheft das Italienische an dritter Stelle stand. Erst an letzter Stelle kam die deutsche Sprache, weil man sie offenbar eher meiden wollte, aber nicht konnte. Der Verkehr mit der Eidgenossenschaft, zu der Graubünden damals ja noch nicht gehörte, die deutschen Bildungsstätten in Luzern und Dillingen, aber auch die noch vielfach herrschende Amtssprache in Graubünden machten jedoch das germanische Idiom unentbehrlich.[62]

Das vorliegende Schauspiel kann als Fortsetzung und Erweiterung der dramatischen Placidus-Darstellung von 1693 angesehen werden. Ob es zwischen jener verhältnismässig einfachen Aufführung innerhalb der Placidus-Prozession von 1693 und der prunkvollen Darbietung im Jahre 1744 weitere Entwicklungsstufen gab, ist nicht mehr nachzuweisen.[63]

---

60 Peri.PLACIDUS.Disent. S. 1.
61 Peri.PLACIDUS.Disent. S. 1.
62 Vgl. MÜLLER. *Sprachliche Verhältnisse*. S. 273–316.
63 Vgl. GADOLA. *Historia. Secunda perioda*. S. 49.

4 Das dörfliche Theater

Das dörfliche Theater ist letztlich eine Weiterentwicklung des klösterlichen Spiels,[64] auch wenn es reduziertere Formen annimmt und sich an der Prachtentfaltung der Theaterdarbietungen der Abtei nicht mehr messen kann. Die Spiele werden jetzt kleiner dimensioniert, szenisch vereinfacht und in Innenräume verlegt.[65]

Das Theater in den Dörfern hatte aber neben dem Kloster noch andere Bezugsquellen. Um 1700 studierten viele junge rätoromanische Theologen in Dillingen, Mailand, Luzern und Fribourg,[66] alles Hochburgen des Jesuitentheaters. Die jungen Geistlichen kehrten in ihre romanische Heimat zurück und importierten Dramenstoffe und praktische Theatererfahrung.

Neben den Weltgeistlichen spielten auch die Kapuzinerpatres der Rätischen Mission eine bedeutende Rolle.[67] Zwar sind sie weder als Theaterautoren noch als besondere Förderer von geistlichen Spielen in Erscheinung getreten. Aber sie prägten das religiöse Leben der Gemeinden sehr stark. Der Barock wurde durch sie verbreitet, eine Vielzahl neuer Kirchen entstand. Die Prozessionskultur lebte auf. Sie riefen Bruderschaften ins Leben. Allein in der Pfarrei Savognin, die das Fragment einer barocken Passion aufbewahrt, setzten sie sieben verschiedene Konfraternitäten ein. Dadurch entstand ein Klima, das die verschiedensten religiösen Ausdrucksformen förderte – und sei es die Aufführung eines geistlichen Dramas oder einer Passion.

Die Dramen, die in den rätoromanischen Dörfern gegeben wurden, sind aber nicht nur Weiterentwicklungen des Barockdramas, sondern weisen auch schon auf die folgende, von der Aufklärung stark beeinflusste Thea-

---

64 Vgl. GADOLA. *Historia. Secunda perioda.* S. 18.
65 Vgl. GADOLA. *Historia. Secunda perioda.* S. 18.
66 Vgl. GADOLA. *Historia. Secunda perioda.* S. 18.
67 Der Kapuzinerorden ging aus dem 1528 von Franziskus von Assisi gegründeten Franziskanerorden hervor. Durch die Bemühungen des Erzbischofs von Mailand, Kardinal Borromäus, wurde er auch in der Schweiz eingeführt. 1614 hatte der Bischof von Chur die Kapuziner gebeten, sich als Missionare in Graubünden niederzulassen. Die Patres eigneten sich durch ihre strenge Armutspraxis und ihre Kanzelberedsamkeit für den Einsatz in den Pfarreien. Ziel des Bischofs von Chur war vor allem die Rückgewinnung der reformiert gewordenen Pfarreien im Prättigau, Schanfigg und Engadin. – Vgl. BRUNOLD. *Pfarrei Savognin.* S. 182–184.

tergeneration hin. Für die Rätoromanen beginnt damit die Zeit des bürgerlichen Dramas religiös-patriotischer Prägung, auch wenn in manchem Stoff das barocke Erbe weiterlebt.

II. Die Dramentexte

1 Allgemeine Vorbemerkungen

1.1 Quellenlage

Die Textquellen, die in diesem Kapitel untersucht werden, haben eine unterschiedliche, weitgehend eigenständige Entstehungsgeschichte. Sie sind an verschiedenen Orten entstanden und aufgeführt worden. Die Originaltexte sind teilweise fragmentarisch, teilweise überhaupt nicht erhalten. Manche wurden verhältnismässig früh ediert, andere harren noch heute der sprachwissenschaftlichen Erforschung. In jüngster Zeit hat Claudio Vincenz die Dramen von Gion Theodor de Castelberg (1748–1818) vollständig ediert.[68] Darum werden sie im Rahmen dieser Arbeit nicht ausführlich besprochen, zumal sie auch sehr spät datiert sind: Vincenz setzt die Entstehung von Castelbergs Theaterstücken frühestens um 1794 an.[69] Die meisten dürften indes erst zu Beginn des 19. Jahrhunderts entstanden sein.[70] Die untenstehende Tabelle gewährt eine Übersicht über die Texte, die im Rahmen dieser Untersuchung besprochen werden.

Passiun da Savognin	In den Annalas da la Società Retorumantscha[71] ediert. Fragmentarisches Manuskript.
Passiun da Lumbrein	Vollständig in der Rätoromanischen Chrestomathie[72] ediert. Das Manuskript ist verschollen.
Passiun da Sumvitg	Vollständig in der Rätoromanischen Chrestomathie[73] ediert. Das Manuskript ist in zwei Exemplaren überliefert.
Sogn Placi	Vollständige Perioche. Der Text des Dramas ist nicht überliefert.
Sogn Paulinus	Vollständiges Manuskript. Bislang nicht ediert.

---

68 VINCENZ, Claudio: *Die Dramen von Gion Theodor de Castelberg : Edition Glossar Untersuchungen*. Chur : Vincenz, 1999.
69 Vgl. VINCENZ. *Dramen*. S. 23.
70 Vgl. VINCENZ. *Dramen*. S. 23.
71 GIGER. *La passiun da Savognin*. S. 94–100.
72 DECURTINS. *Passiun da Lumbrein*. Chrestomathie. XIII. Band. S. 123–148.
73 DECURTINS. *Passiun da Somvitg*. Chrestomathie. XIII. Band. S. 18–83.

II. Die Dramentexte

Sogn Gieri	Vollständiges Manuskript. Bislang nicht ediert.
Gion Guarinus	In zwei fragmentarischen Handschriften überliefert, die sich gegenseitig ergänzen. Bislang nicht ediert.

1.2 Zitation der Dramentexte

Zitate aus den romanischen Originaltexten werden immer mit einer deutschen Übersetzung versehen. Zitate aus der rätoromanischen Sekundärliteratur werden ebenfalls übersetzt. Im Text erscheint die deutsche Übersetzung. Die romanische Textfassung wird in den Anmerkungen aufgeführt.

Übersetzungen der romanischen Texte
Insofern keine anderen Angaben gemacht werden, stammen die Übersetzungen vom Autor dieser Arbeit.

1.2.1 Transkription der Handschriften
Bei den nicht edierten Handschriften werden die erforderlichen Textstellen möglichst genau aus dem Originalmanuskript transkribiert.

Orthographie
Die zitierten Textstellen werden möglichst buchstabengenau nach dem Original transkribiert.

Gross- und Kleinschreibung
Die Handschriften stammen von verschiedenen Autoren mit unterschiedlichen Gewohnheiten in der Gross- und Kleinschreibung. Grundsätzlich wird die Gross- und Kleinschreibung übernommen. Nur nach Punkt wird immer gross geschrieben.

Versehentliche und unterlassene Streichungen
Vom jeweiligen Autor nicht ersetzte Streichungen werden in den Text aufgenommen. Wird eine zweite Lesart notiert, ohne die erste zu streichen, wird grundsätzlich die letztnotierte transkribiert.

Auslassungen
Fehlende Personenverzeichnisse werden vom Verfasser erstellt. Vergessene Rollenbezeichnungen werden ergänzt.

Seiten- und Szenenzählung
Zählfehler des Autors bei der Seiten- und Szenenzählung werden berichtigt. Ebenso wird überall die Szenenzählung der Aktzählung untergeordnet.[74]

Abbreviaturen
Eindeutige Abkürzungen werden kommentarlos aufgelöst und durch die im Text dominante Form ersetzt.

1.2.2 Zitation aus edierten Texten
Bei edierten Texten wird grundsätzlich aus der Edition und nicht aus den Handschriften zitiert. Voraussetzung dafür ist die sprachwissenschaftlich ausreichende Qualität der Edition, die in unserem Fall gegeben ist.[75]

Gross- und Kleinschreibung
Gross- und Kleinschreibung wird grundsätzlich aus den Editionen übernommen. Nach Punkt wird gross geschrieben. Rollenbezeichnungen sind in Kapitälchen gesetzt. Regieanweisungen sind kursiv und den hier verwendeten Formaten angepasst.

Abbreviaturen
Eindeutige Abkürzungen werden zugunsten der Lesbarkeit aufgelöst.

Angaben in Klammern
In Klammern gesetzte Ergänzungen oder Varianten der Lesart werden dann aufgenommen, wenn sie die Lesbarkeit erhöhen. In Klammern gesetzte Seitenzahlen werden grundsätzlich weggelassen.

---

74 Das Drama *Sogn Gieri* ist in Szenen unterteilt, die aus mehreren Akten bestehen. Diese Sonderform der Dramengliederung wird hier aus Analogiegründen aufgegeben.
75 In dieser Arbeit werden die Textstellen aus der *Passiun da Savognin*, der *Passiun da Lumbrein* und der *Passiun da Sumvitg* aus den bestehenden Editionen von Felix Giger und Caspar Decurtins zitiert.

Das Drama *La Passiun da Savognin*

La Passiun da Savognin
Erste Seite des Manuskriptes. 17,5 x 22,5 cm.

II. Die Drametexte

> Pilatus parsonta avont igl sival Jesum Cristo aspar
> a dei de qual mena. Sas da dar la libartat a Jesum
> o a Baraba, igl qual demonda la veta a Baraba.
> Pilatus dei pia ge defa far do Jesus Cristus
> te desti igl Crusifyier. Pilatus foros posta
> a dei dessa Crusifigier egl aus Reg. Caifas
> foros posta a dei noz ka ven ning Reig digl Keisor
> anor Caifas dei purse quest Schelm Schu va.
> Purto avant tantas gias el so fog da dear ayl
> nos schantamaint ea monda da far murechr
> a pox pa he beg lubia da far murechr, seku
> edesoschtigs tgi pox ischer

> Schi vossa Excellenza eundomna Beig alla
> chrochs quest Schelm quely he ancuntos
> igl Keisor pox igl len Schremos la vossa
> procadura.
> Igl Sang da Christus vigna Soura da
> noxa Soura digls pos unfants.
>
> Ossa piglie vox otars ministors o haleig la
> croch a des a fatigl purtar sanza grazia ni
> miserieoryia, o ge h bainy spert tgi possas
> igl Crusifyier, tgi nox posan vergorda
> vant igls igls a quest Schelm

La Passiun da Savognin
Dritte Seite des Manuskriptes. 17,5 x 22,5 cm.

2 Das Drama *La Passiun da Savognin*

Das Fragment der *Passiun da Savognin* umfasst lediglich vier Seiten. Dargestellt wird ein Ausschnitt des Verhörs Jesu durch den Hohepriester Kajaphas und die Verurteilung Jesu durch Pilatus. Auf der vierten Seite ist die Jahreszahl 1741 vermerkt. Damit ist das Fragment der *Passiun da Savognin* der älteste erhaltene Originaltext unter den romanischen Passionen.

2.1 Überlieferungsgeschichte und Textbefund

Felix Giger hat das Fragment der *Passiun da Savognin* 1983 ediert.[76] Der Text war einige Jahre zuvor entdeckt worden.[77] Giger schreibt dazu: «Die Entdeckung eines Fragmentes einer Passion in Surmiran[78] ist ein Ereignis für die rätoromanische Literaturgeschichte und für die Lokalgeschichte. Bis heute kannte man nur die Passionen von Sumvitg und von Lumbrein im rätoromanischen Gebiet.»[79]

Die *Passiun da Savognin* ist von der *Passiun da Sumvitg* und von der *Passiun da Lumbrein* literarisch unabhängig entstanden. Giger belegt dies anhand der Sprache. Während die *Passiun da Sumvitg* eine Form der Kunstprosa mit Assonanzen darstelle, sei die Sprache der *Passiun da Savognin* eine «natürliche, fliessende und unverfälschte Prosa ohne Italianismen und Germanismen, mit Ausnahme natürlich der damals gebräuchlichen Ausdrücke, wie *keiser*, *statalter*, *schelm* etc.».[80]

---

76 Vgl. GIGER. *La passiun da Savognin*. S. 94–100.
77 Vgl. GIGER. *La passiun da Savognin*. S. 94.
78 *Surmiran* ist die Bezeichnung für eines der rätoromanischen Idiome, die in Mittelbünden gesprochen werden.
79 «La scuvretga d'in fragment d'ina *Passiun surmirana* ei in eveniment per l'historia litterara romontscha e per l'historia locala. Entochen oz enconuschevan ins mo las passiuns da Sumvitg e da Lumbrein el territori romontsch.» – GIGER. *La passiun da Savognin*. S. 95.
80 «Il lungatg da nies fragment ei ina prosa naturala, culonta e genuina senza italianissems ni germanissems, cun excepziun secapescha dallas expressiuns usitadas da gliez temps, sco *keiser*, *statalter*, *schelm* etc.» – GIGER. *La passiun da Savognin*. S. 95.

2.1.1 Beschreibung der Handschrift
Die Handschrift der *Passiun da Savognin* umfasst lediglich vier Seiten auf einem Papierbogen, der in der Mitte senkrecht gefaltet wurde.[81] Nach Giger handelt es sich dabei um das Fragment eines Passionsspieles.

2.1.2 Aufbewahrungsort
Das Fragment der *Passiun da Savognin* befindet sich im Pfarrarchiv der Gemeinde Savognin und trägt die Signatur B 3/10.

2.1.3 Datierung der Handschrift
Auf der letzten Seite der Handschrift steht der Vermerk «Anno 1741».[82] Diese Datumsangabe wird nicht weiter kommentiert. Auf der gleichen Seite befindet sich eine zweite Datumsangabe, die im Anschluss an eine Überschrift genannt wird.

Igl plant da Caifas ancontar Cristum per igl condamnar alla mort. Do 1756.[83]	Die Klage des Kajaphas gegen Christus, um ihn zum Tode zu verurteilen. Gegeben 1756.

Die Jahreszahl 1756 ist schlecht lesbar. Die ersten beiden Ziffern sind nicht mit Sicherheit zu identifizieren. Diese Jahreszahl kann daher nicht als sicherer Hinweis auf eine Aufführung gelten.

2.1.4 Der Autor der *Passiun da Savognin*
Die Handschrift enthält keine Angaben zur Verfasserschaft der *Passiun da Savognin*.

Im Jahre 1741 wirkte in Savognin der Kapuzinerpater *Carlo da Savallo* als Seelsorger.[84] 1756 wurde die Pfarrei von Pater *Michelangelo da Cailina*, ebenfalls Kapuziner, versorgt.[85] Giger hält es für unwahrscheinlich, dass die genannten Patres als Autoren der Passion in Frage kommen.[86]

---

81 Die Masse dieses Bogens sind 34,2 x 23 cm. Die Masse einer einzelnen Seite betragen demnach 17,1 x 23 cm.
82 GIGER. *La passiun da Savognin*. S. 100.
83 GIGER. *La passiun da Savognin*. S. 100.
84 BRUNOLD. *Pfarrei Savognin*. S. 192.
85 BRUNOLD. *Pfarrei Savognin*. S. 192.
86 Vgl. GIGER. *La passiun da Savognin*. S. 96.

Nach der Sprache zu schliessen, ist es so gut wie ausgeschlossen, dass es sich um einen Kapuzinerpater handelt. *Flaminio da Sale*, der Autor der ersten romanischen Grammatik, der *Fundamenti principali della lingua retica* (1729), wirkte in Savognin in den Jahren 1706–1720. Die Orthographie seiner Grammatik und jene unseres Textes sind jedoch zu unterschiedlich, um von der gleichen Hand zu stammen. Die Patres *Carlo da Savallo* und *Michelangelo da Cailina* [...] sind nicht als Verfasser von romanischen Büchern oder Schriften bekannt.[87]

2.1.5 Aufführungen

Die Nachforschungen in den Archiven haben keine neuen Erkenntnisse über Aufführungen der *Passiun da Savognin* ergeben. In der ganzen Region *Surmeir* sind bis heute keine Aufführungen dieser Art bekannt.[88] Dennoch geht Giger davon aus, dass der Text für eine Aufführung bestimmt war. Er verweist auf die Nummerierung der Repliken in der Rolle des Kajaphas. Diese Repliken dienten als Erinnerungshilfe für den Darsteller. Sie kommen auch in den alten Dramenhandschriften des Engadins vor. Auch die Titel auf der letzten Seite des Fragmentes lassen darauf schliessen, dass die Handschrift einen Auszug der Kajaphas-Rolle darstellt.[89]

---

87 «Da concluder dil lungatg eis ei ton sco sclaus ch'ei setracti d'in pader caputschin. Flaminio da Sale, igl autur dall'emprema grammatica romontscha, ils *Fundamenti principali della lingua retica* (1729), ha pastorau a Savognin ils onns 1706–1720. L'ortografia da sia grammatica e quella da nies text ein denton memia differentas per derivar dil medem maun. Ils paders Carlo da Savallo e Michelangelo da Cailina [...] ein buca enconuschents sco auturs da cudischs ni scartiras romontschas.» – GIGER. *La passiun da Savognin*. S. 96.

88 Vgl. GIGER. *La passiun da Savognin*. S. 96.

89 «Representaziuns da quei gener ein buca documentadas entochen oz per Surmir. Ch'il text era denton destinaus per ina inscenaziun muossa la dumbraziun dallas replicas en la rolla da Caifas. [...] Quella dumbraziun che lai, ensemen cul tetel final, supponer che nies text seigi mo il fragment d'in extract da rolla, era in agid da memoria per il giugadur. Ella ei era da cattar tschadilà els manuscrets dils vegls dramas engiadines dil 16avel tschentaner.» – GIGER. *La passiun da Savognin*. S. 96.

2.2 Darstellung des Inhaltes

Die fragmentarische Überlieferung der *Passiun da Savognin* erlaubt keine Rückschlüsse auf den ursprünglichen Gesamttext. Die Analyse des Dramenfragmentes muss sich infolgedessen auf den vorhandenen Text beschränken.

2.2.1 Titel

Die Handschrift verfügt nicht mehr über eine Titelseite. Auf der vierten Seite finden sich zwei Überschriften. Es ist denkbar, dass diese Titel zur nachträglichen Bezeichnung des schon vorhandenen Schriftstückes hinzugefügt wurden.

Anno 1741. Igl plant da CAIFAS ancontar Cristum per igl condamnar alla mort. Do 1756.	Anno 1741. Die Klage des KAJAPHAS gegen Christus, um ihn zum Tode zu verurteilen. Gegeben 1756.
Lamantasung da CAIFAS ancuntar Cristus et ancuntar Pilatus.[90]	Klage des KAJAPHAS gegen Christus und gegen Pilatus.

2.2.2 Rollenverzeichnis

CAIFAS	KAJAPHAS, Hohepriester, Vorsitzender des Hohen Rates
CRISTUS	CHRISTUS
MALCHUS	SOLDAT
PILATUS	PONTIUS PILATUS, römischer Statthalter

2.2.3 Inhaltsangabe

Das Fragment enthält keine Szenentitel. Zur Gliederung der Inhaltsangabe wird das Verhör Jesu vor Kajaphas mit *1. Szene*, die Anklage Jesu vor Pilatus mit *2. Szene* überschrieben. Es muss aber davon ausgegangen werden, dass zwischen den überlieferten Textabschnitten weitere Szenen enthalten waren.[91] Dem biblischen Bericht zufolge müssten mindestens die Verleugnung Petri, das Verhör durch Pilatus und die Geisselung Jesu zwischen den genannten Szenen aufgeführt worden sein.[92] Wahrscheinlich

---

90 Vgl. GIGER. *La passiun da Savognin*. S. 100.
91 Vgl. GIGER. *La passiun da Savognin*. S. 94.
92 Vgl. GIGER. *La passiun da Savognin*. S. 94.

enthielt sie auch das Verhör durch Herodes. Es ist denkbar, dass die *Passiun da Savognin* auch einige apokryphe Szenen enthielt.[93]

1. Szene
Jesus wird zu Kajaphas gebracht und von ihm verhört. Kajaphas beschimpft ihn als Verführer des Volkes.

CAIFAS	KAJAPHAS
Vssa ist chò, alla feign am ist gnia à mang, musche? Te schelm à surmanader digl noss piauuel. Ja dàdei an nò uà santia tantas straucarsas da tè, dà tutts, tgi uà stuià ueir inna gronda pazeantgia cun tè, gèa ia ad ues stuia rompar las tgiomas auant tgi us cun ad faar tgiapaar, per faar ina feing con las tias confusiuns, à scompitschs tgi te aast faitg aintan là nossa teara per tott annauant: schelm tgi tè ist.[94] [...]	Jetzt bist du da, zu guter Letzt bist du mir in die Hände geraten, nicht wahr? Du Schelm und Verführer unseres Volkes. Ich habe schon seit langem soviel von deinen Übeltaten vernommen, von allen, dass ich eine grosse Geduld mit dir haben musste. Ja, ich hätte dir schon früher als jetzt die Beine brechen sollen, indem ich dich hätte fangen lassen, um den Konfusionen und Verwirrungen, die du überall in unserem Land seit geraumer Zeit angestellt hast, ein Ende zu bereiten. Schelm, der du bist. [...]

Darauf wirft Kajaphas Jesus die Verbrechen vor, die er begangen haben soll. Die Vorwürfe sind als Fragen formuliert.

CAIFAS	KAJAPHAS
[...] Tgie ardamaint è sto igl tia, da drizar se dischipals, sco tgi te fissas ign grondt surmester, a dà mussaar inna duttregna scuntar la lescha digl noss grondt profet Moisas; sco te fissas in grondt à sava dottokr digl schantamaint?[95] [...]	[...] Welche Kühnheit war die deine, Jünger um Dich zu scharen, als ob du ein grosser Lehrer wärest, und eine Lehre zu verbreiten, die gegen das Gesetz unseres grossen Propheten Moses ist; als ob du ein grosser und weiser Schriftgelehrter wärest? [...]

---

93 Sowohl die *Passiun da Lumbrein* als auch die *Passiun da Sumvitg* enthalten mehrere Szenen aus Apokryphen. Die Verwendung apokryphen Materiales aus dem Bereich der Volksfrömmigkeit ist im Zeitalter des Barock ein beliebtes Stilmittel zur Steigerung und Intensivierung der theatralen Aussage. – Vgl. GOCKERELL. *Leiden Christi*. S. 145–156.
94 GIGER. *La passiun da Savognin*. S. 97.
95 GIGER. *La passiun da Savognin*. S. 97.

Am Ende seiner langen Anklagerede fordert Kajaphas Jesus energisch auf zu erklären, welche Lehren er verbreitet habe. Aber Jesus betont, er habe öffentlich gesprochen. Kajaphas solle jene fragen, die anwesend waren, als er sprach. Darauf wird Jesus von Malchus geschlagen.

Zeugen werden herbeigerufen, die sich in ihren Aussagen widersprechen. Dann verlangt Kajaphas, dass Jesus unter Eid aussage, ob er der Sohn Gottes sei.

CAIFAS *fò rasposta, schont*	KAJAPHAS *antwortet mit den Worten*
Ja mà coarsch tgi da chest schelm nans pò beigg tgiauaar or la uardat; ma ia at ui baing gistaar; damai dei à me par tis giramaint, schi te ist feigl da Dia ù beitg?[96]	Ich merke, dass man aus diesem Schelm die Wahrheit nicht herausgraben kann; aber ich will dir schon Gerechtigkeit widerfahren lassen; sag mir also unter deinem Eid, ob du Sohn Gottes bist oder nicht?

Jesus bestätigt, der Sohn Gottes zu sein. Er werde einst die Welt in grosser Macht richten. Kajaphas zerreisst wütend seine Kleider. Jesus sei des Todes würdig, weil er behauptet habe, der Sohn Gottes zu sein.

An dieser Stelle bricht die erste Szene ab.

2. Szene

Zu Beginn dieser Szene fragt Pilatus das Volk, ob er ihm Jesus oder Barabbas freigeben soll.

PILATUS *parsanta auant igl piual Jesum Crist a Baraba a dei*	PILATUS *führt Jesus und Barabbas dem Volk vor und sagt*
Da qual meina isas da dar la libartat a Jesum o a Baraba?	Welcher Meinung seid ihr? Soll ich Jesus oder Barabbas die Freiheit schenken?
IGL PIUAL *dumonda la veta a Baraba*	DAS VOLK *verlangt das Leben für Barabbas*
PILATUS *dei*	PILATUS *sagt*
Ma ge desa far da Jesus Cristus?	Aber was soll ich mit Jesus Christus machen?
[IGL PIUAL *dei*]	[DAS VOLK *sagt*]
Te dest igl crusifigier!	Du sollst ihn kreuzigen!

---

96 GIGER. *La passiun da Savognin*. S. 98.

PILATUS *fo rasposta a dei*
Dessa crusifigier igl uos reg?

CAIFAS *fo rasposta a dei*
Nox hauen ning reig digl keiser anor.

CAIFAS *dei puspe*
Quest schelm schu va purto auant tantas gias el so fag da dear raigt. Nos schantamaint cumonda da far murehr. À nox na ne beg lubia da far murechr, schu eclesaschtigs tgi nox ischen. Schi vossa excellenza cundomna beig alla chrochs quest schelm, quelg he ancuntar igl keiser. Nox igl len schreiuar la vossa prucedora. Igl sang da Christus uigna soura da nox a soura digls nos unfangs! Ossa piglie vox otars ministars à mateilg la croch[s] a des à fatigl purtar sanza grazia ni misiricorgia, à ge baing spert tgi possas igl crusifigier; tgi nox posan verg or dauant igls igls à quest schelm!⁹⁷

PILATUS *antwortet und sagt*
Soll ich euren König kreuzigen?

KAJAPHAS *antwortet und sagt*
Wir haben keinen König ausser dem Kaiser.

KAJAPHAS *sagt wieder*
Dieser Schelm hat sich, wie ich schon viele Male vorgetragen habe, König nennen lassen. Unser Gesetz befiehlt, ihn zu töten. Uns ist es nicht erlaubt zu töten, als Kirchliche die wir sind. Wenn ihre Exzellenz diesen Schelm nicht zum Kreuz verurteilt, ist das gegen den Kaiser. Wir wollen ihm von ihrem Vorgehen schreiben. Das Blut von Christus komme über uns und über unsere Kinder. Jetzt nehmt ihn, ihr Diener, und legt ihm das Kreuz auf den Rücken und lasst ihn ohne Gnade und Erbarmen tragen, und geht möglichst bald, damit ihr ihn kreuzigen könnt, damit wir diesen Schelm aus den Augen haben!

2.3 Die *Passiun da Savognin* – ein Rollenauszug?

Das Fragment der *Passiun da Savognin* erlaubt keine verbindlichen Rückschlüsse auf den ursprünglichen Text. Dennoch lassen sich die Funktionen des Textes eingrenzen.

Bei der besprochenen Handschrift handelt es sich mit grosser Wahrscheinlichkeit um einen Rollenauszug. Dafür sprechen die von Giger genannten Repliken in der Rolle des Kajaphas[98] und der Titel auf der vierten Seite des Manuskriptes.[99] Es gibt noch weitere Hinweise für einen Rollenauszug. In der zweiten Szene spricht Kajaphas zweimal unmittelbar hintereinander.[100] Wenn es sich dabei um einen fortlaufenden Text handelte, wäre die

---

97 GIGER. *La passiun da Savognin*. S. 99–100.
98 Vgl. GIGER. *La passiun da Savognin*. S. 96.
99 Vgl. GIGER. *La passiun da Savognin*. S. 96.
100 Vgl. GIGER. *La passiun da Savognin*. S. 99 oder den Abschnitt *2.2.3 Inhaltsangabe* dieses Kapitels.

zweite Rollenbezeichnung überflüssig. Ein zweiter Hinweis liegt in der Struktur der Dialoge. In der ersten Szene schlägt Malchus Jesus, weil er dem Hohepriester unverschämt geantwortet habe. Die Antwort Jesu auf die Ohrfeige des Malchus «Wenn es nicht recht war, was ich gesagt habe, dann weise es nach; wenn es aber recht war, warum schlägst du mich?»[101] wird hier nicht aufgeführt. Das kann natürlich in der Absicht des Autors liegen, ist aber ungewöhnlich. Die Antwort Jesu auf den Schlag des Malchus wird in der Regel als integraler Teil dieses kurzen Dialogs verstanden[102] und ganz wiedergegeben. Ein dritter Hinweis sind die ausführlichen Regieanweisungen, die teilweise den Charakter einer kurzen Inhaltsangabe haben. Diese Beschreibung des Geschehens ersetzt den gesprochenen Text der Akteure und gibt dem Darsteller des Kajaphas einen Überblick über das Geschehen.

> *Chò clommigl no tiars pardeggias: à tgi dei an inna ueisa, à tgi an inotra. Alla feing igl Parsoura dat igl saramaint a Christus schont:*[103]
>
> *Dann werden Zeugen herbeigerufen. Einer spricht auf diese, der andere auf jene Weise. Am Ende vereidigt das Oberhaupt Christus und sagt:*

Auch wenn das Fragment der *Passiun da Savognin* ein Rollenauszug für den Akteur des Kajaphas darstellt, ist er dennoch unvollständig. Giger belegt dies anhand der Schreibweise.

> Einen zusätzlichen Hinweis, dass der Text, der dazwischen fehlt, ziemlich umfangreich gewesen sein muss, erbringen die zwei letzten Seiten, die mit grosser Hast und Unaufmerksamkeit – Anzeichen von Ermüdung – geschrieben sind, während die ersten Seiten mit grosser Vorsicht und in einer kultivierten Orthografie geschrieben sind.[104]

Die *Passiun da Savognin*, das älteste Manuskript einer romanischen Passion, ist leider ein Fragment. Vielleicht wird eines Tages ein unerwarteter Fund weitere Materialien zur Entstehung und Aufführung dieses Werkes liefern. Für die Geschichte der romanischen Passionen wäre dies ein wichtiges Ereignis.

---

101 *Neues Testament*. Joh 18,23.
102 Vgl. den entsprechenden Textabschnitt in der *Passiun da Lumbrein*. – DECURTINS. *Passiun da Lumbrein*. Chrestomathie. XIII. Band. S. 127.
103 GIGER. *La passiun da Savognin*. S. 98.
104 GIGER. *La passiun da Savognin*. S. 94.

Das Drama *La Passiun da Lumbrein*

La Passiun da Lumbrein
Handkolorierter Holzstich nach einer Skizze von Jean Renggli. Spätes 19. Jahrhundert.

La Passiun da Lumbrein
Handkolorierter Holzstich nach einer Skizze von Jean Renggli. Ausschnitt: «Gefangennahme des Herrn». Spätes 19. Jahrhundert.

3 Das Drama *La Passiun da Lumbrein*

Die *Passiun da Lumbrein* umfasst die Passion Jesu von der Ölbergszene an bis zur Kreuzigung auf dem Kalvarienberg. Besonderes Gewicht verleiht der Autor den Gerichtsszenen vor den Hohepriestern Hannas und Kajaphas, vor dem römischen Statthalter Pontius Pilatus und vor König Herodes. Eine wilde Horde von Soldaten und Juden erniedrigt Jesus auf seinem Leidensweg, von der Gefangennahme am Ölberg bis zur Kreuzigung auf Golgotha. Ein milder Pilatus versucht, Jesus zu retten, weil er von dessen Unschuld überzeugt ist. Die Leiden Christi werden realistisch, die Schergen blutrünstig dargestellt. Die Betonung der barocken Leidensmystik ist das charakteristischste Element der *Passiun da Lumbrein*. Caspar Decurtins hat den Text der *Passiun da Lumbrein* im Band XIII der Rätoromanischen Chrestomathie veröffentlicht.[105] Im Vorwort dieser Edition schreibt er:

> Da nun, dank der eidgenössischen Unterstützung die rätoromanische Chrestomathie sich zu einer Sammlung der bedeutendsten nationalen Denkmäler erweitert hat, schien es angezeigt, die Volksschauspiele vollständig wiederzugeben; sind ja gerade sie ein dermassen bodenständiges Erzeugnis, dass sich an ihm die geistigen, moralischen, rechtlichen und politischen Anschauungen, wir möchten sagen, die Lebensquellen des Volkes offenbaren.[106]

Decurtins Urteil über die Bedeutung der Passionen spiegelt das Interesse wieder, welches diesen urtümlichen Spielen bis heute entgegengebracht wird.

3.1 Überlieferungsgeschichte und Textbefund

Der Text der *Passiun da Lumbrein* ist in zwei Handschriften überliefert. Die erste Handschrift enthält den Text, der letztmals im Jahr 1862 aufgeführt wurde, die zweite Handschrift jenen von 1882.

Die vorliegende Untersuchung befasst sich mit dem älteren Drama, das im Jahr 1862 als Spielvorlage diente. Caspar Decurtins hat die Passions-

---

105 DECURTINS. *Passiun da Lumbrein*. Chrestomathie. XIII. Band. S. 115–148.
106 DECURTINS. *Passiun da Lumbrein*. Chrestomathie. XIII. Band. S. 1.

Handschrift im Sommer 1877 erhalten.[107] In den folgenden Jahrzehnten hat er sich mit der Geschichte der *Passiun da Lumbrein* wiederholt auseinandergesetzt. «In einem Zeitraum von über dreissig Jahren glückte es, urkundliche Angaben und zahlreiche Überlieferungen zusammenzubringen; doch die Mosaikstückchen wollten sich gar schwer zu einem einheitlichen Bilde fügen.»[108] Die Edition des gesamten Werkes erfolgte 1912. Die Handschrift, die als Vorlage für die Edition diente, ist trotz der Wertschätzung des Herausgebers verschollen.[109]

3.1.1 Datierung der Handschrift

Eine Datierung des Original-Manuskriptes der *Passiun da Lumbrein* ist durch den Verlust der Handschrift nicht mehr möglich. Die Edition von Caspar Decurtins enthält keine Jahreszahlen, die eine Datierung des Manuskriptes gewährleisten würden.

3.1.2 Entstehung des Passionsspiels

Die Forschung ist sich darüber einig, dass der Text nicht aus dem 19. Jahrhundert stammt.

Caspar Decurtins nimmt an, dass die *Passiun da Lumbrein* erstmals im Jahre 1722 gegeben worden sei.[110] Er bringt die Entstehung der Passion mit der Gründung der *Bruderschaft zu den sieben Schmerzen Mariens* in Verbindung. Diese Bruderschaft wurde 1719 in Lumbrein gegründet.[111]

---

107 «Es war im Sommer 1877, als Caspar Anton Collenberg nach Truns kam; was er brachte, war die Handschrift der Passion, wie sie 1862 in Lumbrein war aufgeführt worden; was er bei der Überreichung des Kleinodes sprach, offenbarte das patriotische Denken und Fühlen des Mannes, der trotz seiner Siebzig tannengrad und selbstbewusst einherschritt: ‹Sie sind ein guter Patriot und werden dafür sorgen, dass diese von den Ahnen ererbte Schrift erhalten bleibt.›» – DECURTINS. *Passiun da Lumbrein.* Chrestomathie. XIII. Band. S. 115.
108 DECURTINS. *Passiun da Lumbrein.* Chrestomathie. XIII. Band. S. 115.
109 DEPLAZES. *Passiuns.* S. 25.
110 Vgl. DECURTINS. *Passiun da Lumbrein.* Chrestomathie. XIII. Band. S. 115–123.
111 «In einer Urkunde, datiert: Mantua, 26. Nov. 1729, erteilte Frater Angelus Maria, apostolischer Generalvikar des Servitenordens, dem Pfarrar von Lumbrein die Bewilligung, in der dortigen Pfarrkirche die Bruderschaft der sieben Schmerzen Mariä kanonisch zu errichten. Es wurde daselbst ein Altar der sieben Schmerzen Mariä erbaut und die Bruderschaft eingeführt.» – DECURTINS. *Passiun da Lumbrein.* Chrestomathie. XIII. Band. S. 117.

> Am ersten Sonntag in der Fastenzeit, an dem nach der Bestimmung des Bischofs Ulrich von Mont das Fest abgehalten wurde, fand eine vielbesuchte Prozession durch das Dorf Lumbrein statt. Eigenartig gekleidete Mädchen stellten die acht Seligkeiten und die sieben Schmerzen Mariä dar. Die grösste Aufmerksamkeit aus den Gestalten der dramatisch gehaltenen Prozession erregten jedoch die drei Marien, die mit aufgelösten Haaren einherschreitend je einen Totenkopf trugen. Diese drei Totenschädel erregten von alters her die Phantasie des Volkes. Früher hatten die drei Marien, so berichtet die Sage, die Schädel am Abend vor dem Feste mit nach Hause genommen; nachdem aber die Schädel in einer Nacht sich laut miteinander unterhalten hätten, sei dies später unterblieben. Weiter wird behauptet, einer der Schädel sei derjenige des Pfarrers, der die Andacht zur schmerzhaften Muttergottes eingeführt und das Passionsspiel bearbeitet habe. Beruht diese Behauptung auf geschichtlichem Grunde, dann wäre Conradin Muschaun aus Münster, der drei Jahre Kaplan und von 1708 bis 1722 Pfarrer von Lumbrein war, der Redaktor des vorliegenden Passionspieles und dasselbe wäre zum erstenmal 1722 aufgeführt worden. Im 19. Jahrhundert ist das Passionsspiel nachweisbar von 20 zu 20 Jahren gegeben worden. Nehmen wir an, man habe im 18. Jahrhundert den gleichen Zwischenraum eingehalten, so wäre das Passionsspiel in den Jahren 1722, 1742, 1762, 1782, 1802, 1822, 1842 und 1862 aufgeführt worden.[112]

Decurtins geht davon aus, dass das Passionsspiel zur Feier der Einführung der *Bruderschaft von den sieben Schmerzen Mariens* erarbeitet wurde.[113] Die feierliche Einführung der Bruderschaft fand am 21. Juni 1720 statt.[114]

Conradin Muschaun, der damalige Pfarrer von Lumbrein, war Rätoromane. Er hatte in Dillingen studiert und dort das Jesuitentheater kennengelernt.[115] Als Student hat er vielleicht sogar an Aufführungen der Schulbühne mitgewirkt. Er kannte jedenfalls die Anziehungskraft des gegenreformatorischen Theaters. Als Pfarrer in Lumbrein hat er die *Bruderschaft von den sieben Schmerzen Mariens* eingeführt und die feierliche Prozession am Titularfest begründet. Diese Prozession von Lumbrein wird

---

112 DECURTINS. *Passiun da Lumbrein*. Chrestomathie. XIII. Band. S. 118–119.
113 «Es scheint glaublich zu sein, dass das Lumbreiner Passionsspiel in der jetzt vorliegenden Redaktion zur Feier der Einführung der Bruderschaft von den °sieben Schmerzen Mariä bearbeitet wurde.» – DECURTINS. *Passiun da Lumbrein*. Chrestomathie. XIII. Band. S. 121.
114 Dieses Datum stimmt nicht mit der oben genannten Jahreszahl 1722 überein. Decurtins erläutert die um zwei Jahre schwankende Annahme des Datums der Erstaufführung aber nicht näher. – Vgl. DECURTINS. *Passiun da Lumbrein*. Chrestomathie. XIII. Band. S. 118.
115 Vgl. DEPLAZES. *Funtaunas. Refurmas*. Tom II. S. 53.

heute noch durchgeführt. Ablauf und Gestaltung der Prozession sind genau festgelegt. Auch geringe Änderungen bedurften der bischöflichen Anordnung.[116] Dadurch hat sich der ausserordentlich theatrale, barocke Charakter der Prozession über die Jahrhunderte erhalten. Jedenfalls bezeugt die Gestaltung der Passion dramatischen Sachverstand. – Es ist daher nicht abwegig, den Autor der *Passiun da Lumbrein* im Umfeld des Pfarrers Conradin Muschaun zu vermuten. Ob er das Werk tatsächlich selbst verfasst hat, bleibt dahingestellt.

Eine andere These, die Deplazes benennt, nimmt eine Entstehung der Passion im 17. Jahrhundert an und schreibt die Autorschaft Pfarrer Balzer Alig zu.[117] Balzer Alig lebte von 1625–1677 und war Pfarrer in Vrin, einem Nachbardorf von Lumbrein. Alig ist der Autor der «Canzuns spiritualas», einer Sammlung geistlicher Lieder, unter denen sich auch ein Passionslied befindet.[118] Balzer Alig hat 1672 die «Passiun de nies Segner Jesu Christi, pridora dels quater evangelis â mess giu en ramonsch della part sura» veröffentlicht.[119] Es handelt sich dabei um einen Auszug der Passion

---

116 «Gia pintgas midadas vid il rodel eran hanadas e caschunavan discussiuns animadas e dispetas malemperneivlas. Aschia eisi stau era 1919. Lu ha ei dau ina greva divergenza pervia dil plaz dalla Cumpignia da mats ella processiun. Quella insisteva fetg da saver marschar vinavon amiez la processiun. La curia episcopala – sustenida dil cussegl ecclesiastic – ha decretau quei onn che la Cumpignia da mats hagi da semetter si e marschar davontier ella processiun. [...] Las autoritads ecclesiasticas ein era sebasadas sin il niev dretg canonic, decretaus dil Papa 1917, che scumandava tuts usits che mavan sin cuost dalla edificaziun dils fideivels. En vesta a quella recumandaziun han ins tuttina cattau a Lumbrein ina sligiaziun dètg diplomatica.» – «Schon kleine Änderungen am Rodel waren schwierig und sorgten für lebhafte Diskussionen und unangenehme Auseinandersetzungen. So geschah es auch 1919. Damals gab es eine schwere Meinungsverschiedenheit wegen dem Platz der Knabenschaft in der Prozession. Jene bestand darauf, mitten in der Prozession marschieren zu dürfen. Die bischöfliche Kurie – unterstützt vom Kirchenrat – hatte in jenem Jahr das Dekret erlassen, dass sich die Knabenschaft vorne in der Prozession aufzustellen habe und dort auch marschieren müsse. [...] Die kirchlichen Autoritäten hatten sich auch auf das neue Kirchenrecht berufen, vom Papst 1917 erlassen, das alle Bräuche verbot, die auf Kosten der Erbauung der Gläubigen abgehalten wurden. In Anbetracht dieser Empfehlung hat man dann in Lumbrein doch noch eine recht diplomatische Lösung gefunden.» – CAPAUL. *Processiun da Lumbrein*. S. 17.
117 Vgl. DEPLAZES. *Passiuns*. S. 23.
118 DEPLAZES. *Passiuns*. S. 23.
119 Vgl. DEPLAZES. *Funtaunas. Refurmas.* Tom II. S. 24–26.

Jesu aus den Evangelien. Dieser Auszug ist in rätoromanischer Sprache verfasst und ermöglichte den katholischen Rätoromanen, die Passion Jesu in ihrer Muttersprache zu lesen. Bis dahin war dies nur den reformierten Rätoromanen vorbehalten gewesen. Aligs Text ist aber kein Dramentext. Auch sprachlich unterscheidet er sich stark von der *Passiun da Lumbrein*.[120]

Die Ursprünge der *Passiun da Lumbrein* sind geschichtlich nicht nachweisbar. Sicher hat aber die *Bruderschaft von den sieben Schmerzen Mariens* die Entwicklung und vielleicht auch die Entstehung der Passion entscheidend geprägt.

3.1.3 Aufführungen

In welchem Jahr die *Passiun da Lumbrein* erstmals aufgeführt wurde, kann nicht mehr nachgewiesen werden. Hingegen ist die letzte Aufführung nach der alten Fassung im Jahr 1862 verhältnismässig gut dokumentiert. Die Berichte über die damalige Aufführung vermitteln durchaus noch den Eindruck einer etwas eigenwilligen Barockpassion. Decurtins erläutert diese konservative Tendenz der Aufführung folgendermassen:

> Wie uns der verstorbene Pfarrer und Canonicus Balthasar Arpagaus, der mit Lehrer Rochus Capeder und Caspar Anton Collenberg die Aufführung leitete, versicherte, war die Aufführung, die er uns ausführlich beschrieb [nämlich jene von 1862], von den früheren im 18. und 19. Jahrhundert sehr wenig verschieden; denn in der damals abgeschlossenen Bauerngemeinde Lumbrein, wo die Bevölkerung ausschliesslich von Ackerbau und Viehzucht lebte, wahrte man sorgfältig alte Sitten und Gebräuche.[121]

Die Rezensionen und Berichte der Aufführung von 1862 gewähren einen aufschlussreichen Einblick in die damalige Aufführungspraxis und ergänzen, bzw. erläutern die Regieanweisungen des Passionsdramas. Aus diesem Grund werden die Berichte über die Aufführungen hier in extenso wiedergegeben.

Professor Placi Condrau, der Gründer und Redaktor der *Gasetta Romontscha*, beschreibt die Aufführung der *Passiun da Lumbrein* in einer langen, kritischen Rezension, die hier in Auszügen wiedergegeben wird:

---

120 Vgl. DEPLAZES. *Passiuns*. S. 23.
121 DECURTINS. *Passiun da Lumbrein*. XIII. Band. Chrestomathie. S. 121.

Kurz vor neun kündigt die grosse Glocke den Beginn der Aufführung der bewunderungswürdigen Tragödie an, in der der Sohn Gottes sein Leben für die Errettung des Menschengeschlechts hingibt. Der Herr Vikar Arpagaus, Pfarrer von Lumbrein, hat die grosse Versammlung mit einem angemessenen Prolog begrüsst. [...] Er erklärt die verschiedenen Akte der Aufführung, empfiehlt Stillschweigen und wünscht zuletzt, dass jeder einen guten Eindruck von diesem heiligen Akt nach Hause tragen möge [...]

Die Produktion nahm ihren Anfang mit der Darstellung des hl. Abendmahles. Das Mahl mit dem Osterlamm hat etwas zu lang gedauert für das Publikum, das gerne ein Gespräch gehört hätte und nicht nur zusehen wollte, wie das Osterlamm langsam und gemächlich verzehrt wurde. [...]

Der Akt am Ölberg hat, wie man beobachten konnte, grossen Eindruck auf das Publikum gemacht; Christus hat hier wie auch in allen anderen Situationen seine Rolle gut gespielt, nur schade dass er nicht etwas grösser von Gestalt war. Das plötzliche Erscheinen der vielköpfigen Bande von grossen und kleinen Juden in ihren bemerkenswerten Kostümen und allen Arten von Waffen, ihr Zorn und ihr Gepolter haben viele Zuschauer erschaudern lassen. [...] Deren teuflisches Verhalten dürfte vielen exzentrisch vorkommen, aber man muss auch berücksichtigen, dass dieses [Verhalten] die Raserei der menschlichen Begierden darstellte, und dass unter anderem auch behauptet wird, dass die Dämonen von der Judenbande Besitz ergriffen hatte, um Christi Tod umso grausamer werden zu lassen. [...]

Die Geisselung Christi an der Säule des Pilatus hinter einem Vorhang war nicht sichtbar, aber für das Publikum hörbar. Gemäss der Vision und Beschreibung von Katherina von Emmerich habe man [die Geisselung] lang und furchtbar machen wollen; ein Teil des Publikums hat sie aber gelangweilt, weil sie zu lange gedauert hat.

Einen grossartigen Anblick bot der Zug zum Kalvarienberg. Voraus die schöne Blechmusik von Rhäzüns, das Synedrion der Priester, die Berühmtheiten: Pilatus, Herodes, Caifas und Hannas zu Pferd, danach die grosse und rasende Judenbande mit dem kreuztragenden Christus in der Mitte, zuletzt die Muttergottes und die Frauen von Jerusalem [...] Auf dem Kalvarienberg angekommen, herrschte während der Kreuzigung eine feierliche Stille. Man kann sagen, dass Christus eine Dreiviertelstunde am Kreuz zwischen den beiden Verbrechern gehangen habe; man hätte schwören können, dass ein Toter am Kreuz gehangen habe, so natürlich war seine Position.

Der Tod des Erlösers war aber wenig erhebend. Wenn die Heilige Schrift hier von einer Verfinsterung der Sonne, von einem Erdbeben, vom oben bis unten zerrissenen Vorhang des Tempels, von den Toten, die auferstehen und herumgehen, etc. berichtet, dann wäre es angebracht gewesen, dies auf die eine oder andere Weise anzuzeigen. Der Eindruck des Volkes wäre viel tiefer gewesen, und das Grauen der Kreuziger, die den Kalvarienberg hinuntergerannt sind, viel schrecklicher. [...]

Wenn die eifrigen Leiter dieser Aufführung bereits ein Jahr früher daran gedacht hätten, dann hätte sich der eine oder andere im vergangenen Sommer nach Oberammergau in Bayern begeben können um zu schauen, in welch vorzüglichen Art und Weise dort die Passion von Zeit zu Zeit begangen wird.[122]

---

122 «Empau avon las nov annunziescha il zenn grond l'entschatta della representaziun della admirabla tragedia, nua ch'il Fegl de Diu dat sia veta per spindrament della schlatteina humana. Il signur vicari Arpagaus plevon da Lumbrein, ha beneventau la numerusa radunonza en in commensurau prolog. [...] El declara ils differents acts della representaziun, recammonda tgeuadad e giavischa la finala che in e scadin possi purtar a casa ina bun'impressiun de quei sogn act [...]

La producziun ha priu si'entschatta culla representaziun della s. Tscheina. La tschavera cul tschut de Pastgas ha cuzzau stagn ditg pil publicum che vess bugen udiu a plidond e buca mo mirau tier co il tschut de Pastgas ei vegnius consumaus plaunsiu e plattamein. [...]

Igl act egl iert dellas olivas ha sco ins ha pudiu observar fatg gronda impressiun sil publicum; Cristus ha cheu sco en tuttas autras situaziuns giugau bein sia rolla, mo donn ch'el era buc empau pli gronds da statura. L'anetga comparsa della numerusa banda de pigns e gronds Gedius en lur remarcabels costums e cun de tuttas uisas armas, lur vietiadad e fraccass ha fatg sgarschur a biars aspectaturs. [...] Lur diabolic secuntener pudess parer a biars excentrics, denton ston ins era risguardar, che quel representava la furia e vehemenza dellas pissiuns humanas, e ch'ei vegn denter auter era pretendiu, ch'ils demunis vevien priu posses de quella banda de Gedius per far la mort de Cristus ton pli crudeivla. [...]

La ghessliada de Cristus vid la petga de Pilatus davos ina gardina era buca veseivla, bein aber udeivla pil publicum. Tenor la visiun e descripziun de Catrina d'Emmerich han ins vuliu far quella liunga e stermentusa; ina part dil publicum ha ell'aber unfisau cun cuzzar memia ditg.

In grondius aspect ha il til dil cuolm de Calvari purschiu. Ordavon la biala Blechmusica de Razen, igl entir sinedri de sacerdots, las celebritads: Pilatus, Herodes, Caifas ed Annas a cavagl, silsuenter la gronda e furiusa banda de Gedius, enamiez quels Cristus culla crusch, davostier Nossadunna e las dunneuns de Jerusalem [...]

Arrivai sil cuolm de Calvari ha ei regiu cheu duront la crucifigaziun ina solemna tgeuadad. In po dir che Cristus seigi staus cheu 3 quarts ura pendius vid la crusch enamiez ils dus malfatschents; ins vess engirau, ch'ei fussi in miert vid la crusch, schi natural era sia positura.

La spartida dil Salvader ei aber stada pauc solemna. Sche la sontga scartira raquenta cheu ded ina stgiradetgna de sulegl, de tiara triembel, della gardina el tempel ch'ei rutta da sum tochen dem, dals morts ch'ein levai si ed i entuorn etc., sche vess ei cunvegniu d'era indicar quei sin ina moda ni l'autra. L'impressiun sil pievel fuss stada tut pli profunda, e l'orur dils crucifigaders, ch' ein fugi giud il cuolm Calvari, tut pli sgarscheivla. [...]

Vessen ils premurai directurs de quella representaziun giu patertgau schon onn vid quella, sche vess in ni l'auter saviu serender la stad vargada ad Oberammergau ella Baviera e mirar sin tgei stupenta moda, che la passiun vegn celebrada leu da temps en temps.» – DEPLAZES. Passiuns S. 32–36.

In der liberalen Zeitung *Grischun* erschien am 10. April 1862 eine weitere
Rezension zur Aufführung der *Passiun da Lumbrein*.

> Der *Curtin Grond* war schon mit einer grossen Volksmenge überzogen, wir
> hätten diese auf 4–5000 Seelen geschätzt. Der Herr Pfarrer von Lumbrein
> hält eine kurze Rede, in der er die Zuschauer ermahnt, sich die Passion zu
> Herzen zu nehmen. Diese wurde dann in 8 Akten aufgeführt, die 5 Stunden
> gedauert haben. Wie man hören konnte, hat die Aufführung jedermann
> zufriedengestellt.[123]

Caspar Decurtins gibt in der Einleitung zur *Passiun da Lumbrein* die Erinnerungen wieder, die Pfarrer *Balthasar Arpagaus*, einer der Leiter der Aufführung von 1862, ihm erzählt hatte.

> Der gleiche Gewährsmann [Pfarrer Arpagaus] erzählte, dass die Bauern selbst
> die offenen Bühnen errichtet hätten und dass die Kleidung in Lumbrein
> selbst hergestellt wurde. Die Juden trugen aus grünem und roten Tuch
> gefertigte Beinkleider, die Jünger graue Talare (rassas), während Pilatus und
> Herodes herrlich in Samt und Seide gekleidet waren. Die Muttergottes
> trug dasselbe schwarze Kleid wie die Mater dolorosa in der Pfarrkirche;
> die Soldaten des Pilatus traten in der roten Uniform der Schweizergarde von
> Frankreich auf. An Waffen fehlte es nicht; war ja gerade in Lumbrein der
> Stammsitz jenes Helden und Führers in der Calvenschlacht, des ruhmvollen
> Lumarin; es fanden sich viele alte Waffen vor, Schwerter für einfachen und
> doppelten Griff, Hellebarden und Morgensterne. Die Zuschauer zahlten für
> die Plätze nicht, man ging nur während des Spieles mit einem Teller herum,
> wo jeder nach Belieben etwas opferte; meistens waren es, wie Canonicus
> Arpagaus versicherte, Bündner-Bluzger, später 2-, 5- und 10-Rappenstücke. Bei der Aufführung von 1862 spielte zum Beginn die Blechmusik
> von Rhäzüns. Die Rechnung, welche Pfarrer Arpagaus und Gemeindepräsident J. Christ Casanova über Einnahmen und Ausgaben des Spieles von
> 1862 ablegten, wirft ein interessantes Licht auf die bescheidenen Anforderungen, die das Volk des Oberlandes damals an die Bühnentechnik stellte.
> Um so lebhafter war die schöpferische Phantasie der Zuschauer. Es waren
> ungefähr 130 bis 150 Personen am Spiel, das fünf Stunden dauerte, beteiligt. Der Zug nach dem Calvarienberg, bei dem die Musik von Rhäzüns
> wohl eher störend voranzog, machte auf die zahlreichen Zuschauer einen
> tiefen Eindruck.[124]

---

123 «Il curtin grond era schon surtratgs cun ina massa pievel, nus vessen quel
schazegiau sin 4–5000 olmas. Il Segner Farrer de Lumbrein tegn in cuort
discuors, el qual el admonescha ils aspectaturs de prender quella representaziun
a cor. Quella ei lu vegnida representada en 8 acts, che han cuzzau 5 uras. Ton
sco ins ha udiu, ha la representaziun cuntentau scadin.» – DEPLAZES. *Passiuns*
S. 37.
124 DECURTINS. *Passiun da Lumbrein*. Chrestomathie. XIII. Band. S. 121–122.

3.2 Darstellung des Inhaltes

3.2.1 Titel

REPRESENTATIUN DE LA PASSIUN A MORT DE NIES SPINDRADER JESSUS CHRISTUS TRAIG ORA DILGS QUATTER EVANGELISTS ED ORD AUTARS CUDISCH SPIRITUALS TUDESCHGS A RAMONSCHS.[125]	Darstellung der Passion und des Todes unseres Erlösers Jesus Christus, aus den vier Evangelisten ausgezogen und aus anderen deutschen und romanischen geistlichen Büchern.

3.2.2 Rollenverzeichnis[126]

SALVADER		JESUS
PIEDER		PETRUS, Jünger Jesu
GIACHEN		JAKOBUS, Jünger Jesu
GION		JOHANNES, Jünger Jesu
JUDAS		JUDAS, Jünger Jesu
TSCHELS 8		DIE ANDEREN ACHT JÜNGER
AUNGEL		ENGEL
MALCUS		MALCHUS, ein Soldat
ILS GIADIUS		DIE JUDEN
ANAS		HANNAS, Hohepriester, Schwiegervater des Kajaphas
CAIAFAS		KAJAPHAS, Hohepriester, Vorsitzender des Hohen Rates der Juden
ACHIAS	RABAN	Priester des Hohen Rates
DIARABIAS	RITFAR	
EHIERIS	ROSMAFIN	
JORAM	SABINTY	
JOSAFAT	SAMECH	
JOSEPH D'ARAM	SAREAS	
MESA	SIMON LEPROSUS	
NICODEMUS	SUBATH	
PHODENEUS	TERAS	
POTIFAR		
PERDETGIA[127]		Zeuge gegen Jesus

---

125 DECURTINS. *Passiun da Lumbrein*. Chrestomathie. XIII. Band. S. 123.
126 Das Rollenverzeichnis wurde vom Verfasser erstellt.
127 Die Edition enthält nur die abgekürzte Form *Perdet*. – DECURTINS. *Passiun da Lumbrein*. Chrestomathie. XIII. Band. S. 129.

PORTANERA	Pförtnerin, die Petrus befragt
FINTSCHALLA	Magd, die Petrus befragt
PILATUS	PONTIUS PILATUS, römischer Statthalter
L. DUNA	Frau des Pilatus
1. SERGER	Schergen, die Jesus geisseln
2. SERGER	
3. SERGER	
4. SERGER	
5. SERGER	
6. SERGER	
SCHOCHER SANIESTER	Schächer zur Linken und zur Rechten die mit Jesus gekreuzigt werden
SCHOCHER DREIG	

3.2.3 Inhaltsangabe

1. Szene

Christus begibt sich mit seinen elf Jüngern zum Ölberg. Er sagt Petrus voraus, dass er ihn verraten werde. Petrus wehrt sich gegen diesen Vorwurf. Auf dem Ölberg angekommen, ruft er Petrus, Johannes und Jakobus zu sich.

SALVADER Restei cau, ferton che jau vom et Urel, aber Pieder, Giachen e Gion vigni cun mei.	ERLÖSER Bleibt hier, während ich gehe und bete, aber Petrus, Jakobus und Johannes, kommt mit mir.
Seramonia *Essent vitier ilg leug d'ura: ton sco de fierer in Crap gi ilg Salvader tier quels treis Giuvenals.*	Regieanweisung *Bis auf die Entfernung eines Steinwurfs an die Stelle des Gebetes herangekommen, sagt der Erlöser zu den drei Jüngern.*
SALVADER Mia olma ei combriada entochen la mort, stei cau e surfri era vus cun mei.[128]	ERLÖSER Meine Seele ist zu Tode betrübt, bleibt hier und leidet auch ihr mit mir.

Dann begibt sich Jesus zum Gebet. Ein Engel bringt ihm den Kelch des Leidens, spricht mit ihm und tröstet ihn.

Dann kehrt Jesus zu seinen Jüngern zurück und findet sie schlafend vor. Er weckt sie und kündigt seine Auslieferung an.

---

[128] DECURTINS. *Passiun da Lumbrein*. Chrestomathie. XIII. Band. S. 123–124.

Das Drama *La Passiun da Lumbrein*

2. Szene
Judas erscheint mit einer Horde Soldaten und küsst Jesus. Die Soldaten nehmen Jesus gefangen und führen ihn ab. Die Jünger Jesu fliehen. Jesus wird vor das Haus des Hohepriesters Hannas gebracht und dort an einen Baum gekettet.

3. Szene
Hannas begrüsst Jesus als einen Gauner und Aufwiegler des Volkes. Er konfrontiert ihn mit den Vorwürfen, die gegen Jesus erhoben wurden. Die Soldaten, bzw. die Juden lästern und äussern ihren Unwillen über Jesus mit lauten und unbeherrschten Zwischenrufen. Hannas beschliesst, dass der Hohe Rat über den Fall zu befinden habe und lässt Jesus zum Hohepriester Kajaphas führen. Petrus folgt dem Zug aus der Ferne und begegnet der Pförtnerin, die ihn als Jünger Jesu zu erkennen glaubt. Petrus verleugnet seinen Herrn zum ersten Mal.

4. Szene (a)
Im Haus des Kajaphas sind alle Hohepriester und Richter versammelt. Kajaphas betont, er habe sich lange in Geduld geübt. Aber Jesus habe täglich für neue Unordnung gesorgt. Nun habe er ihn festnehmen müssen. Kajaphas eröffnet das Verhör und und fordert die Zeugen zur Aussage auf. Jesus wird angeklagt, sich als Sohn Gottes ausgegeben und Tote auferweckt zu haben. Die versammelten Soldaten rufen auch hier ständig dazwischen. Sie zählen die Missetaten Jesu auf und fordern ihn heraus. Er soll vor der ganzen Versammlung ein Wunder vollbringen.

Jesus wird der Gotteslästerung angeklagt. Der Hohe Rat soll nun entscheiden, was mit Jesus geschehen soll. Kajaphas ruft jeden Hohepriester einzeln auf, seine Meinung kundzutun.

Während die Hohepriester beraten, verleugnet Petrus Jesus zum zweiten Mal und weint bitterlich.

Kajaphas schilt die Knechte des Lärmes wegen, den sie verursachen, und fährt in der Befragung der Hohepriester weiter. Dann stellt er fest, dass er genügend Beweise habe, um Jesus zum Tode zu verurteilen. Er löst die Versammlung auf. Jesus wird den Soldaten übergeben, die ihn verspotten, ihm eine Narrenkappe anziehen und ihn ohrfeigen. Dann wird er eingesperrt.

Am nächsten Morgen kehrt Kajaphas mit den Richtern zurück. Sie fragen Jesus, ob er es sich anders überlegt habe. Als Jesus verneint, be-

II. Die Dramentexte

schliesst der Hohe Rat, ihn dem Statthalter Pilatus zu übergeben, damit jener das Urteil fälle.
Am Ende dieser Szene erscheint Judas und wirft den Gelbeutel vor die Füsse der Richter. Jene wenden sich von ihm ab. Jesus wird zu Pilatus gebracht.

4. Szene (b)
Pilatus befragt zuerst die Juden. Er will wissen, was Jesus verbrochen habe. Darauf spricht Pilatus mit Jesus, kann aber keine Schuld an ihm finden. Er übergibt Jesus wiederum den Juden, damit sie ihn seinem Landsmann Herodes übergeben.

5. Szene
Herodes empfängt Jesus vor versammeltem Hofstaat. Er befragt Jesus eingehend.

HERODES	HERODES
Ei ti bucca quel ad ilg qual jgls Treis Reigs han purtau Unfrendas, che per talla fin miu sir a Bab faitg metter entuorn tontas melli affons jnocents!	Bist du nicht derjenige, dem die drei Könige Opfer gebracht haben, für den mein Herr und Vater zuletzt so viele Tausende unschuldiger Kinder hat umbringen lassen?
C : 1 : 7 [129] Ho El ha auters Kerlis, che portan Umfrendes, a surveschan tgei ch'el vult.	C : 1 : 7 (ein Jude der ersten Klasse) Ho, er hat andere Kerle, die ihm Opfer bringen, und ihm vorsetzen, was er will.
HERODES Eis ti quel ch'as ilg Tschgieg nischiu faitg ch'El ha viu! [130]	HERODES Bist du derjenige, der einen Blindgeborenen sehend gemacht hat?

Jesus antwortet nicht. Herodes gelingt es nicht, Jesus zum Sprechen zu bringen. Darauf befiehlt er den Soldaten, Jesus ein weisses Kleid als Zeichen seiner Verrücktheit anzuziehen und ihn wieder zu Pilatus zurückzubringen.

---

129 Die Gruppe der Juden ist in drei Klassen mit jeweils zehn Darstellern eingeteilt. Jeder Darsteller eines Juden bekommt eine Rollen-Nummer. Dazu ein Beispiel: die Rolle C : 1 : 7 bezeichnet den siebten Mann aus der ersten Klasse der Juden.
130 DECURTINS. *Passiun da Lumbrein*. Chrestomathie. XIII. Band. S. 137.

Pilatus versucht, Jesus freizubekommen. Seine Frau erzählt ihm, sie habe um Jesu willen schlecht geschlafen. Die Juden seien nur neidisch auf ihn. Aber die Juden verlangen die Freilassung des Barabbas.

Darauf wird Jesus an eine Säule gebunden und gegeisselt. Nach getaner Arbeit betrachten die Schergen die Wunden Jesu und sind stolz auf ihre Arbeit. Dann bringen sie Jesus wieder zu Pilatus zurück und fragen ihn, ob sie Jesus gemäss seinem Anspruch kleiden und krönen dürfen. Pilatus lässt sie gewähren und hofft, die Juden mit dieser erneuten Erniedrigung Jesu endlich zufriedenzustellen. Denn er ist von Jesu Unschuld überzeugt.

Die Schergen misshandeln Jesu erneut, krönen ihn mit der Dornenkrone, drücken ihm ein Szepter in die Hand und verspotten ihn. Jesus wird erneut zu Pilatus gebracht. Als Pilatus erkennt, dass er Jesus nicht freibekommen wird, bittet er das Volk auf Knien, den König aus dem Geschlechte Davids nicht zu töten. Aber die Juden schreien immer lauter und fordern Jesu Tod.

Darauf wäscht sich Pilatus die Hände und spricht das Urteil.

Pilatus übergibt den Priestern die Tafel mit der Kreuzigungsinschrift. Auf deren Wunsch, die Inschrift zu ändern, geht er nicht ein.

Die Juden werfen Jesus das Kreuz vor die Füsse. Jesus wirft sich auf die Knie, küsst das Kreuz, klagt ihm sein Leid und vertraut sich dem Kreuz an.

SALVADER	ERLÖSER
Seies de mei salidada O Crusch! Ti leig a Ruaus de miu Tgierp malsaun, tei h'vei jeu adina Charazau, suenter Tei h'vei jeu schon da gig desiderau, a per quei vignius da Tschiel chjeu vit tei per la schlateina Humana de endirar a murir. Ti vens, zvar esser pettra aung calura garegiel jeu tei de Cor, o Chara Crusch per quei ch'jeu de tuts Christgiauns sun bandunaus, sche retscheivi ti pia mei pertgei tier tei a vit tei vi jeu Viver a Murir.[131]	Sei von mir gegrüsst, o Kreuz! Du Lager und Ruhe meines kranken Körpers, dich habe ich immer geliebt, nach dir sehnte ich mich schon lange, und deswegen bin ich vom Himmel gekommen, um an dir zu leiden und zu sterben um des menschlichen Geschlechtes willen. Du wirst zwar bitter sein, aber dennoch begehre ich dich von Herzen, o liebes Kreuz, weil ich von allen Menschen verlassen bin; so empfange nun du mich, denn bei dir und an dir will ich leben und sterben.

---

131 DECURTINS. *Passiun da Lumbrein*. Chrestomathie. XIII. Band. S. 146.

Darauf folgt die Prozession. Jesus fällt dreimal unter das Kreuz. Veronika trocknet ihm das Gesicht ab. Vor den Toren begegnet er den Frauen von Jerusalem. Schliesslich wird er zusammen mit zwei Schächern gekreuzigt und stirbt. Longinus durchstösst ihm die Seite und bekennt, dass dieser wahrhaft der Sohn Gottes war.

Mit Trommelwirbeln, Trompeten und Gesang endet die Passion.

3.3 Gliederung, Struktur und Disposition der Handlung

Der Autor eines barocken Passionspieles ist an die biblische Überlieferung gebunden. Jeder Passion ist dadurch eine verbindliche Grundstruktur vorgegeben. Diese Struktur lässt sich nur schwer mit einer barocken Dramengliederung in Einklang bringen.

Der Autor oder Redaktor kann ein Passionsspiel zwar erweitern und ausschmücken. Er kann neue Figuren erfinden und eine Nebenhandlung einfügen. Im Grunde aber sperrt sich eine Passion weitgehend gegen eine grundlegende stilistische Überformung.

3.3.1 Akt- und Szeneneinteilung

Die *Passiun da Lumbrein* ist in fünf Szenen eingeteilt. Dem Autor ist bei der Zählung der Szenen wahrscheinlich ein Fehler unterlaufen, denn die vierte Szene kommt zweimal vor.[132]

In der Zählung der Szenen werden die Prozession und die Kreuzigung Jesu auf dem Kalvarienberg nicht von der übrigen Handlung abgesetzt, obwohl nicht nur in der theatralen Handlung ein Ortswechsel geschieht, sondern auch das Publikum mit den Darstellern der Passion an einen anderen Ort zieht.

Die Szeneneinteilung kennzeichnet in der *Passiun da Lumbrein* nicht primär den Auf- oder Abtritt von Personen, sondern unterteilt den ersten Teil der Passion vor der Prozession in fünf Abschnitte, die jeweils andere Handlungsorte voraussetzen. Aber auch diese Gliederung nach dem Ort der Handlung wird nicht konsequent durchgehalten. Die vierte Szene (4a)

---

[132] Vgl. die Szenenüberschrift auf den Seiten 128 und 134. – DECURTINS. *Passiun da Lumbrein*. Chrestomathie. XIII. Band. S. 128, 134.

enthält das Verhör vor dem Hohen Rat. In dieses Verhör eingeschoben ist die Verleugnung Jesu durch Petrus, ohne dass dieser Einschub in Bezug auf die Dramenstruktur kenntlich gemacht würde. In der vierten Szene (4b) wird das Verhör Jesu durch Pilatus dargestellt. In der fünften Szene wird Jesus Herodes vorgeführt. Anschliessend wird Jesus zum zweiten Mal von Pilatus verhört. Es folgen die Geisselung und Verspottung Jesu. Schliesslich fordern die aufgebrachten Juden seinen Tod. Dann begrüsst Jesus das Kreuz und küsst es. – Diese genannten fünf Abschnitte der fünften Szene werden im Dramentext nicht kenntlich gemacht, obwohl sie eindeutige Unterbrechungen der Handlungs- und Ortskontinuität darstellen.

Die Einteilung des Dramas folgt keinem üblichen Schema der Textstrukturierung. Eine inhaltlich begründete Logik der Szeneneinteilung ist nicht erkennbar. – Es ist aber vorstellbar, dass die Szeneneinteilung praktisch begründet ist. Vielleicht stellen die Szenen lediglich Probeneinheiten dar.

3.3.2 Ort der Handlung

Die erste und die zweite Szene sind am Ölberg angesiedelt. Die dritte und die vierte Szene (4a) spielen im Hof und in den Innenräumen des hohepriesterlichen Palastes. In der dritten Szene wird Jesus dem Hohepriester Hannas, in der vierten Szene (4a) dem Hohepriester Kajaphas vorgeführt. Die vierte Szene (b) spielt im und vor dem Palast des römischen Statthalters Pilatus. Die fünfte Szene schliesslich umfasst mehrere Spielorte: den Palast des Herodes, den Palast des Pilatus und den (nicht näher beschriebenen) Ort der Geisselung und Verspottung Jesu.

Der Kreuzweg und die Kreuzigung Jesu sind selbständige Abschnitte der theatralen Handlung und spielen in den Strassen von Jerusalem, bzw. auf dem Kalvarienberg.

In der *Passion von Lumbrein* wird das ganze Dorf als Ort der Handlung verstanden und entsprechend uminterpretiert. Die Kreuzwegstationen sind genau lokalisiert und bestimmten Häusern und Plätzen, die am Prozessionsweg liegen, zugeordnet. Der Kalvarienberg ist eine Erhöhung über dem Dorf.

3.3.3 Bühnenanweisungen

Die *Passiun da Lumbrein* enthält sehr viele Bühnenanweisungen, die etwa einen Viertel des gesamten Textvolumens ausmachen.

Der Nebentext umfasst den vollständigen Titel und die Szenenüberschriften, ferner die *Seramonias*.[133] Die *Seramonias* sind ausführliche Regieanweisungen zur Handlung, zum Ort des Geschehens und zur Gestik der Darsteller. In ihrer Ausführlichkeit legen sie manche Szenen bis ins kleinste Detail fest.

Seramonias	Regieanweisungen
Sin quei tilen quels 2 Schergers or lur tschops a fan enta si moingias Camischa et entscheiven a Gasliar giu dem a sisuenter, lura suenter enpau Vegnien 2. auters Schergers a tilen era ora lur tschops a prendan las Geislas a gaslegien sco Tschels. Bein aber ein ils 2 emprims vigni naven de la petgia avon et han furschau giu lur savurs, schament: Suenter che quels han puspei Gasliau schi gig a liung, sche veignien ils emprims a dischligian a volven a ligia a puspei gaslegia sco vivont [...][134]	*Darauf ziehen zwei Schergen ihre (Männer-) Röcke aus, krempeln die Hemdsärmel hoch und beginnen zuunterst zu geisseln. Nach einer Weile kommen zwei andere Schergen und ziehen ihre Röcke aus und nehmen die Peitschen und geisseln wie die anderen. Wohl aber sind die zwei ersten vorher von der Säule weggegangen und haben ihren Schweiss stöhnend abgewischt. Nachdem diese wiederum lange gegeisselt haben, kommen die ersten und binden [Jesus] von der Säule los und wenden ihn und binden ihn wieder fest und geisseln wieder wie vorher [...]*

Die *Seramonias* enthalten auch einen genauen Beschrieb des Prozessionsweges durch das Dorf Lumbrein. Jede Station des Kreuzweges wird an einer ganz bestimmten Stelle des Dorfes dargestellt. Der Kalvarienberg befindet sich auf einem Feld oberhalb des Dorfes.

Seramonias	Regieanweisungen
La fraigia la emprima Curda. Bein gleiti suenter Simon Ziraneus. La Casa Scarvon Gion Giacen, ilg Pietz de S. Veronica. La Casa de quels Scarvon Risch Hercli, lautra Cordada. [...][135]	*Bei der Schmiede der erste Fall. Gleich danach Simon von Zyrene. Beim Haus des Schreibers Gion Giachen das Tuch der hl. Veronika. Beim Haus derer von Schreiber Risch Hercli, der zweite Fall. [...]*

---

133 Der Begriff *Seramonias* entspricht der deutschen Bezeichnung *Zeremonie*. Im Rätoromanischen wird der Begriff umfassender gebraucht. Er bezeichnet festgelegte Abläufe zeremonieller Art, kann aber auch für umständliche Verhaltensweisen im allgemeinen Sinn gebraucht werden. *Far curtas saramonas* ist ein feststehender Ausdruck und bedeutet soviel wie die deutsche Redewendung *einen kurzen Prozess machen*.
134 DECURTINS. *Passiun da Lumbrein*. Chrestomathie. XIII. Band. S. 141.
135 DECURTINS. *Passiun da Lumbrein*. Chrestomathie. XIII. Band. S. 146.

3.3.4 Biblischer Bericht oder Neudichtung

Die *Passiun da Lumbrein* stützt sich auf die biblische Überlieferung der Passion Jesu. Ihr Autor fühlt sich dem biblischen Original verpflichtet. Gleichzeitig empfindet er die Kargheit der biblischen Überlieferung als dramatisch ungenügend und gleicht dieses Defizit durch einen entsprechenden Anteil an dramatischer Neudichtung aus. Er steigert die emotionale Dichte der Dialoge und intensiviert die optischen Effekte. Die Brutalität der Handlung wird minuziös dargestellt und zusätzlich betont.

Dafür werden dramatisch uninteressante Bibelstellen gestrichen. Die theologisch wichtigen Abschiedsreden Jesu kommen nicht vor. Die Aufführung des Abendmahles ist für Lumbrein nicht vorgesehen.

In der *Passiun da Lumbrein* lassen sich drei Prinzipien des Umgangs mit biblischer Substanz erkennen, die hier beispielhaft erörtert werden.

Wortgetreue Übernahme einer biblischen Szene
In der ersten Szene geht Jesus mit seinen Jüngern zum Ölberg.[136] Der Autor der *Passiun* übernimmt diese Szene wortgetreu aus dem Matthäusevangelium.[137] Jesus und die Apostel sprechen genau nach der biblischen Vorgabe. An einer Stelle erlaubt sich der Autor eine redaktionelle Änderung und setzt eine Beschreibung des Evangelisten in direkte Rede Jesu um.

SALVADER	ERLÖSER (im Passionsspiel)
«Restei cau, ferton che jau vom et Urel, aber Pieder, Giachen e Gion vigni cun mei.»[138]	«Bleibt hier, während ich gehe und bete, aber Petrus, Jakobus und Johannes, kommt mit mir.»
MT 26, 36 «Stei cheu, ferton che jeu mon vi leu a far uraziun.» El ha priu cun el Pieder ed ils dus fegls da Zebedeus.[139]	MT. 26, 36 «Setzt euch und wartet hier, während ich dort bete.» Und er nahm Petrus und die beiden Söhne des Zebedäus mit sich.[140]

Der Autor lässt keinen Satz weg, dichtet aber auch nichts hinzu. Die Bibel dient ihm hier als direkte Vorlage, die er wortgetreu kopiert.

---

136 DECURTINS. *Passiun da Lumbrein*. Chrestomathie. XIII. Band. S. 123.
137 Vgl. *Neues Testament*. Mt 26, 30–46.
138 DECURTINS. *Passiun da Lumbrein*. XIII. Band. Chrestomathie. S. 123.
139 *Niev testament*. Mt 26, 36–37.
140 *Neues Testament*. Mt 26, 36–37.

II. Die Dramentexte

Ausschmückung und Erweiterung einer bestehenden Szene
Die dritte Szene der *Passiun da Lumbrein* stellt das Verhör Jesu vor dem Hohepriester Hannas dar. Dieses Verhör ist nur beim Evangelisten Johannes überliefert.

> Der Hohepriester befragte Jesus über seine Jünger und über seine Lehre. Jesus antwortete ihm: Ich habe offen vor aller Welt gesprochen. Ich habe immer in der Synagoge und im Tempel gelehrt, wo alle Juden zusammenkommen. Nichts habe ich im geheimen gesprochen. Warum fragst du mich? Frag doch die, die mich gehört haben, was ich zu ihnen gesagt habe; sie wissen, was ich geredet habe. Auf diese Antwort hin schlug einer von den Knechten, der dabeistand, Jesus ins Gesicht und sagte: Redest du so mit dem Hohepriester? Jesus antwortete ihm: Wenn es nicht recht war, was ich gesagt habe, dann weise es nach; wenn es aber recht war, warum schlägst du mich? Danach schickte ihn Hannas gefesselt zum Hohepriester Kajaphas.[141]

Der Autor der *Passiun da Lumbrein* übernimmt die drei direkten Reden aus diesem Abschnitt des Johannesevangeliums und legt sie Jesus, beziehungsweise dem Knecht wortgetreu in den Mund. Damit kann er aber noch keine dramatisch wirkungsvolle Szene gestalten. Aus diesem Grund entfaltet er die indirekten Informationen des biblischen Berichtes zu Rollen und Sprechpartien. Hannas wird zum Hauptdarsteller der Szene. Hannas droht Jesus gleich zu Beginn und befragt ihn ausführlich zu seiner Lehre und zu seinem messianischen Anspruch.[142] Um die dramatische Qualität noch zu steigern, lässt der Autor die grosse Schar der Juden und Soldaten bei diesem Verhör zugegen sein. Diese laute, ungeduldige Schar unterbricht die Befragung durch achtzehn Zwischenrufe, in denen Jesus verspottet und verschiedener Verbrechen beschuldigt wird.[143] Durch den Einsatz dieser Stilmittel wird die stille, dunkle biblische Szene zum unkontrollierten, wilden Tumult aufgebauscht, der dem Bedürfnis nach Bewegung wesentlich besser entspricht.

Entfaltung eines biblischen Topos
In den aus der Bibel übernommenen Korpus der ersten Szene fügt der Autor ein Zwiegespräch Jesu mit dem Engel ein. Dieser Dialog ist biblisch nicht belegt. Der Engel wird lediglich vom Evangelisten Lukas genannt.

---
141 *Neues Testament*. Joh 18,19–24.
142 Vgl. DECURTINS. *Passiun da Lumbrein*. Chrestomathie. XIII. Band. S. 126–128.
143 Vgl. DECURTINS. *Passiun da Lumbrein*. Chrestomathie. XIII. Band. S. 126–128.

Dann entfernte er [Jesus] sich von ihnen ungefähr einen Steinwurf weit, kniete nieder und betete: Vater, wenn du willst, nimm diesen Kelch von mir! Aber nicht mein, sondern dein Wille soll geschehen. Da erschien ihm ein Engel vom Himmel und gab ihm [neue] Kraft. Und er betete in seiner Angst noch inständiger, und sein Schweiss war wie Blut, das auf die Erde tropfte.[144]

Der Autor der *Passiun* greift dieses Bild auf und gestaltet daraus einen Dialog zwischen Jesus und dem Engel.

SALVADER
Bab! Eisei bucca pusseivel, che quei Calisch vomi navend de mei, senza che jau Beibi el, sche daventi pia la tia Veglia.

ERLÖSER
Vater! Wenn es nicht möglich ist, dass dieser Kelch von mir weggehe, ohne dass ich ihn trinke, so geschehe denn dein Wille.

Seramonias
Croda lura giu sin la fatscha, a lura veing ilg Aungel a stad giu anschanulias ad havent bitschau la tiarra pleida tier ilg Salvader con in Calisch enten maun.

Regieanweisungen
Er fällt auf sein Gesicht, und dann kommt der Engel und kniet sich hin. Nachdem er die Erde geküsst hat, spricht er zum Erlöser mit einem Kelch in der Hand.

AUNGEL
O miu Diu, o miu Signiur! O Ti Amitg dil Tschiel a dela Tiarra! Tgi ha tei conservader della Vetta mes en tont'anguoscha della Mort, tgi ha tei trostigiader digls Combriaus a schi Cumbriau! Tgei muntan questas sanguinussas sadurs! O Pusent Diaus, po gi O Jessu! Tgei ei po mei la Chischun de tia Tristetgia.

ENGEL
O mein Gott, o mein Herr! O du Freund des Himmels und der Erde! Wer hat dich, Bewahrer des Lebens, in eine solche Todesangst versetzt, wer hat dich, Tröster der Betrübten, so sehr betrübt? Was bedeutet dieser blutige Schweiss? O mächtiger Gott, sag mir doch Jesus! Was ist nur der Grund deiner Trauer?

Seramonias
Sinquei stent ilg Salvader si anschanulias a schent ancunter ilg Aungel.

Regieanweisungen
Darauf erhebt sich der Erlöser auf die Knie und sagt zum Engel.

SALVADER
Ach miu Char Aungel!

ERLÖSER
Ach mein lieber Engel!

---

144 *Neues Testament.* Lk 22,41–44.

Seramonias
Ilg Aungel pleida vinavon.

AUNGEL
Charissim Jesus! Perquei ch'igl ei la Veglia dilg tiu Chelestial Bab, che ti deies beiber quei peder Calisch, sche cumbrieschi po bucc, sunder retscheivi quel cun legermen dilg maun de tiu S. Bab. Tia Passiun veing a ti esser zun pettra. Aber pertraitgi era, tgei Pagalia et Honur ti vens chautras a survignir, et contas 1 000 Olmas ti vens a spindrar. Te dei patientameing enten la Mort a porti cun patientgia la tia Chrusch, ei veing gie a Cuzar in Cuort temps et a ti lau suenter Caschunar perpetten Legermen, te starmenti bucc schizun lunder giu, sonder per la gronda Charezia, che ti portas encunter las Olmas preing ilg Calisch a Beibi, cun legermen partratgi contas 1 000 Olmas a ti de Char a vegnien a beiber suenter et per tia amur et per dei sponder ilg lur saung.

Seramonias
Lau suenter gida igl Aungel si a fruscha giu las sadurs e fient ina Revarenza.

AUNGEL
Charissim Jesus! Seies de mei et de tuts ils Chors digls Aungels ludaus, Benadius et engrastgiaus.

Seramonias
Jgl Aungel va lura navent et igl Salvader stat puspei giu sin sia fatscha enpau [...][145]

Regieanweisungen
Der Engel spricht weiter.

ENGEL
Liebster Jesus! Weil es der Wille deines himmlischen Vaters ist, dass du diesen bitteren Kelch trinken sollst, so sei doch nicht betrübt, sondern empfange ihn mit Freude aus der Hand deines heiligen Vaters. Deine Passion wird dir sehr bitter sein. Aber bedenke auch, welchen Lohn und welche Ehre du dadurch erhalten wirst, und wieviele 1 000 Seelen du retten wirst. Gib dich geduldig in den Tod und trage mit Geduld dein Kreuz, es wird ja eine kurze Zeit dauern und dir danach ewige Freude bereiten, lass dich nicht so sehr entmutigen, sondern um der grossen Liebe willen, die du den Seelen entgegenbringst, nimm diesen Kelch und trink, denke mit Freude daran, wieviele 1 000 Seelen dir zuliebe nachtrinken und für deine Liebe und für dich ihr Blut vergiessen werden.

Regieanweisungen
Danach hilft ihm der Engel auf und wischt den Schweiss ab und macht eine Verbeugung.

ENGEL
Liebster Jesus! Sei von mir und von allen Chören der Engel gelobt, gesegnet und bedankt.

Regieanweisungen
Der Engel geht dann weg, und der Erlöser wirft sich wieder eine Zeitlang auf sein Gesicht [...]

---

145 DECURTINS. *Passiun da Lumbrein*. Chrestomathie. XIII. Band. S. 124–125.

3.4 Redestil und Charakterisierung der Personen

Die *Passiun da Lumbrein* stützt sich in der Gestaltung der Figurenrede stark auf die biblische Überlieferung. Insbesondere der Person Jesu werden nur selten Worte in den Mund gelegt, die nicht biblisch legitimiert sind. Eines dieser seltenen Beispiele ist die oben erwähnte Zwiesprache Jesu mit dem Kreuz.[146]

In der Gestaltung der anderen Hauptrollen ist der Autor freier. Zwar hält er sich auch hier sehr nahe an die biblische Überlieferung. Er deutet aber die Charaktere der Figuren neu, indem er den Umfang ihrer Rede erweitert. Dadurch interpretiert er die Rollen zwangsläufig neu.

Pilatus
Der Autor der *Passiun da Lumbrein* deutet die Person des römischen Statthalters Pilatus neu. Er übernimmt zunächst die Dialoge zwischen Jesus und Pilatus aus dem Johannesevangelium.[147]

PILATUS Eis ti Reig dils Giadius!	PILATUS Bist du König der Juden?
SALVADER Gis ti quei de tatetz u ha auters a ti quei gieg de mei!	ERLÖSER Sagst du dies von dir aus oder haben andere das von mir gesagt?
PILATUS Tge manegias che jau Seigi in Giadiu tiu pievel als Parssuras han tei surdau ami tgei has faitg?	PILATUS Was meinst du, dass ich ein Jude sei? Dein Volk und die Vorsteher haben dich mir übergeben. Was hast du getan?
SALVADER Miu Riginavel ei bucca de quest Mund sche miu Riginavel fus de quest mund vigniessen ils mes Surviens Sagir ad Urigiar per mei sina quei ch'jau vignies bucca surdaus Els giadius mo miu Riginavel ei bucca de Cau.	ERLÖSER Mein Reich ist nicht von dieser Welt. Wenn mein Reich von dieser Welt wäre, würden meine Diener sicherlich für mich kämpfen, auf dass ich nicht den Juden übergeben werde. Aber mein Reich ist nicht von hier.

---

146 Vgl. DECURTINS. *Passiun da Lumbrein*. Chrestomathie. XIII. Band. S. 146.
147 *Neues Testament*. Joh 18,28–19,22.

II. Die Dramentexte

PILATUS
Eis ti pia in Reig?

PILATUS
Bist du also ein König?

SALVADER
Ti gis ad jau sund in Reig, per quei sund jeu naschius a vignius sin quest Mund per dar perdetgia de la Vardat a scadin ch'ei de la Vardat tei[t]la la mia Vusch.

ERLÖSER
Du sagst es, und ich bin ein König. Dazu bin ich geboren und auf diese Welt gekommen, um Zeugnis abzulegen für die Wahrheit. Jeder, der von der Wahrheit ist, hört auf meine Stimme.

PILATUS
Tgei ei la Vardat![148]

PILATUS
Was ist die Wahrheit?

Der Autor der *Passiun* fügt den biblischen Reden des Pilatus noch einige neue Texte hinzu. Zweck dieser Ergänzungen ist es, Pilatus in einem besseren Licht erscheinen zu lassen. Seine Bemühungen um die Freilassung Jesu sollen noch stärker betont werden. In der fünften Szene befragt Pilatus die versammelten Juden, ob er Barabbas oder Jesus freigeben soll.

GEDIUS
Nus h'vein nuotta Reigs auter ch'igl Keyser, cun tut bucca Quel, Sonder Barabbas lairg!

JUDEN
Wir haben keine Könige ausser dem Kaiser, somit lass nicht diesen, sondern Barabbas frei!

PILATUS
Quei fuss gie Schnueivel pli bugien in Morder ch'in aschi soing Um garigiar lairg![149]

PILATUS
Das wäre ja schrecklich, lieber einen Mörder als einen so heiligen Mann frei zu wünschen!

Pilatus hat erkannt, dass Jesus ein heiliger Mann ist. Darum versucht er, Jesus freizubekommen. Pilatus meint, er könne die Juden von ihrem Vorhaben abbringen, wenn er Jesus geisseln lasse.

PILATUS
Vessel Schon, che ti eis jnouzens, aung chalura per satischfar a cuntentar quels Pharissears che striden encunter tei Sto ei che ti veignies Gasliaus![150]

PILATUS
Ich sehe schon, dass du unschuldig bist. Dennoch, um diesen Pharisäern, die dich kränken, genugzutun und sie zufriedenzustellen, muss es sein, dass du gegeisselt wirst!

---

148 DECURTINS. *Passiun da Lumbrein.* Chrestomathie. XIII. Band. S. 136.
149 DECURTINS. *Passiun da Lumbrein.* Chrestomathie. XIII. Band. S. 140.
150 DECURTINS. *Passiun da Lumbrein.* Chrestomathie. XIII. Band. S. 141.

Aber die Juden geben sich mit der Geisselung Jesu nicht zufrieden. Darum überlässt ihn Pilatus noch einmal den Soldaten.

SERGERS	SCHERGEN
Pilatus nus h'vein suenter tiu Camont taffer gasliau quei Christgiaun schinavon aber ch'el ha sedau ora per in reig dils giadius, sche dei a nus la auctoriatat da quel schamiusameing vistgir et encurnar.	Pilatus, wir haben deinem Befehl gemäss diesen Menschen nach Kräften gegeisselt. Insofern er sich aber als der König der Juden ausgegeben hat, gib uns die Ermächtigung, ihn beschämend zu kleiden und zu krönen.
PILATUS	PILATUS
Fieit tgei che vus v'leits, mci che ils [...] giadius vegnïen ina ga schezei a calien de rugar, ch'jeu dei el far murir pertgei ch'el ha bucca merretau la Mort!¹⁵¹	Macht, was ihr wollt, nur dass die Juden einmal zufrieden sind und aufhören zu bitten, dass ich ihn töten lassen soll, denn er hat den Tod nicht verdient!

Pilatus muss erkennen, dass er Jesus nicht retten kann. Er begibt sich zu Jesus auf den Balkon des Palastes und kniet vor ihm hin.

PILATUS	PILATUS
[...] mira vies Reig, El ei gie della schlateina de Davit!¹⁵²	[...] Schaut, euer König, er ist ja aus Davids Geschlecht!

Die Juden lassen sich nicht erweichen und fordern die Kreuzigung Jesu. Pilatus wäscht sich die Hände und verkündet den Urteilsspruch.

Der Autor der *Passiun da Lumbrein* gibt Pilatus ein menschlicheres Gesicht. Pilatus ist selbst ein Opfer der politischen Zwänge seiner Zeit. Er hat keine Wahl. Er muss Jesus umbringen lassen, auch wenn er von dessen Unschuld überzeugt ist.

Der Pilatus der *Passiun da Lumbrein* ist nicht derjenige, von dem der Evangelist Lukas berichtet, er sei am Tag der Hinrichtung Jesu ein Freund des Herodes geworden.[153] Er ist ein Potentat mit menschlichen Zügen, der versucht, dem Angeklagten Gerechtigkeit widerfahren zu lassen. Pilatus' Scheitern hat eine tragische Dimension. Den Zuschauern muss er sympathisch gewesen sein. Schliesslich ist er der einzige, der Jesus retten will.

---

151 DECURTINS. *Passiun da Lumbrein*. Chrestomathie. XIII. Band. S. 142.
152 DECURTINS. *Passiun da Lumbrein*. Chrestomathie. XIII. Band. S. 145.
153 Vgl. *Neues Testament*. Lk 23,12.

Und genau hier liegt die Problematik der Aufwertung der Figur des Pilatus. Denn je mehr Pilatus die Hinrichtung Jesu verhindern will, umso entschiedener müssen die Juden seinen Tod fordern. Je hilfsbereiter Pilatus dargestellt wird, umso hasserfüllter müssen die Juden die Kreuzigung verlangen.

Juden, Soldaten und Schergen

Die Juden treten in der *Passiun da Lumbrein* nicht als Individuen, sondern als Gruppe auf. Der Autor unterteilt sie in drei Klassen mit jeweils zehn Mitgliedern. Die Juden erscheinen erstmals bei der Gefangennahme Jesu und begleiten ihn bis zur Kreuzigung auf dem Kalvarienberg. Keiner von ihnen tritt aus der Anonymität der Masse heraus, keiner hat einen Namen. Sie treten als wilde Horde auf. Sie verkörpern das Böse schlechthin und sind ausgezogen, dem Sohn Gottes ein möglichst qualvolles Ende zu bereiten.

Am greifbarsten wird die Gruppe der Juden in den Regieanweisungen, den *Seramonias*, dargestellt.

Lau suenter deigien ils Giuvenals fugir navend. Ils Giadius aber seglien vit ilg Salv. ligian a Cadeina a meinan naven con gron farcas a canera, meinen con grir en ilg marcau avon Anas.[154]	*Danach sollen die Jünger davonlaufen. Die Juden aber eilen zum Erlöser, fesseln ihn mit Ketten und führen ihn weg mit grossem Getöse und Lärm, führen ihn mit Geschrei in die Stadt, vor Hannas.*

Die Gruppe der Juden verspottet Jesus auch im Hause des Hohepriesters Kajaphas. Kaum hat sich der Hohepriester zurückgezogen, fallen sie über Jesus her. Auch die sechs Schergen, die Jesus foltern, sind ungemein brutal dargestellt. Nachdem sie Jesus gegeisselt haben, betrachten sie ihr Werk mit handwerklichem Stolz.

Deferton ch'il Salvader schai giun pleun en siu seung plaida, scadanont las cadeinas il Scherger 5:	*Während der Erlöser am Boden in seinem Blut liegt, spricht der Scherge 5 und schüttelt die Ketten:*
SGR. 5 Ails auters Reigs staten las cadeinas d'aur bein enten culiez, et a quest nief Reig dils Giadieus en ellas stadas bein si dies.	SCHERGE 5 Den anderen Königen stehen die goldenen Ketten gut um den Hals, und diesem neuen König der Juden stehen sie gut auf dem Rücken.

---

154 DECURTINS. *Passiun da Lumbrein.* Chrestomathie. XIII. Band. S. 126.

SGR. 6
Quei ei bein in bi barsau, la pial ei bein schuber daven, ei duvras de metter mo eung enpau sur la burnida. Ha ha ha.

SGR. 5
Mirei co nus havein arau si quei eer [...] *musont toccs carn et seung encugliau rentau vit las cadeinas.*[155]

SCHERGE 6
Das ist doch ein schöner Braten, die Haut ist sauber abgelöst, man müsste ihn nur noch etwas auf die Glut legen. Ha ha ha.

SCHERGE 5
Schaut, wie wir diesen Acker gepflügt haben [...] *Fleischfetzen und geronnenes Blut zeigend, die an den Ketten kleben.*

Die Aufführung im Jahr 1862 verlegt die Geisselung Jesu hinter einen Vorhang.[156] Im Text der Passion ist davon nicht die Rede. Keine der ansonsten so detaillierten *Seramonias* schreibt eine verdeckte Geisselung vor.

3.5 Sinnzusammenhänge

Die *Passiun da Lumbrein* atmet den Geist des Barock. Deplazes bezeichnet zwar die *Passiun da Sumvitg* als das bedeutendere Barockdrama. Bezüglich der *Passiun da Lumbrein* meint er, sie folge stärker dem Text der Bibel.[157] Dies ist allerdings kein ausreichendes Argument, der *Passiun da Lumbrein* ihren Barockcharakter abzusprechen. Barocke Darstellung und biblische Grundlage brauchen sich nicht zwangsläufig auszuschliessen. Ausserdem enthält die *Passiun da Lumbrein* eine Fülle von Motiven, die nicht biblischen Ursprungs sind. Diese Motive haben häufig einen starken Bildcharakter und benötigen nicht unbedingt eine sprachliche Unterlegung. Genau aus diesem Grunde werden sie in den Handschriften häufig übersehen.

Die *Passiun da Lumbrein* enthält glücklicherweise sehr viele Regieanweisungen, die *Seramonias*. Diese *Seramonias* haben die Aufgabe, die Regie und mit ihr das Bild einer Aufführung zu beschreiben und festzulegen. Die Ausführlichkeit der *Seramonias* in der *Passiun da Lumbrein* gewährt

---

155 DECURTINS. *Passiun da Lumbrein*. Chrestomathie. XIII. Band. S. 141.
156 Vgl. DEPLAZES. *Passiuns*. S. 35.
157 «La Passiun da Sumvitg ei in giug baroc sco ins anfla mo paucs, gie in exempel d'in giug baroc, ferton che la Passiun da Lumbrein suonda fetg ferm il text dalla s. Scartira.» – DEPLAZES. *Passiuns*. S. 66.

einen interessanten Einblick in eine Fülle von volkstümlichen Bildmotiven, die in Lumbrein mit grossem Aufwand und Präzision in die Aufführung eingebunden wurden. Einige dieser volkstümlichen, typisch barocken Motive werden hier benannt.

Der Engel mit dem bitteren Kelch
Die Ölbergszene in der *Passiun da Lumbrein* benennt ein Element, das in den biblischen Passionsberichten nicht in dieser Ausführlichkeit erwähnt wird. Ein Engel erscheint und reicht Jesus den bitteren Kelch des Leidens. Nach einem kurzen, tröstenden Gespräch mit Jesus wischt er ihm den Blutschweiss ab, versichert ihm die Bewunderung aller Engelschöre und fliegt davon.[158]

Der Bach Kidron
Nach der Gefangennahme Jesu wird Jesus zum Hohepriester Hannas gebracht. In den Regieanweisungen steht folgendes:

Seramonias	Regieanweisungen
Sur la pun de Cedron [...] Ligiau vit in pomer avon la Casa de Anas cun schamiar.[159]	Über die Brücke des Kidron [...] An einen Obstbaum vor dem Haus des Hannas gebunden, mit Gespött.

Die Bibel erwähnt keine Details über die Verbringung des gefangenen Jesus vom Ölberg in die Stadt Jerusalem. Der erste Teil der *Seramonias* indes bezeichnet eine Wegstrecke, die über eine Brücke des Kidron führt. Die Anmerkung in der *Passiun da Lumbrein* bezieht sich mit grosser Wahrscheinlichkeit auf die volkstümliche Legende, «dass Jesus auf diesem Weg nach Jerusalem von einer Brücke aus in den Fluss Cedron (Kidron) gestossen worden sei. Eine Variante von dieser Legende erzählt, er sei von seinen Häschern gezwungen worden, den reissenden Fluss zu durchwaten, während sie selbst die Brücke benutzten».[160] Inwiefern diese Regieanweisung in der *Passiun da Lumbrein* umgesetzt wurde, kann nicht mehr festgestellt werden. Der Bezug indes scheint klar.

---

158 DECURTINS. *Passiun da Lumbrein*. Chrestomathie. XIII. Band. S. 124–126.
159 DECURTINS. *Passiun da Lumbrein*. Chrestomathie. XIII. Band. S. 126.
160 GOCKERELL. *Leiden Christi*. S. 146.

Das Drama *La Passiun da Lumbrein*

Der Kerker Christi
In der vierten Szene (a) unterbricht Kajaphas die Verhandlung und vertagt sie auf den nächsten Morgen. Vorher weist er die Soldaten an, den gefangenen Jesus nicht aus den Augen zu lassen.

CAIAFAS	KAJAPHAS
Tier la schulda Denton vus sur-viens a schulda Tanei bein farmaus a figei era vies duer sco nus![161]	*Zu den Soldaten.* Indes, ihr Diener und Soldaten verwahrt ihn gut und tut auch eure Pflicht wie wir!

Die Soldaten lassen Jesus nicht zur Ruhe kommen und quälen ihn dien ganze Nacht. In den Seramonias heisst es

Seramonias	Regieanweisungen
Meten sin Tgeiu in Capetscha da nar fan naras Reverenzias cun Maltertaus giests a rir meinen entuorn la capetscha sin Tgiau metten era si ina Cruna da strom e meinan per ilg sal entuorn e nua ch'el mava speras vi sche sanclinavaven avont El tgi stenda la Detta encunter El: [...] Tschenta El sin ina suptgia a ligian ils Eigls a saulten dentuorn a fient ina Revaranza cun dar ina schlafada. [...] a suenter trient ord sut la suptgia, a lau suenter peiglien a meinen eigl sault entuorn tgi davon atgi davos prenden aua [...] a fan scho ei fieren sin El a tilen per las sugas dilg sal si a giu [...][162]	*Setzen ihm eine Narrenkappe auf den Kopf. Machen verrückte Verbeugungen mit groben Gesten und Gelächter. Verdrehen die Kappe auf dem Kopf. Setzen ihm auch eine Strohkrone auf und führen ihn durch den Saal. Wo er vorbeiging, verneigten sie sich vor ihm. Sie zeigen mit dem Finger auf ihn. [...] Sie setzen ihn auf einen Stuhl, verbinden ihm die Augen, machen eine Verbeugung und geben ihm eine Ohrfeige. [...] Nachher ziehen sie ihm den Stuhl weg. Darauf führen sie ihn im Tanz herum, die einen vorn, die anderen hinten. Dann nehmen sie Wasser und tun so, als würden sie es werfen. Und ziehen ihn an den Seilen den Saal hinauf und hinunter. [...]*

Die visionäre Nonne Magdalena Beutler aus Freiburg hat im 15. Jahrhundert eine kleine Abhandlung über die *Fünfzehn geheimen Leiden Christi* niedergeschrieben, die vor allem im 18. Jh. grosse Verbreitung fand. Ihr habe Christus, so berichtet die Nonne, «in einer Vision

---
161 DECURTINS. *Passiun da Lumbrein*. Chrestomathie. XIII. Band. S. 132.
162 DECURTINS. *Passiun da Lumbrein*. Chrestomathie. XIII. Band. S. 132–133.

anvertraut, dass das Ausmass seiner Leiden so unermesslich gross war, dass kein Sterblicher ihre Schilderung ertragen könne».[163]

Einige der geheimen Leiden, die die Nonne erwähnt, werden auch dem Jesus in der *Passiun da Lumbrein* zugefügt. «Das fünfte geheime Leiden ist: Sie strickten mir ein Seil an das Ende meines Leibes, und zogen mich daran von der Erden.»[164] Im dreizehnten geheimen Leiden heisst es: «Sie verbanden mir die Augen mit unreinen Tüchern.»[165] Alle diese Leiden sind apokryphen Ursprungs, scheinen aber durch die Schriften der Freiburger Nonne weit verbreitet gewesen zu sein.

Christus sucht seine Kleider
Nachdem Jesus gegeisselt worden ist, liegt er am Boden in seinem Blut.[166] Mühsam sucht er sich seine Kleider zusammen.

Seramonias	Regieanweisungen
Ferton ei igl Salvader seruschnaus sin ses Mauns a peis a struschmeing Tschafa sia Vistgiadira etc.[...][167]	*Unterdessen ist der Erlöser auf seinen Händen und Füssen gekrochen und kann kaum seine Kleider fassen.* [...]

Diese Szene ist seit dem 13. Jahrhundert bekannt.[168] Sie wird in zahlreichen legendenhaften Passionsbeschreibungen überliefert.[169] In der *Passiun da Lumbrein* ist sie ausführlich beschrieben.

Die Darstellung des Leidens Jesu gehört zum Proprium einer barocken Passion. Der Betrachter soll durch die Betrachtung mit Jesus mitleiden. «Je grösser das Mitleid des Betrachters, desto grösser seine Frömmigkeit und Reue und desto berechtigter seine Hoffnung auf Erlösung.»[170]

---

163 GOCKERELL. *Leiden Christi*. S. 147.
164 GOCKERELL. *Leiden Christi*. S. 147.
165 GOCKERELL. *Leiden Christi*. S. 149.
166 DECURTINS. *Passiun da Lumbrein*. Chrestomathie. XIII. Band. S. 141.
167 DECURTINS. *Passiun da Lumbrein*. Chrestomathie. XIII. Band. S. 142.
168 GOCKERELL. *Leiden Christi*. S. 147.
169 GOCKERELL. *Leiden Christi*. S. 147.
170 GOCKERELL. *Leiden Christi*. S. 148.

Zum Schluss dieses Kapitels muss noch erwähnt werden, dass in der Pfarrkirche von Lumbrein ein wundenübersäter, barocker Kruzifixus hängt, der wohl Ende des 17. Jahrhunderts entstanden ist. Der entstellte Leib Christi hatte die gleiche Funktion wie die Darstellung der Leiden Jesu im Passionsspiel: der Betrachter soll durch das gefühlvolle Mitleiden mit seinem Herrn zu den Heilsereignissen hingeführt werden.[171]

---

171 REINLE. *Kruzifixus*. S. 617–635.

Das Drama *La Passiun da Sumvitg*

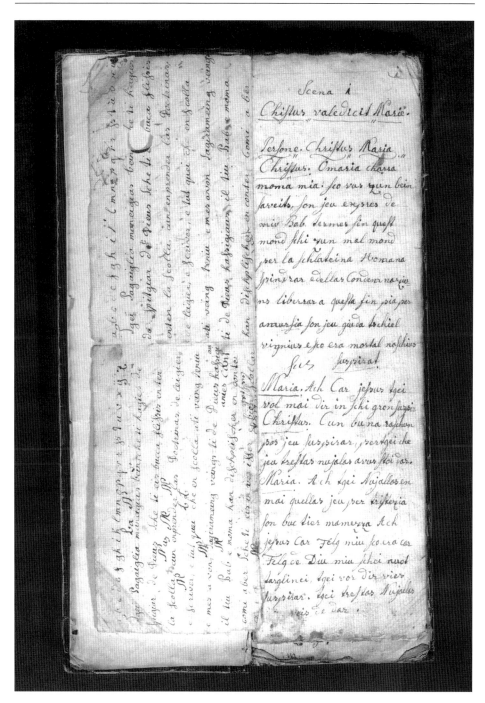

La Passiun da Sumvitg
Erste Seite des Manuskriptes. 11 × 37 cm.

II. Die Dramentexte

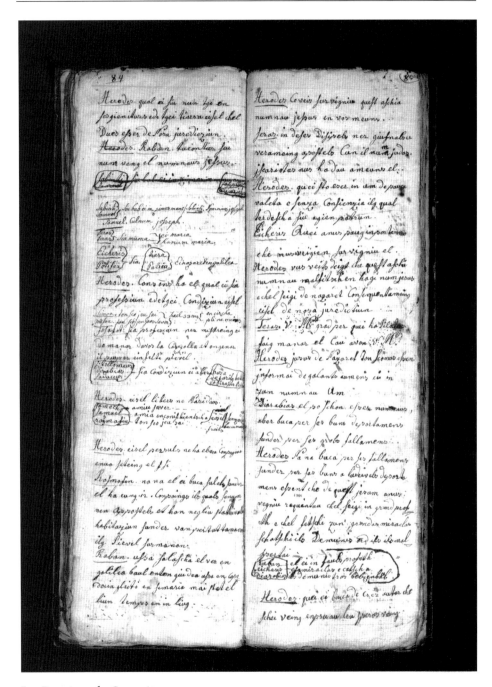

La Passiun da Sumvitg
Zwei Seiten des Manuskriptes. 11 x 37 cm.

4 Das Drama *La Passiun da Sumvitg*

Die *Passiun da Sumvitg* ist das bekannteste und umfangreichste rätoromanische Passionsspiel. Die Handschrift des Originaltextes ist erhalten und befindet sich in der romanischen Klosterbibliothek der Benediktinerabtei Disentis.

Die *Passiun da Sumvitg* beginnt mit dem Abschied Jesu von seiner Mutter Maria, dem Letzten Abendmahl und den Ölbergszenen. Besonders ausführlich geschildert werden die Beratungen des Hohen Rates und dessen Bemühungen, Jesus zu verurteilen. Die Verhöre Jesu durch Pilatus und Herodes haben einen ausgeprägten rechtlich-formalen Charakter. Jesus wird von den Schergen des Pilatus verprügelt und von Herodes zum Tragen eines Narrengewandes verpflichtet. Die Verurteilung durch Pilatus ist als Prozess gestaltet, der alle Formvorschriften einer entwickelten Rechtssprechung erfüllt. Jesus wird gegeisselt und dornengekrönt. Der Kompromissversuch des Pilatus, Jesus anstelle eines anderen Häftlings freizugeben, scheitert zugunsten von Barabbas. Jesus wird zum Kreuzestod verurteilt und trägt sein Kreuz in einer Prozession durch das Dorf. Die Passion endet mit dem Tod Jesu.

Caspar Decurtins hat das Passionsspiel von Sumvitg in der Rätoromanischen Chrestomathie ediert.[172] In der Einleitung schreibt er:

> Das Somvixer Passionsspiel ist zweifellos das bedeutendste und nationalste aus allen uns erhaltenen Volksspielen; das von allen europäischen Völkern behandelte Thema hat hier die eigenartigste Bearbeitung gefunden und in der weiten Literatur der Passionsspiele wird sich kein Spiel finden, das so wie das Somvixer die Passion ganz auf den Boden der eigenen Geschichte und in die Mitte des eigenen Volkes stellt.[173]

---

172 DECURTINS. *Passiun da Sumvitg*. Chrestomathie. XIII. Band. S. 18–83.
173 DECURTINS. *Passiun da Sumvitg*. Chrestomathie. XIII. Band. S. 3.

II. Die Dramentexte

4.1 Überlieferungsgeschichte und Textbefund

Caspar Decurtins hat lange nach schriftlichen Aufzeichnungen über die *Passiun da Sumvitg* geforscht.[174] 1873 erhielt er zwei Handschriften und mehrere Textrollen.

> Bereits war alle Hoffnung geschwunden, das so gepriesene Passionsspiel könnte noch aufgefunden werden; da brachte uns im Jahre 1873 Lehramtskandidat Alois Cajacob zwei Handschriften des Somvixer Passionsspieles und eine Reihe von Rollen, die offenbar bei der letzten Aufführung gedient hatten. Auf unsere Bitte hatte der glückliche Finder fleissig Nachschau gehalten, die einzigen uns erhaltenen Handschriften gefunden, die er gegen geringes Entgelt abtrat, da es ihm ja in erster Linie daran lag, dass dieses Denkmal rätoromanischer Literatur dem rätischen Volke erhalten bleibe.[175]

Decurtins hat die *Passiun da Sumvitg* insgesamt dreimal herausgegeben.[176] Die vorliegende Arbeit stützt sich auf die letzte Edition, die er im Jahr 1912 in der Rätoromanischen Chrestomathie veröffentlicht hat.

4.1.1 Datierung des Dramas

Caspar Decurtins datiert die letzte Redaktion der *Passiun da Sumvitg* in die erste Hälfte des 18. Jahrhunderts. Er begründet dies mit mehreren Argumenten.

Decurtins kann «mit ziemlicher Sicherheit behaupten, dass diese letzte Redaktion in die erste Hälfte des 18. Jahrhunderts fallen dürfte».[177] Zu diesem Schluss kommt er durch den Vergleich der Gerichtsordnung, die dem Prozess Jesu in der *Passiun* zugrundeliegt, mit verschiedenen, zeitgenössischen Prozessordnungen.

Als zweites Argument für die von ihm vorgeschlagene Datierung erwähnt Decurtins den distanzierten, aber immer noch sehr bewussten Umgang mit dem Hexenglauben im Drama.

---

174 «Lange suchten wir nach irgendeiner schriftlichen Aufzeichnung über das Passionsspiel, von dem die alten Männer und Frauen in der Cadi anfangs der siebziger Jahre noch so vieles wussten, dem sie selbst beigewohnt hatten, das noch im Alter ihre Phantasie so lebhaft erfüllte, dass sie mit Begeisterung Einzelheiten aus dem Spiel lebenswarm erzählten.» – DECURTINS. *Passiun da Sumvitg.* Chrestomathie. XIII. Band. S. 3.
175 DECURTINS. *Passiun da Sumvitg.* Chrestomathie. XIII. Band. S. 3–4.
176 Vgl. DECURTINS. *Passiun da Sumvitg.* Chrestomathie. XIII. Band. S. 4.
177 DECURTINS. *Passiun da Sumvitg.* Chrestomathie. XIII. Band. S. 9–10.

> In der zweiten Hälfte des 17. Jahrhunderts hatte der epidemisch um sich greifende Hexenglaube im Hochgerichte Disentis zahlreiche Opfer gefordert. [...] Selbst der Disentiser Abt Adalbert de Medel, der seine theologischen Studien in Rom gemacht hatte und für die unglücklichen Opfer eintrat, wurde als ein Freund böser Zauberei betrachtet. Wahrscheinlich dauerten die Hexenprozesse ähnlich wie in Ilanz bis zum Anfang des 18. Jahrhunderts. [...] Wir dürfen wohl annehmen, dass man sich wenigstens bei den Gebildeten in den letzten Jahrzehnten des 18. Jahrhunderts des Hexenglaubens schämte, da eine Reaktion eingetreten war; daher hätte ein gleichzeitiger Redaktor des Passionsspieles kaum so über die Hexen sprechen lassen, wie es geschieht.[178]

Zur Datierung erwähnt Decurtins noch einen Ansatz, der sich auf die volkstümliche Bezeichnung einer politischen Gruppierung im Dramentext stützt.

> Infolge des unglücklichen Ausganges des Zehntenstreites und der Zuteilung der Kosten des langwierigen Handels brach in der Familie Latour Streit aus und einige jüngere Mitglieder derselben schlossen sich der österreichischen Partei an. Diese werden von der französischen Partei «Separatisten» genannt. Die gleiche Bezeichnung lässt der letzte Redaktor des Passionsspieles die Pharisäer gegen die Anhänger Jesu anwenden. In dem österreichisch gesinnten Somvix, wie bei den katholischen Oberländern überhaupt, wird man die Anspielung verstanden und freudig aufgenommen haben. Da diese Bezeichnung weder vorher noch nachher gebräuchlich war, dient sie als Wegweiser zur Zeitbestimmung der letzten Redaktion unseres Passionsspieles.[179]

Das vielleicht wichtigste Indiz, das Decurtins erwähnt, ist ein Brief von Pfarrer Michael Anton Henni an die bischöfliche Amtsverwaltung in Chur.

> Am 16. März 1801 hatte der provisorische Präfekturrat in Graubünden die bischöfliche Verwaltung ersucht, dem Pfarrer von Somvix, Canonicus Henni, «der einen ausserordentlichen Kreutzgang und Umzug in seiner Pfarrey angesagt und die üblichen Einladungscircularien an die benachbarten Gemeinden seines Kirchensprengels erlassen haben» diesen Umzug bis auf weiteres zu untersagen, da eine so grosse Menschenansammlung in jener Zeit die öffentliche Ruhe zu gefährden schien. Noch am gleichen Tage stellte die bischöfliche Amtsverwaltung nach Wunsch des Präfekturrats demselben ein offenes Schreiben an den Pfarrer von Somvix zu, ganz im Sinne des Präfekturrats. Auf gemachte Gegenvorstellungen hin wurde der Gemeinde die Aufführung der Passion gestattet, allein unter der Bedingung, die einem Verbote gleichkam, nämlich dass keine andere Gemeinde dazu eingeladen werde. [...]

---

178 DECURTINS. *Passiun da Sumvitg*. Chrestomathie. XIII. Band. S. 10.
179 DECURTINS. *Passiun da Sumvitg*. Chrestomathie. XIII. Band. S. 10–11.

> In einem Schreiben vom 22. März 1801 berichtet Canonicus Henni der bischöflichen Verwaltung: «Es ist bekant, dass mein würdiger Vorfahrer Herr Vicar Thietgiel benanten Kreiz und Umgang bis das dritte Mahl in meiner Pfarr vorgenommen habe. Mein Pfarr von dieser heiligen Religionsübung beseelt, hatte mich öfters von 13 Jahren her angefragt, gebetten, ja baldt (ge)gedrungen in meines herrn Vorfahrers staffen zu tretten, und den von Ihme gemachten Kreiz und (und) umgang zu erneürn. von der grossen miihe abgessreckt |: ich muss es bekennen :| weigerte mich den so haufigen Verlangen zu entsprechen bis aniezo.»
>
> Der Pfarrer erzählt dann weiter, wie die Jugend im letzten Winter ein Fastnachtsspiel habe aufführen wollen und er sich entschlossen habe, das bereits ausgeschriebene Lustspiel durch das Passionsspiel zu verdrängen, an dem bereits schon 6 Wochen geübt worden sei und für das schon viele Kosten vorausgabt wurden; das Verbot der Aufführung würde grosse Unzufriedenheit und grössere Unruhe hervorrufen, als die Aufführung des zur Erbauung des Volks bestimmten Spieles.
> Canonicus Henni denkt beim Worte «gemacht» wohl nicht an die Autorschaft Thetgiels am Passionsspiel, sondern an die Aufführung unter Direktion des Pfarrers. Wenn die Passion von Thietgiel dreimal aufgeführt wurde, so haben wir rückwärts zählend folgende Jahre: 1787, 1777, 1767, unter Voraussetzung gleicher Zwischenräume. [...]¹⁸⁰

Decurtins nimmt an, dass die letzte Redaktion und die erste Aufführung der *Passiun da Sumvitg* in den Jahren 1747 oder 1757 stattgefunden habe. Er setzt für seine Berechnungen zeitliche Abstände von jeweils zehn Jahren zwischen den einzelnen Aufführungsterminen voraus.

Deplazes nimmt an, dass die *Passiun da Sumvitg* in der vorliegenden Fassung erst in der zweiten Hälfte des 18. Jahrhunderts entstanden und aufgeführt worden sei. Dabei stützt er sich vor allem auf die Autorschaft von Pfarrer Augustin Tgetgel, der von 1767 bis 1790 Pfarrer in Sumvitg war.[181]

4.1.2 Der Autor der *Passiun da Sumvitg*

Decurtins geht davon aus, dass die *Passiun da Sumvitg* nicht von einem Geistlichen verfasst wurde.[182] Er sieht den Autor vielmehr in den Reihen der Rechtsgelehrten.

---

180 DECURTINS. *Passiun da Sumvitg*. Chrestomathie. XIII. Band. S. 12–13.
181 Vgl. DEPLAZES. *Passiuns*. S. 63–67.
182 «Immerhin können wir mit ziemlicher Sicherheit sagen, dass der Verfasser kein Geistlicher war.» – DECURTINS. *Passiun da Sumvitg*. Chrestomathie. XIII. Band. S. 13.

Aber die im Passionsspiele zutage tretende eingehende Kenntnis des in der Cadi üblichen Kriminalverfahrens und die Vertrautheit mit dem Recht und den Statuten des Hochgerichtes lassen auf einen Mann schliessen, der längere Zeit in obrigkeitlichem Amte gesessen. Gewiss finden wir bereits in den älteren Passionspielen anderer Kulturvölker heftige satirische Ausfälle auf die Geistlichen; aber der Gegensatz, indem hier die Priester zum Herrn treten, lässt einen Verfasser vermuten, der sich im bewussten Gegensatz zu den geistlichen befand.[183]

Deplazes hingegen ist der Auffassung, dass der Weltpriester Augustin Tgetgel Autor der Passion sei. Er führt dafür mehrere Gründe auf.

Augustin Tgetgel war in Sumvitg geboren und aufgewachsen. Er hatte in Dillingen studiert und war mit dem Jesuitentheater vertraut. Der Umgang mit theatralen Formen gehörte somit zu seinem persönlichen Erfahrungsbereich.[184] Ausserdem hatte er mehrere Jahre im Surses, einer ebenfalls romanischsprachigen Gegend in Mittelbünden, als Seelsorger gewirkt. Dort wurde im Jahre 1741 die oben erwähnte *Passiun da Savognin* aufgeführt. Es ist sehr wahrscheinlich, dass Tgetgel jene Aufführung kannte.[185]

Augustin Tgetgel genoss unter seinen Zeitgenossen ein beträchtliches Ansehen als Dichter. Pater Placi a Spescha, einer der gebildetsten Zeitgenossen des Pfarrers von Sumvitg und selbst anerkannter Autor, zählt Tgetgel zu den besten Schriftstellern seiner Zeit.[186] Ausserdem habe Tgetgel, als er von Surses zurück in sein Heimatdorf Sumvitg kam, jahrelang ohne feste Anstellung gelebt. Er hätte dort Zeit gehabt, ein grösseres Werk niederzuschreiben.[187]

Deplazes Thesen zur Autorschaft der *Passiun da Sumvitg* sind einleuchtend. Augustin Tgetgel hatte zumindest ideale Voraussetzungen für die Erarbeitung eines Passionsspiels. Die Kenntnis der Rechtsformen, die Decurtins nur einem Rechtsgelehrten zugesteht, ist kein zwingender Grund gegen eine Autorschaft von Augustin Tgetgel.

Ein Umstand, den aber weder Decurtins noch Deplazes genügend berücksichtigen, ist folgender: Die *Passiun da Sumvitg* ist nicht in erster Linie

---

183 DECURTINS. *Passiun da Sumvitg*. Chrestomathie. XIII. Band. S. 14.
184 Vgl. DEPLAZES. *Passiuns*. S. 66.
185 Vgl. DEPLAZES. *Passiuns*. S. 66.
186 Vgl. DEPLAZES. *Passiuns*. S. 66.
187 Vgl. DEPLAZES. *Passiuns*. S. 66–67.

das Werk eines Geistlichen oder eines Rechtsgelehrten. Sie ist vielmehr das Werk eines aufgeklärten Geistes, der sich sowohl in Rechts- als auch in Glaubensfragen auskannte. – Dies nachzuweisen wird Aufgabe der Analyse des Dramas sein.

4.1.3 Aufführungen

Die einzige gesicherte Aufführung der *Passiun da Sumvitg* fand im Jahre 1801 statt.[188]

Vor 1801 sind Aufführungen nur durch den Briefwechsel von Pfarrer Henni mit dem Präfekturrat belegt. Er erwähnt, dass Tgetgel die *Passiun da Sumvitg* dreimal aufgeführt habe, nennt aber keine Jahreszahlen.[189]

Auch für die Zeit nach 1801 gibt es keine sicheren Belege. Alois Cajacob aus Sumvitg, der Decurtins die Manuskripte übergeben hatte, meinte «sagen zu können, dass die letzte Aufführung im Jahre 1823 entsprechend diesen Handschriften gegeben worden sei».[190]

Decurtins fügt seiner Einleitung in die *Passiun da Sumvitg* noch eine Reihe von Augenzeugenberichten bei, die er im Rahmen seiner Forschungsarbeit gesammelt hatte. Diese Erinnerungen sollen hier auszugsweise wiedergegeben werden, insofern sie für die Interpretation des Dramas von Relevanz sind.

> Während des Winters waren zahlreiche Proben abgehalten worden; die kostbaren Kleider hatte man von «überallher kommen lassen», und die Damen der adligen Häuser hätten gerne ihre seidenen Kleider für das fromme Spiel zur Verfügung gestellt; Herodes, Pilatus, Annas und Kaiphas seien prächtig gewandet gewesen, während die Apostel verschiedenfarbige Talare (rassas) trugen. Für das Interesse, das die ganze Gemeinde am Spiele nahm, spricht die Tatsache, dass man dem Darsteller des Herrn, Statthalter Sepp, beim Bau eines Stalles in Compadials nur die leichteren Arbeiten zuwies, damit er sich nicht verletzte.
> Die zahlreichen, selbst aus entfernten Tälern schon am Vorabend herbeigeeilten Besucher des Passionsspiels fanden gastliche Aufnahme und unentgeltliche Bewirtung, da man dies als gutes Werk für selbstverständlich hielt.

---

188 Vgl. DECURTINS. *Passiun da Sumvitg*. Chrestomathie. XIII. Band. S. 12–13.
189 Vgl. DECURTINS. *Passiun da Sumvitg*. Chrestomathie. XIII. Band. S. 12.
190 «El leva saver da dir che la davosa representaziun seigi vegnida dada igl onn 1823 tenor quels dus manuscrets.» – DEPLAZES. *Passiuns*. S. 59.

Das Spiel selbst begann auf einer Bühne, die ausserhalb des Dorfes unter dem Hause des Landrichters Nicolaus Maissen auf einer freundlichen Wiese errichtet war.

Dort war Jesu Abschied von Maria, der auf dem Volke tiefen Eindruck machte, dann der Rat der Synagoge, wie sie Jesum fangen könnten, und endlich das hl. Abendmahl. Von der Bühne weg begab sich Jesus mit seinen Aposteln in einen am sonnigen Abhang gelegenen Garten. Dorthin kamen unter Judas' Führung die Juden in den buntesten Trachten der Kriegsdienste bei fremden Völkern, wo sich je Bündner befunden hatten, ausgerüstet mit Lanzen, Morgensternen, ein- und zweihändigen Schwertern, Bombardons und allerlei Gewehren und führen Jesum auf den Platz in der Mittes des Dorfes, wo auf dem Brunnen die zweite Bühne errichtet war, das Haus des Annas und Kaiphas vorstellend. Von dort wurde der Herr mit der Gesandtschaft der Synagoge zur dritten Bühne am westlichen Dorfende geführt, zum Palast des Pilatus. Auf einem kleinen Hügel ausserhalb des Dorfes war die Schädelstätte. Das Volk, das die Spielenden immer begleitet hatte, umgab das Kreuz. Auf dieser Anhöhe von Tresch, mit dem Anblick auf das über Disentis thronende Kloster und im Anblick des weit sich öffnenden Tales, unter dem Geläute der Glocken erstieg das Passionsdrama seinen Höhepunkt. War schon der Aufstieg zur Schädelstätte, Pilatus, Herodes und die Hohepriester hoch zu Ross, die Juden mit geschwungenen Morgensternen und Spiessen, ein Schauspiel, das «man nie vergessen kann», wie uns ein greiser Rabiuser sagte, so bildete die Aufrichtung des Kreuzes jene tiefergreifende Szene, bei der alles Volk aufschrie und weinte.

Zahlreich war das Volk aus der Cadi, der Gruob, aus dem Lugnez, ja selbst aus den entfernten Ortschaften Ems, Bonaduz und Rhäzüns herbeigeeilt, der Besuch des Passionsspieles galt allen als ein frommes Werk und auf dem Wege wurde hin und zurück von vielen der Rosenkranz gebetet. Das ganze Volk, Männer und Frauen, Greise und Kinder, stand so im Banne des Erlebten, dass die Spieler, als sie ins Dorf zurückkehren wollten, sich mit Waffen in der Hand den Weg frei machen mussten.[191]

4.2 Darstellung des Inhaltes

4.2.1 Titel

Die Edition der *Passiun da Sumvitg* in der Rätoromanischen Chrestomathie enthält weder Titel noch Rollenverzeichnis. Das Drama beginnt direkt mit der Überschrift der ersten Szene.

---

191 Vgl. DECURTINS. *Passiun da Sumvitg*. Chrestomathie. XIII. Band. S. 16–17.

4.2.2 Rollenverzeichnis

Die folgende Liste wurde vom Verfasser erstellt. Die Personen werden in der Reihenfolge ihres Auftritts aufgeführt.

CHRISTUS		CHRISTUS
MARIA		MARIA
JUDAS		JUDAS
PETRUS		PETRUS
JOANNES		JOHANNES
JACOBUS		JAKOBUS
RELIQUIS APOSTOLI		ÜBRIGE APOSTEL
CAIFAS		KAJAPHAS, Hohepriester, Vorsitzender des Hohen Rates der Juden
ANNAS		HANNAS, Hohepriester, Schwiegervater des Kajaphas
BEDELLUS	SABAOTH	Priester, Minister, Senatoren und Schreiber der Synagoge
CRETERIGS	SABAT	
DIARABIAS	SABINTO	
JORAM	SACRATARIUS	
JOSAFAT	SADUCEUS	
JOSEPH	SAMECH	
MESA	SAMUEL	
NICODEMUS	SERIAS	
PHTOLOMEUS	SIMON	
POTIFAR	SOLIMAN	
PTHOLOMEUS	STIRMIUS	
RABAN	TERRAS	
ROSMAFIN		
ECHERIS		Falsche Zeugen
ACHIAS		
MALCHUS		Soldat
JUDEI		Die Juden sind für die Gefangennahme, Geisselung und Kreuzigung Jesu zuständig
ANCILLA		Magd, die Petrus befragt
PILATUS		Römischer Statthalter
CANCELLARIUS		Kanzler des Pilatus
LISIAS		Römische Beamte am Hofe des Pilatus
PAUSANIAS		
SAPINUS		
GLAURUS		

Ruben	Zeuge der Anklage vor Pilatus
Herodes	König von Galiläa
Safirus	Höflinge des Herodes
Zolfius	
Actuarius	
Angellus	Engel, der Jesus den Kelch des Leidens darreicht
Mulieres	Frauen am Kreuzweg
Schocher seniester	Schächer, die mit Jesus gekreuzigt werden
Schocher dreig	

4.2.3 Inhaltsangabe

1. Szene

Christus verabschiedet sich von seiner Mutter. Er deutet ihr sein Leiden voraus. Er werde Blut schwitzen und gegeisselt werden. Am Ende werde man ihn kreuzigen. Christus bedankt sich bei ihr für die mütterliche Sorge, die sie ihm über dreissig Jahre gewährt habe. Maria schickt sich in den göttlichen Willen und lässt sich von Jesus segnen.

2. Szene

Der Hohe Rat unter dem Vorsitz von Kajaphas berät, wie man Jesus gefangen nehmen und töten lassen könnte. Judas tritt auf und bietet der Versammlung an, Jesus gegen Bezahlung an den Hohen Rat auszuliefern. Kajaphas und Judas feilschen um das Preisgeld, das Judas erhalten soll. Sie einigen sich schliesslich auf dreissig Silberlinge. Der Hohe Rat freut sich über die absehbare Lösung des Konfliktes. Gott selbst habe ihnen Judas gesandt, um zu ihrem Ziel zu gelangen.

Raban	Raban
Certameing, il gron Diu de abraham, jsag, e jacob, sco era da nies gron profet mojses nus quest omm a mes ameuns per instrument de poder schi gleiti arrivar tier nies inten.[192]	Gewiss, der grosse Gott Abrahams, Isaaks, und Jakobs und unseres grossen Profeten Moses hat uns diesen Mann als Instrument in die Hand gegeben, damit wir so schnell zu unserem Ziel gelangen.

---

192 Decurtins. *Passiun da Sumvitg*. Chrestomathie. XIII. Band. S. 20.

II. Die Dramentexte

3. Szene
Vor dem Abendmahl wäscht Jesus den Jüngern die Füsse. Darauf findet das Abendmahl statt. Petrus und Johannes beteuern, Jesus nie verraten zu wollen. Jesus kündigt den Verrat des Judas an.

4. Szene
Jesus betet am Ölberg. Ein Engel erscheint und tröstet ihn. Dann schilt Jesus die Apostel, die eingeschlafen sind, während er betete. Am Ende der Szene tritt Judas auf und küsst Jesus. Die Juden nehmen Jesus gefangen.

5. Szene
Im Hause des Hannas wird Jesus von einigen Priestern und Soldaten beschimpft. Dann tritt Hannas auf und fragt Jesus, woher er das Recht habe, die Menschen zu unterweisen. Jesus erklärt ihm, er habe immer offen gesprochen. Der Knecht Malchus schlägt ihm ins Gesicht. Darauf wird Jesus zum Hohepriester Kajaphas gebracht.

6. Szene
Kajaphas und die Mitglieder des hohen Rates fordern Jesus auf, seine Frevel zu gestehen. Im Grunde ist man aber davon überzeugt, dass Jesus schuldig sei. Einige Ratsherren geben zu bedenken, dass Jesus ein gerechter Prozess zustehe. Nur aufgrund von Beschuldigungen könne man ihn nicht verurteilen. Ausserdem dürfe ein Zeuge niemals auch Kläger sein.

Nun werden die Klagen vorgetragen. Jesus wird des Gesetzesbruches, der Zauberei, der Besessenheit und der Gotteslästerung angeklagt. Es gebe kein Laster, das er nicht besitze. Nikodemus, Joram und Simon warnen, das Urteil nicht voreilig zu fällen. Darauf vertagt Kajaphas die Sitzung bis zum nächsten Tag. Die Jesu wohlgesinnten Ratsherren verlassen die Versammlung. Jesus wird eingesperrt, ohne ein Wort gesagt zu haben.

Kajaphas fürchtet, dass es für eine Verurteilung Jesu nicht reichen könnte. Die abwesenden Ratsherren werden verdächtigt, selbst Jünger und Anhänger Jesu zu sein.

7. Szene
Kajaphas eröffnet die Ratsversammlung und fordert die Herren auf, gewissenhaft zu entscheiden. Die eine Partei möchte Jesus verurteilen, ohne ihn anzuhören. Dagegen wehren sich Nikodemus, Joseph, Joram und Simon. Joseph erklärt, er wolle den Angeklagten zuerst kennenlernen. Soliman

wirft ihm vor, dass er lüge. In Wahrheit sei Joseph mit Jesus bekannt. Soliman würde Joseph am liebsten aus der Synagoge werfen. Aber Joseph verteidigt Jesus weiter.

Dann eröffnet Kajaphas den Prozess. Ein Sekretär soll die Akten führen. Joseph und seine Anhänger sind entrüstet und ermahnen Kajaphas wiederholt, nicht so voreilig zu handeln. Als sie erfahren, dass Jesus schon eingesperrt worden sei, sind sie entrüstet.

Kajaphas schlägt vor, Jesus Pilatus vorführen zu lassen, damit jener ihn verurteile. Der Ratsdiener Bedellus soll Jesus aus dem Gefängnis holen. Bedellus bezweifelt aber, dass Jesus noch am Leben sei. Die Juden hätten ihn gegeisselt und verprügelt. Jesus habe am Boden gelegen, als wäre er tot. Man würde den Lärm aus dem Gefängnis bis hierher hören.

Kajaphas weist ihn an, Jesus zu holen. Joseph beschimpft den Gerichtssekretär und bezeichnet den Prozess als die kriminellste Handlung seit der Erschaffung der Welt.

8. Szene
Jesus wird vor die Versammlung geführt. Joseph erschrickt, als er Jesus sieht. Mit einem allfälligen Beschluss gegen Jesus wolle er nichts zu tun haben. Nikodemus schliesst sich Joseph an.

Achias und Eicheris, die falschen Zeugen, werden vorgeführt. Sie klagen Jesus an. Er sei ein Lügner, Trinker und Fresser, dazu ein falscher Prophet und Rebell. Seine Jünger würden am Sabbat Ähren brechen. Er hätte auch gesagt, dass der kaiserliche Tribut nicht zu entrichten sei. Das schlimmste aber sei, er habe behauptet, der Sohn Gottes zu sein.

Kajaphas bestätigt, dass diese Zeugenaussagen reichen, um Jesus zu verurteilen. Als Jesus bestätigt, er sei der Sohn Gottes, wird er geschlagen und von den Ratsherren verhöhnt.

Nikodemus und seine Leute sind entrüstet. Sabat schliesst sich ihnen an und stellt fest, dass die Gefangennahme Jesu nicht rechtens gewesen sei, da man nicht genügend Indizien gegen ihn habe vorweisen können. Nikodemus verweist auf das römische Recht, das verletzt worden sei. Aus Protest gegen das Vorgehen des Rates verlassen Nikodemus, Joseph, Joram, Simon und Sabat die Versammlung.

9. Szene
Die falschen Zeugen unterhalten sich draussen und freuen sich über den gelungenen Betrug. Eine Magd kommt hinzu. Als sie erfährt, dass die beiden

gegen Jesus ausgesagt haben, weist sie auf Petrus. Jener sei auch ein Jünger Jesu. Aber Petrus verleugnet Jesus dreimal, und zweimal kräht der Hahn.

10. Szene
In förmlicher Abstimmung wird der Hohe Rat befragt, ob er gewillt sei, Jesus mit einer Delegation zu Pilatus zu schicken, damit jener ihn verurteile. Der Gerichtsdiener Bedellus befragt jeden Ratsherren einzeln nach seiner Meinung.

Die Abstimmung fällt zugunster der Gegner Jesu aus. Kajaphas bestimmt Soliman und den Gerichtssekretär zu Mitgliedern der Delegation und beauftragt sie, Pilatus um Audienz zu bitten.

11. Szene
Soliman und der Gerichtssekretär ersuchen den Kanzler von Pilatus um eine Audienz. Der Kanzler gewährt sie ihnen. Die Gesandten bitten aber darum, dass Pilatus sie im Gang empfange. Den Gerichtssal dürften sie von Gesetzes wegen nicht betreten.

12. Szene
Soliman verkündet dem Hohen Rat, dass Pilatus die Audienz gewährt habe. Er fordert Kajaphas auf, seine ganze Autorität und Klugheit für diesen Fall zu verwenden.

Judas erscheint in der Versammlung. Er bereut seine Tat. Aber die Ratsherren kümmern sich nicht um ihn. Mit dem Geld, das er ihnen vor die Füsse wirft, wollen sie einen Acker kaufen, um die Wallfahrer zu beerdigen.

13. Szene
Jesus wird vor Pilatus geführt. Kajaphas und der ganze Hohe Rat begleiten ihn. Pilatus befragt sie nach dem Namen des Verbrechers. Als sie ihm Jesus nennen, ist er erstaunt. Er habe nur Gutes von diesem Manne gehört. Sie hätten nicht gut daran getan, ihn in Ketten vorzuführen.

Soliman entgegnet, Jesus habe die Gesetze Mose nicht beachtet. Aber Pilatus lässt ihn wissen, dass er Moses nicht kenne. Er werde Jesus nicht verurteilen. Soliman wirft Pilatus vor, er wolle den Fall nur deswegen nicht bearbeiten, weil damit kein Geld zu verdienen sei. Pilatus bestreitet dies heftigst. Er fragt erneut nach den Verbrechen Jesu.

Soliman verlangt, dass die Anklagepunkte aufgeschrieben werden. Der Kanzler setzt ein Protokoll auf und fragt nach dem Kläger. Die ganze Synagoge sei der Kläger, antwortet einer der Hohepriester. Dagegen wehren sich Joseph und Simon und betonen ihren Standpunkt.

Der Kanzler fragt nun nach den Personalien Jesu und protokolliert sie in allen Einzelheiten.

SOLIMAN Il malfitschen ha num jessus.	SOLIMAN Der Übeltäter heisst Jesus.
CANCELLARIUS Datgei patria eisel?	KANZLER Wo ist seine Heimat?
DIARABIAS, RABAN, JOSEFAT El ei de nazaret.	DIARABIAS, RABAN, JOSEFAT Er ist aus Nazareth.
CANCELLARIUS Cons ons ha el?	KANZLER Wie alt ist er?
DIARABIAS, RABAN, JOSEFAT El po ver 33 ons encerca.	DIARABIAS, RABAN, JOSEFAT Er dürfte etwa 33 Jahre alt sein.
CANCELLARIUS De tgei Conditiun?	KANZLER Von welchem Stand?
CAIFAS Per in profet el sedat ora, ei auncalura buc ensezes.[193]	KAJAPHAS Er gibt sich als Prophet aus und er ist nicht bei Sinnen.

Dann werden die Anklagepunkte vorgetragen. Die römischen Beamten kommentieren die Anklage sehr skeptisch.

SOLIMAN pro 4to ha el entschiet enten galilea et ei ius tuts ils Marcaus e musar il Pievel suenter siu plischer, usa aviartameing, usa zupadameing [...]	SOLIMAN Viertens hat er in Galiläa angefangen und ist dann in alle Städte gegangen, das Volk zu unterweisen nach seinem Gutdünken, bald öffentlich, bald im Verborgenen [...]
SAPINUS Vus esses bein enfeltigs! Dues pia el instruir, musar et entruidar esser ina Caussa schumendada?[194]	SAPINUS Ihr seid doch einfältig! Soll denn unterrichten, lehren und unterweisen eine verbotene Sache sein?

---

193 DECURTINS. *Passiun da Sumvitg*. Chrestomathie. XIII. Band. S. 49.
194 DECURTINS. *Passiun da Sumvitg*. Chrestomathie. XIII. Band. S. 50.

> II. Die Dramentexte

Pilatus fragt nach den Zeugen der Anklage und rügt die Hohepriester wegen ihrer schlechten Kenntnis des kaiserlichen Rechtes.

Als die Hohepriester vorschlagen, selbst als Zeugen aufzutreten, unterweist er sie erneut, dass dies nach römischem Recht unmöglich sei. Er schlägt den Hohepriestern aber vor, Jesus im Geheimen zu verhören. Darauf werfen ihm die Hohepriester vor, er wolle Jesus nur zur Flucht verhelfen. Aber Pilatus beruhigt sie und tritt mit Jesus ab.

14. Szene
Die Hohepriester misstrauen Pilatus. Sollte er sich nicht für die Hinrichtung Jesu entscheiden, wollen sie sich gegen ihn erheben. Die römischen Beamten warnen sie vor voreiligen Schlüssen. Kajaphas wird gegebenenfalls bis vor den Kaiser gehen, um Jesus verurteilen zu lassen.

15. Szene
Pilatus kehrt mit Jesus zurück und berichtet, er habe keine Schuld an ihm gefunden. Die Hohepriester versuchen, Pilatus nochmals zu überzeugen, aber Pilatus bleibt hart. Als er aber zufällig erfährt, dass Jesus Galiläer sei, lässt er ihn zu Herodes bringen, da Herodes Jesu Landesherr sei.

16. Szene
Herodes empfängt die Delegation des Hohen Rates. Auch ihm ist Jesus bereits bekannt. Herodes hat aber nur Gutes über Jesus erfahren. Die Hohepriester versuchen ihn von seiner Meinung abzubringen.

Herodes schlägt nun vor, den Angeklagten zu verhören. Er fragt ihn, ob er nicht vor 33 Jahren in Bethlehem geboren sei und ob ihn nicht drei Weisen aus dem Morgenland besucht hätten. Er will wissen, ob Jesus nicht derjenige sei, den sein Vater Herodes habe umbringen wollen. Und ob er wirklich einen Blinden sehend gemacht und eine Toten auferweckt habe? Jesus bleibt aber stumm. Herodes ist enttäuscht und lässt Jesus verprügeln, damit er endlich seinen Mund aufmache.

Darauf stellt Herodes nochmals die gleichen Fragen, aber ohne Erfolg. Die Hohepriester versuchen seinen Zorn zu wecken, indem sie Herodes erzählen, was Jesus über ihn gesagt habe. Herodes lässt sich nicht von ihnen hinreissen. Er hält Jesus für verrückt. Der Hohe Rat soll den Narren selber verurteilen. Aber die Hohepriester bestehen auf einem Urteil. Um sie loszuwerden, verurteilt Herodes Jesus zum Tragen eines weissen Narrengewandes und schickt sie zu Pilatus zurück.

HERODES
[...] Tatlei la nossa finala sentenzia;
essend che nus vit jesum de nazareth
enflein negin mal auter e oreiffer,
che el seigi in met e stinau nar,
aschia prendei e sco tal trachtei
cun vistgir el cun in [...] vistgiu alf,
e tier pilatus turnei, e de nossa vart
feitg selidei, a mei Cuun ruaus
leschei!¹⁹⁵

HERODES
[...] Hört unser endgültiges Urteil:
da wir an Jesus von Nazareth kein
anderes Übel finden, als dass er ein
stummer und starrsinniger Narr
sei, so nehmt und behandelt ihn als
solchen, indem ihr ihm ein [...]
weisses Kleid anzieht, und kehrt zu
Pilatus zurück. Grüsst ihn unserer-
seits sehr und lasst mich in Ruhe!

17. Szene
Die Hohepriester sind über Herodes' Urteil enttäuscht und fühlen sich nicht ernstgenommen. Sie veranlassen aber, dass Jesus das weisse Gewand erhält.

18. Szene
Die römischen Beamten wollen die Hohepriester nicht mehr zu Pilatus vorlassen. Aber Kajaphas spielt auf den Kaiser und auf die Aufgaben seines Statthalters an. Darauf bemühen sich die Beamten um eine erneute Audienz.

19. Szene
Pilatus hat seine Meinung indes nicht geändert. Er teilt den Hohepriestern mit, dass er weder stichhaltige Beweise noch glaubwürdige Zeugen vorfinde. In diesem Fall sei der Angeklagte freizusprechen.

Kajaphas droht nun Pilatus, er werde ihn beim Kaiser verklagen. Darauf gibt Pilatus nach und trifft die Vorkehrungen zu einem ordentlichen Prozess. Er lässt Zeugen aufrufen und Jesus die Ketten abnehmen. Ein Ratsdiener wird beauftragt, die Prozessankündigung und den Zeugenaufruf zu verlesen.

20. Szene
Pilatus bestimmt Joseph zum Verteidiger Jesu. Kajaphas schlägt Soliman als Ankläger vor.

Dann trägt Soliman die Anklageschrift mit sieben Anklagepunkten vor. Als Jesus auf die Anklage nicht antwortet, ergreift Joseph das Wort und verteidigt Jesus in neun Punkten. Bei Punkt drei fragt Pilatus nach und

---

195 DECURTINS. *Passiun da Sumvitg*. Chrestomathie. XIII. Band. S. 64.

II. Die Dramentexte

will von Jesus wissen, ob er wirklich der Sohn Gottes sei. Jesus gibt ihm keine klare Antwort. Dann fährt Joseph in der Verteidigung fort.

21. Szene
Pilatus verlässt den Raum erneut, um Jesus zu verhören. Unterdessen werden die Einladungsschreiben für die Zeugen verfasst und ausgesandt. Joseph bekommt das Recht der Zeugenbefragung zugesichert. Dann werden Soliman und Joseph vereidigt.

Der Zeuge Ruben wird aufgerufen und seine Personalien aufgenommen. Ruben sagt, er könne nicht glauben, dass Jesus der Messias sei. Dann kommt es zur persönlichen Befragung des Zeugen. Unterdessen fordern die Hohepriester, das Gerichtsverfahren zu beschleunigen.

22. Szene
Pilatus findet weiterhin keine Schuld an Jesus. Er will ihn geisseln und dann auf freien Fuss setzen lassen. Aber die Hohepriester fordern weiterhin ein Urteil.

Pilatus schlägt ihnen einen Kompromiss vor. Er will Jesus freigeben, weil es Brauch sei, an Ostern einen Verbrecher zu amnestieren. Die Hohepriester fordern nun die Freigabe von Barabbas. Jesus hingegen solle hingerichtet werden.

23. Szene
Pilatus lässt Jesus geisseln. Soliman fordert die Juden auf, Jesus nicht zu schonen und freut sich über die tiefen Wunden Jesu.

24. Szene
Pilatus betont erneut, er finde keine Schuld an Jesus. Aber die Hohepriester drohen ihm mit der Denunziation beim Kaiser und erpressen ihn.

Die römischen Beamten raten Pilatus ebenfalls, die Verurteilung zu unterzeichnen. Jesus sei es nicht wert, dass man seinetwegen allzugrosse Schwierigkeiten bekomme.

Pilatus gibt dem Druck nach und verurteilt Jesus. Joseph und die Anhänger Jesu sind entsetzt über das Urteil.

25. Szene
Nun wird das Urteil ausgeführt. Soliman freut sich über den Erfolg. Jesus wird das Kreuz aufgetragen. Er küsst es und begrüsst es innig.

Prozession
Dann folgt die Prozession zum Kalvarienberg. Jesus begegnet den weinenden Frauen und fällt dreimal unter das Kreuz. Dann wird er ans Kreuz genagelt. Er tröstet den Schächer, Maria und Johannes und stirbt am Kreuz.

4.3 Gliederung, Struktur und Disposition der Handlung

Der *Passiun da Sumvitg* liegt die Struktur der biblischen Passion Jesu zugrunde. Der Autor bleibt dieser Grundstruktur treu. Er gewichtet aber einzelne Szenen viel stärker als die biblische Vorlage. Andere Passagen wiederum nimmt er stark zurück oder streicht sie ganz. Dadurch ensteht ein Werk, das bezüglich seines Aufbaues, seiner Sprache und seiner Aussagekraft ein hohes Mass an Originalität und dichterischer Intensität aufweist.

4.3.1 Akt- und Szeneneinteilung

Die *Passiun da Sumvitg* besteht formal aus zwei Teilen: dem eigentlichen Drama und der anschliessenden Prozession zum Kalvarienberg. Inhaltlich umfasst der erste Teil Abendmahl, Gefangennahme, Prozess und Verurteilung Jesu. Der zweite Teil enthält den Kreuzweg und die Kreuzigung Jesu ausserhalb des Dorfes.

Beide Teile greifen ineinander über. Der erste Teil hat weitgehend auch prozessionalen Charakter. Der Ort der Aufführung wird mehrmals verändert. Das Publikum begleitet die Akteure bei diesen Szenenwechseln.

Der zweite Teil, die Prozession, enthält auch theatrale Elemente. Dazu gehören die Kreuzwegstationen und die Kreuzigung selbst. Inwiefern die Kreuzwegstationen vom ganzen Publikum wahrgenommen werden konnten, ist fraglich.[196] Die Kreuzigung Jesu hingegen war sicherlich der Höhepunkt der ganzen Aufführung.

Der erste Teil der Passion ist in 25 Szenen unterschiedlicher Länge eingeteilt. Das ganze Drama umfasst in der Edition von Decurtins 66 Seiten.[197]

---

[196] Bis auf die Hauptbühne im Dorf lehnten sich alle anderen Spielplätze an die natürliche Umgebung und Dorfarchitektur an. Bei einer Zuschauerzahl von mehreren Tausenden dürfte die Sicht auf das theatrale Geschehen kaum zu gewährleisten gewesen sein. – Vgl. DEPLAZES. *Passiuns*. S. 68–77.
[197] Vgl. DECURTINS. *Passiun da Sumvitg*. Chrestomathie. XIII. Band. S. 19–83.

Davon sind 58 Seiten den Versammlungen des Hohen Rates und den Verhören vor Pilatus und Herodes vorbehalten. Der Abschied Jesu von seiner Mutter, das Letzte Abendmahl, die Auslieferung Jesu am Ölberg, die Verneinung Petri, die Geisselung Jesu, ferner Kreuztragung, Kreuzigung und Tod Jesu umfassen dementsprechend nur etwa acht Seiten. Allein aus dieser quantitativen Untersuchung der Szenenlänge wird offensichtlich, dass der Autor den Verhör- und Gerichtsszenen viel Gewicht beimisst.

4.3.2 Ort der Handlung

Nach Deplazes wurden die ersten drei Szenen ausserhalb des Dorfes in einer kleinen Mulde bei der alten Dorfstrasse in Richtung Rabius gegeben. Hier fanden der Abschied Jesu von seiner Mutter, die erste Versammlung des Hohen Rates und das Letzte Abendmahl Jesu statt. Der Ölberg für die vierte Szene war etwas oberhalb der Mulde auf einem von Bäumen umstandenen Platz angesiedelt. Dann zogen Akteure und Zuschauer ins Dorf hinein. Auf dem Dorfplatz unterhalb der Kirche wurden die Szenen 6 bis 15 gegeben. Das Verhör vor Hannas, die Beratungen des Hohen Rates und die Befragung durch Pilatus fanden hier statt. Dann zog man zum *Palast des Herodes* ans Ende des Dorfes in Richtung Disentis. Dort wurde die 16. Szene gegeben. Nach dem Verhör durch Herodes kehrte man zum Dorfplatz zurück. Hier fanden dann der Prozess Jesu, seine Verurteilung, Geisselung und Verspottung statt, also die Szenen 17 bis 25. Dann folgte die Prozession zu einem Platz oberhalb des Dorfes, wo die Kreuze errichtet wurden.[198]

4.3.3 Bühnenanweisungen

Die Bühnenanweisungen der *Passiun da Sumvitg* beschränken sich auf Szenenüberschriften, Angabe der Rollen vor jeder Szene und sehr kurz gefasste Regieanweisungen. Ein Rollenverzeichnis ist nicht vorhanden. Der gesamte Nebentext ist grundsätzlich lateinisch. Dazu einige Beispiele.

Szenenüberschriften

Scena 1	*Szene 1*
Christus valedicit Marie	*Christus verabschiedet sich von*
Persone: Christus, Maria[199]	*Maria. Personen: Christus, Maria.*

---

198 Vgl. Deplazes. *Passiuns*. S. 68–77.
199 Decurtins. *Passiun da Sumvitg*. Chrestomathie. XIII. Band. S. 18.

Regieanweisungen
   suspirat[200]   *seufzt*
   janes recubit[201]   *Johannes lehnt sich zurück*
   adit apostolos[202]   *er geht zu den Jüngern*
   abit[203]   *tritt ab*

4.3.4 Biblischer Plot
Der Autor der *Passiun da Sumvitg* übernimmt die Struktur der biblischen Passionsberichte.

Übernahme biblischer Texte
Wie der Autor der *Passiun da Lumbrein* entnimmt auch er Szenen aus den verschiedenen Evangelien und fügt sie zu einer einheitlichen Handlung zusammen, die seiner Konzeption entspricht. So überliefert nur der Evangelist Johannes das Verhör vor dem Hohepriester Hannas,[204] das der Autor vollständig zitiert.

Die beiden Schächer auf Golgotha, die mit Jesus gekreuzigt wurden, sind bei den synoptischen Evangelisten überliefert. Das Gespräch mit dem gekreuzigten Jesus findet sich nur bei Lukas.[205] Der Autor der *Passiun* übernimmt es fast wörtlich in seine Kreuzigungsszene.

Andeutung des biblischen Plots
An anderen Stellen wird der biblische Plot nur angedeutet, aber nicht ausgeführt. Die Verhöre Jesu durch Pilatus finden lediglich im Hintergrund statt. Jesus verlässt in der 14. und in der 21. Szene die Bühne, um von Pilatus «erneut geheim befragt zu werden».[206] Die Zuschauer können erahnen, welches Gespräch hinter verschlossenen Türen stattfinden wird: es sind die Fragen nach dem Königtum Jesu.[207] Der Autor zieht es aber vor, in der 14. Szene ein Gespräch der Hohepriester mit den römischen Beamten

---

200 DECURTINS. *Passiun da Sumvitg*. Chrestomathie. XIII. Band. S. 18.
201 DECURTINS. *Passiun da Sumvitg*. Chrestomathie. XIII. Band. S. 22.
202 DECURTINS. *Passiun da Sumvitg*. Chrestomathie. XIII. Band. S. 23.
203 DECURTINS. *Passiun da Sumvitg*. Chrestomathie. XIII. Band. S. 42.
204 Vgl. *Neues Testament*. Joh 18,12–27.
205 Vgl. *Neues Testament*. Lk 23,39–43.
206 «Jeu vi denovameing examinar el secretamein.» – DECURTINS. *Passiun da Sumvitg*. Chrestomathie. XIII. Band. S. 71.
207 Vgl. *Neues Testament*. Joh 18,28–19,16.

des Pilatus wiederzugeben, in dem die Hohepriester sich über die Art der Untersuchung durch Pilatus beschweren. In der 21. Szene werden die Personalien des Zeugen der Anklage aufgenommen und der Prozess vorbereitet. Beide Szenen geben nicht den offiziellen Prozess wieder, sondern schildern Momente aus dem Vorzimmer des Pilatus.

Betonung der Verhörs- und Gerichtsszenen
Der Autor der *Passiun da Sumvitg* erweitert die Verhörszenen und betont somit den Prozesscharakter der Passion Jesu.

Im Vordergrund steht nicht der Abschied Jesu von seinen Jüngern. Die Jünger spielen eine verschwindend kleine Rolle. Jesu Todesängste werden kaum thematisiert. Die Ölbergszene wird gekürzt wiedergegeben.

Dafür werden die Gerichtsszenen sehr detailliert ausgeführt. Jedes juristische Detail wird minuziös wiedergegeben. In der 21. Szene – während Pilatus Jesus verhört – beauftragt der Kanzler des Pilatus einen Diener, den Aufruf eines Zeugen zu promulgieren.

CANZLER La citaziun ei screta, salte, prendei ella a promulgei!	KANZLER Der Aufruf ist geschrieben, Weibel, nehmt ihn und promulgiert ihn!
GLAURAR Jeu vi promulgar: «Nus Pontius Pilatus de sia sacra Cesarea Majestad Tibery Neronis governatur ceu en jerusalem figiein ati Rubem saver, Che saliman, advocat et Agent della sinagoga, sco actrix seigi jntenzionaus per far, ver Che ilg Ploing encunter jesum seigi giests, de produr ina U lautra Pardetgia, denter las quallas era ti eis nomnaus et aschia Comendein Nus ati, krakt della nossa Aueoritat, che nus vein dil Keisser, che ti oz allas 2. deigies Comparer avon niess Tribunal![208]	GLAURAR Ich will bekanntmachen: «Wir, Pontius Pilatus, Statthalter seiner heiligen kaiserlichen Majestät Tiberius Nero hier in Jerusalem, lassen dich, Rubem, wissen, dass Soliman, der Anwalt und Agent der Synagoge, als Kläger die Absicht habe aufzuzeigen, dass die Klage gegen Jesus gerechtfertigt sei, den einen oder anderen Zeugen heranzuziehen, unter denen auch du benannt bist, und somit befehlen wir dir, kraft unserer Autorität, die wir vom Kaiser (verliehen bekommen) haben, dass du heute um zwei vor unserem Tribunal erscheinen sollst!

---

208 DECURTINS. *Passiun da Sumvitg*. Chrestomathie. XIII. Band. S. 72.

Die *Passiun da Sumvitg* wird durch diese starke Betonung juridischer Vorgänge zum eigentlichen Gerichtsdrama, dem ein Prolog und ein Epilog angegliedert sind. Der Prolog dient der Kenntnisnahme der Vorgeschichte und der Verhaftung, der Epilog zeigt den Zuschauern den Vollzug des Urteils.

4.4 Redestil und Charakterisierung der Personen

4.4.1 Redestil

Der Text der *Passiun da Sumvitg* ist teilweise in reiner Prosa, teilweise in stark rhythmisierter, sich reimender Prosa abgefasst. Die Sprache ist dadurch stetig im Fluss und entbehrt nicht einer gewissen Eleganz.

CHRISTUS
Tut per Conplanir la voluntat della Divina majestat, scho era per spindrar la humana schlateina della infernala peina.[209]

CHRISTUS
Alles, um den Willen der göttlichen Majestät zu erfüllen, aber auch um das menschliche Geschlecht zu retten vor der höllischen Pein.

Der Kriminalprozess gegen Jesus ist das zentrale Thema der *Passiun da Sumvitg*. Entsprechend ist auch der Sprachstil mit juristischen Formeln und strafrechtlichem Vokabular durchsetzt. Der Autor flicht immer wieder lateinische Sentenzen in die Texte der Richter und Hohepriester ein.

PILATUS
Nec ego invenio in eo Caussam mortis.

PILATUS
Ich finde keinen Grund, ihn des Todes schuldig zu sprechen.

RABAN. SAMUEL
Co pia?

RABAN. SAMUEL
Wie denn?

PILATUS
Pertgei che jeu aflel che de tut quei, che vus veits portau avon entochen Ceu naginas enprovas suficientas et era buca perdetgias audenticas, et aschia: actore non probante reus est absolvendus.[210]

PILATUS
Weil ich in alledem, was ihr bis hierher vorgetragen habt, keine ausreichenden Beweise und auch keine authentischen Zeugen finde, und so: wenn die Täterschaft nicht bewiesen werden kann, ist der Angeklagte freizusprechen.

---

209 DECURTINS. *Passiun da Sumvitg*. Chrestomathie. S. 19.
210 DECURTINS. *Passiun da Sumvitg*. Chrestomathie. XIII. Band. S. 66.

Der Autor lässt seine Figuren aber nicht nur Latein sprechen. Mitunter gestaltet er kurze Passagen auch in Italienisch, Französisch und Deutsch.

CAIFAS Dite pure, senza paure! se questo sono bagattelle de poco, quale sono le orende?[211]	KAJAPHAS Sagt nur, ohne Angst! Wenn dies nichtige Kleinigkeiten sind, welche sind dann die schrecklichen Dinge?
CANCELLARIUS Votre tres homble servitur![212]	KANZLER Ihr ergebenster Diener!
SOLIMAN Das jst seina schuldikeit.[213]	SOLIMAN Das ist seine Schuldigkeit.

Schliesslich bildet die Sprache auch höfische Momente ab. Begrüssungsformeln, Anreden und offizielle Verlautbarungen sind feierlicher, zeremonieller Natur.

SOLIMAN Reverendissim signiur Pressident, Cajaffas![214]	SOLIMAN Hochwürdigster Herr Präsident Kajaphas!
BEDELLUS Gestrenger her secretarius! La veneranda sinagoga Cau per ver audienzia avon sia Realla Majestat.[215]	BEDELLUS Gestrenger Herr Sekretär! Die löbliche Synagoge ist zur Audienz vor Ihrer Königlichen Majestät erschienen.

Insgesamt vermittelt die Sprache eine kühle, distanzierte Vornehmheit. Auch die einfachen Personen drücken sich gewählt, manchmal etwas steif aus. Deplazes bemerkt zum Sprachstil, man meine «immer Botschafter und Gesandte aus fremden Ländern zu hören, die bemüht sind, die Graubündner für ihre Politik und ihre Zwecke zu gewinnen».[216]

---

211 DECURTINS. *Passiun da Sumvitg*. Chrestomathie. XIII. Band. S. 37.
212 DECURTINS. *Passiun da Sumvitg*. Chrestomathie. XIII. Band. S. 42.
213 DECURTINS. *Passiun da Sumvitg*. Chrestomathie. XIII. Band. S. 55.
214 DECURTINS. *Passiun da Sumvitg*. Chrestomathie. XIII. Band. S. 26.
215 DECURTINS. *Passiun da Sumvitg*. Chrestomathie. XIII. Band. S. 55.
216 DEPLAZES. *Passiuns*. S. 86.

4.4.2 Charakterisierung der Personen

In der *Passiun da Sumvitg* spielen drei Personen wirklich entscheidende Rollen: der Hohepriester Kajaphas, der römische Statthalter Pontius Pilatus und schliesslich Jesus.

Kajaphas

Pilatus und Kajaphas sind die grossen Kontrahenten des Stückes. Kajaphas möchte Jesus hinrichten lassen. Pilatus möchte ihn retten.

Kajaphas ist anfangs in der schlechteren Position. Als Hohepriester in einem besetzten Land hat er sich mit der Besatzungsmacht zu arrangieren. Aber Kajaphas macht aus der Not eine Tugend. Es gelingt ihm, den Vertreter des Kaisers, Pilatus, für seine Zwecke zu benutzen. Kajaphas erpresst Pilatus förmlich und droht, ihn beim Kaiser zu denunzieren.

CAIFAS	KAJAPHAS
[...] Il proces Contenuei a quests auters nuot Cartei! Schigliotg lein nus vus tier il Keisser denuntiar.[217]	[...] Führt den Prozess fort und glaubt diesen anderen nichts! Sonst werden wir Euch beim Kaiser denunzieren.

Kajaphas verkörpert den geschickten Drahtzieher, der aus dem Hintergrund agiert. Er hat viel diplomatisches Geschick. Er tritt selbstbewusst und fordernd auf. Dabei spricht er nicht viel und lässt sich gern vertreten. Er kann warten, bis der Gegner Schwäche zeigt.

Kajaphas ist vom Gedanken besessen, Jesus hinrichten zu lassen. Keine noch so plausible Rechtfertigung der Tätigkeit Jesu kann ihn umstimmen. Er zeigt weder Bedauern, noch Verständnis, noch irgendwelche Bedenken. Schon in der zweiten Szene steht sein Beschluss fest.

CAIFAS	KAJAPHAS
[...] Grat per quei essenus cheu rimnai ensemen per far Coseilg, Co nus el podessen survignir, per il poder far morir.[218]	[...] Gerade deswegen haben wir uns versammelt um zu beraten, wie wir seiner habhaft werden könnten, um ihn töten lassen zu können.

Kajaphas ist ein Legalist fundamentalistischer Prägung. Oberstes Ziel ist der Erhalt seiner Macht. Als Träger des höchsten geistlichen Amtes im Staat hinterfragt er sich nicht und rechnet mit der uneingeschränkten Zustimmung des Gottes, der ihm sein Amt verliehen hat.

---

217 DECURTINS. *Passiun da Sumvitg*. Chrestomathie. XIII. Band. S. 67.
218 DECURTINS. *Passiun da Sumvitg*. Chrestomathie. XIII. Band. S. 19.

II. Die Dramentexte

Pilatus
Pilatus ist ein offener, aufrechter und gerechter Mann. Von Jesus hat er nur Gutes vernommen. Deswegen rügt er die Hohepriester, die ihm Jesus in Ketten vorführen.

PILATUS	PILATUS
Co pia inganaus? Jeu hai udiu requintar zun bia de del, abaer nuot dil mal, et aschia veits vus zun feitg faliu de manar el ceu avon mei en Cadeinas; ina schliatta Procedura ei quei.[219]	Wie denn betrogen? Ich habe sehr viel von ihm erzählen hören, aber nichts Übles, und so habt ihr durchaus falsch gehandelt, ihn mir hier in Ketten vorzuführen. Ein schlechtes Vorgehen ist das.

Pilatus agiert selbstbewusst. Er versteht sich als Richter. In dieser Funktion muss er über die Einhaltung der Formvorschriften achten. Pilatus will einen fairen Prozess. Darum fordert er die Hohepriester auf, die Festnahme Jesu zu begründen.

PILATUS	PILATUS
Nua en las veras provas de tuttas Caussas? Quellas las jeu bugien udir; pertgei che mo de vies di blutameing pons ins buca far fundamen.[220]	Wo sind die wahren Beweise für all diese Dinge? Diese möchte ich gerne hören, denn nur von eurem blossen Sagen kann man keine Grundlage (für eine Anklage) bilden.

Nichts scheint den römischen Statthalter von seinem Standpunkt abbringen zu können. Kajaphas appelliert an das Rechtsempfinden des Pilatus, um den Prozess in Gang zu setzen. Pilatus fühlt sich als Herr der Lage und lässt sich auf einen Prozess ein, der ihm am Ende des Stückes entgleitet. Als Pilatus bemerkt, dass er den Gang der Dinge nicht mehr kontrollieren kann, ist es zu spät. Pilatus kann den Prozess nicht mehr rückgängig machen. Kajaphas droht, ihn beim Kaiser zu denunzieren, falls er die Prozessordnung nicht einhalte. Pilatus' Anpruch auf die Einhaltung einer fairen Rechtsform wird ihm selbst zum Verhängnis. Zum Schluss entscheidet er sich, Jesus zu verurteilen, um seinen eigenen Kopf zu retten:

---

219 DECURTINS. *Passiun da Sumvitg*. Chrestomathie. XIII. Band. S. 45.
220 DECURTINS. *Passiun da Sumvitg*. Chrestomathie. XIII. Band. S. 51.

PILATUS
Demai stoi jeu la sentenzia far, e
jesum alla mort Comdemnar per
mantener miu uffezi e bucca Crudar
an dischgrazia tier il Keyser.[221]

PILATUS
Also muss ich das Urteil fällen und
Jesus zum Tod verurteilen, um
mein Amt zu behalten und nicht
beim Kaiser in Ungnade zu fallen.

Jesus

In der *Passiun da Sumvitg* spricht Jesus kaum. Die ohnehin schon passive Rolle Jesu in den Evangelien wird vom Autor der Passiun noch verstärkt. Er streicht die Dialoge zwischen Jesus und Pilatus, indem er die *geheime Befragung* einführt.

Jesus nimmt auf den Gang der Prozesse fast keinen Einfluss. Er macht von seinem Aussagerecht keinen Gebrauch und verteidigt sich nicht. Innerhalb der Verhör- und Prozessszenen, die immerhin 87 Prozent des Textvolumens beanspruchen, spricht Jesus nur fünf Sätze.

Gegenüber Hannas bestätigt er lediglich, dass er immer öffentlich gesprochen habe.

CHRISTUS
Jeu hai plidau aviartameing ed
adina enten la sinagoga el tempel
mussau. Dumonda quels, chan mai
udiu.

CHRISTUS
Ich habe offen gesprochen und
immer in der Synagoge und im
Tempel gelehrt. Frage diejenigen,
die mich gehört haben.

MALCHUS *infligit alapam.*
Das ina tala risposta a nics gron
sazerdot?

MALCHUS *gibt ihm eine Ohrfeige.*
Gibst du unserem grossen Priester
eine solche Antwort?

CHRISTUS
Sche jeu hai mal deig, dai
perdetgia dil mal; scha jeu hai aber
bein deg, scha pertgei das ami
questa schlafada.[222]

CHRISTUS
Wenn ich Schlechtes gesagt habe,
weise das Schlechte nach; wenn ich
aber Gutes gesagt habe, warum
gibst du mir dann diese Ohrfeige?

Zu Kajaphas spricht Jesus ein einziges Mal. Der Hohepriester fragt Jesus, ob er der Sohn Gottes sei.

---

221 DECURTINS. *Passiun da Sumvitg*. Chrestomathie. XIII. Band. S. 78.
222 DECURTINS. *Passiun da Sumvitg*. Chrestomathie. XIII. Band. S. 26.

CAIFAS
Jeu ti schongirel tras il viff Dieus! da ami [dir], sche ti eis ilg Feilg de Diu.

CHRISTUS
Ti has deig, jeu sun.[223]

KAJAPHAS
Ich beschwöre dich im Namen des lebendigen Gottes, mir zu sagen, ob du der Sohn Gottes bist.

CHRISTUS
Du hast gesagt, ich bin es.

Auf die zahlreichen Fragen des Herodes antwortet Jesus überhaupt nicht. Erst als er Pilatus zum zweiten Male vorgeführt wird, antwortet er ihm im Rahmen der Klageerhebung.

PILATUS
Eis ti pia feilg de Diu?

CHRISTUS
Ti dis.

JOSEPH
Ver, chel seigi il Reitg dils Giedius?

PILATUS
Eis de mai Reitg dils Giedius?

CHRISTUS
Ti dis.[224]

PILATUS
Bist du also Gottes Sohn?

CHRISTUS
Du sagst es.

JOSEPH
Wahr, dass er der König der Juden sei?

PILATUS
Bist du also der König der Juden?

CHRISTUS
Du sagst es.

Jesus vermeidet vor Gericht jede inhaltliche Aussage. Er beteuert nur die Öffentlichkeit seiner Redetätigkeit. Zu den Anklagen, die gegen ihn erhoben werden, nimmt er keine Stellung, sondern weist sie an den Fragenden zurück.

Der Autor der *Passiun da Sumvitg* gestaltet die Person Jesu als ausserordentlich passive Figur. Jesus lässt den Prozess über sich ergehen, ohne darauf Einfluss zu nehmen. Er wird zum Objekt, um das sich die Parteien streiten. Selbst scheint er willenlos. Es kann sein, dass der Autor durch diese Passivität Jesu ein theologisches Motiv hervorheben möchte. Es ist notwendig, dass Jesus stirbt. Der Sohn Gottes muss gekreuzigt werden,

---

223 DECURTINS. *Passiun da Sumvitg*. Chrestomathie. XIII. Band. S. 38.
224 DECURTINS. *Passiun da Sumvitg*. Chrestomathie. XIII. Band. S. 70.

damit er seine heilsgeschichtliche Funktion erfüllen kann. Wenn er nicht stirbt, wird die Welt nicht gerettet. Also hat es keinen Zweck, sich zu wehren. Jesus ist passiv, damit sein Schicksal sich erfüllt und er seinen Gehorsam gegenüber dem Vater einlöst.

Allerdings dürfte ein anderes Motiv den Autor der Passiun noch stärker beeinflusst haben. Jesus ist nicht nur passiv. Er vermeidet vor Gericht auch jede inhaltliche Aussage. Auf die Frage, ob er der Sohn Gottes sei, antwortet er nicht eindeutig. Dadurch belastet er sich nicht selbst. Seine Aussagen ergeben keinen Grund zur Anklage. Jesus ist unschuldig.

In den Evangelien macht Jesus indes auch inhaltliche Aussagen. Er bestätigt vor dem Hohen Rat, der Sohn Gottes zu sein.[225] Dadurch macht er sich nach jüdischem Gesetz strafbar. Vor Pilatus antwortet er sehr wohl auf die Frage nach seinem Königtum.[226] Er erhebt dadurch einen gefährlichen politischen Anspruch vor dem Vertreter der römischen Besatzungsmacht.

Der Jesus der *Passiun da Sumvitg* gibt keinen Anlass zum Prozess. Er stellt keine Gefahr dar. Es liegt nichts gegen ihn vor. Schuld an der Verurteilung Jesu ist ausschliesslich der Wille des Hohen Rates, ihn umzubringen. Pilatus ist nur ein Werkzeug, das geschickt benutzt wird. Jesus soll als das Opfer einer manipulierbaren Justiz dargestellt werden. Der Rechtscharakter des Prozesses ist aber letztlich nur eine Farce. Der Wille einer gesetzestreuen, fundamentalistisch religiösen Partei setzt sich gegen die objektive Gerichtsbarkeit durch, ja missbraucht sie als Instrument ihrer Absichten. Das will der Autor zeigen.

4.5 Sinnzusammenhänge

Deplazes bezeichnet die *Passiun da Sumvitg* als einzigartiges Barockdrama: «Die *Passiun da Sumvitg* ist ein barockes Spiel, wie man nur wenige davon findet, ja ein exemplarisches Barockdrama, während die *Passiun da Lumbrein* sehr stark dem Text der Heiligen Schrift folgt.»[227]

---

225 Vgl. *Neues Testament*. Mk 14,61–64.
226 Vgl. *Neues Testament*. Joh 18,33–38.
227 «La Passiun da Sumvitg ei in giug baroc sco ins anfla mo paucs, gie in exempel d'in giug baroc, ferton che la Passiun da Lumbrein suonda fetg ferm il text dalla s. Scartira.» – DEPLAZES. *Passiuns*. S. 66.

Diese Auffassung bedarf der Differenzierung. Gerade die *Passiun da Lumbrein* enthält eine Vielzahl von Elementen, die als *typisch barock* bezeichnet werden können. Dazu gehören formal die Bildhaftigkeit der Inszenierung, die Vorliebe für dramatische Effekte und der akklamative, pathetische Stil der Rede. Inhaltlich sind die Betonung und Darstellung der Leiden Christi ein zentrales Thema barocker Schaufrömmigkeit. Die Hinzufügung einer Reihe von nichtbiblischen Szenen, die der barocken Volksfrömmigkeit des 17./18. Jahrhunderts entstammen, spricht ebenfalls für die genannte gattungsspezifische Zuordnung des Spieles.[228]

Die *Passiun da Sumvitg* hingegen ist bereits stark durch die Aufklärung geprägt. Ein Vergleich der beiden Passionen kann diese These belegen.

Vergleich
Auf den ersten Blick sind die beiden Passionen grundverschieden.

Dennoch behauptet eine mündliche Überlieferung im Lugnez, dass die *Passiun da Sumvitg* jener von Lumbrein nachgestaltet sei, «nur viel stolzer».[229]

In Bezug auf die Grundstruktur und auf den Handlungsverlauf weisen die Passsionen tatsächlich eine grosse Ähnlichkeit auf.

Passiun da Lumbrein	*Passiun da Sumvitg*
	Abschied Jesu von Maria
	Beschluss des Hohen Rates
	Letztes Abendmahl
Gebet am Ölberg	Gebet am Ölberg
Dialog mit dem Engel	Dialog mit dem Engel
Gefangenahme Jesu	Gefangennahme Jesu
Verhör durch Hannas	Verhör durch Hannas
Verleugnung Jesu durch Petrus (1.)	
Beratung des Hohen Rates	Beratung des Hohen Rates

---

228 Vgl. hierzu den Abschnitt *Der leitende Sinn des Dramas* im Kapitel *La Passiun da Lumbrein*.
229 «Sco gia allegau vegn ei raquintau en Lumnezia ch'ils da Sumvitg hagien fatg suenter als da Lumbrein, mo representau lur Passiun bia pli loschamein.» – DEPLAZES. *Passiuns*. S. 80.

Verleugnung Jesu durch Petrus (2.)	
Beratung des Hohen Rates	
Jesus im Gefängnis	Jesus im Gefängnis
Beratung des Hohen Rates	Beratung des Hohen Rates Verleugnung Jesu durch Petrus
Beratung des Hohen Rates	Beratung des Hohen Rates. Entsendung der Delegation Gesuch um Audienz bei Pilatus Ankündigung der Gewährung der Audienz
Judas bringt das Geld zurück	Judas bringt das Geld zurück
Auslieferung an Pilatus	Auslieferung an Pilatus Komplott gegen Pilatus (im Hintergrund geheime Befragung Jesu) Fortsetzung der Audienz
Auslieferung an Herodes Anziehen des Narrenkleides	Audienz bei Herodes Anziehen des Narrenkleides
Verhandlung vor Pilatus	Zweite Audienz bei Pilatus Ankündigung des Prozesses Beginn des Prozesses gegen Jesus Fortsetzung des Prozesses Verteidigung Jesu durch Pilatus
Geisselung und Dornenkrönung	Geisselung und Dornenkrönung
Jesus wird zur Hinrichtung durch das Kreuz verurteilt	Jesus wird zur Hinrichtung durch das Kreuz verurteilt
Jesus nimmt das Kreuz auf sich	Jesus nimmt das Kreuz auf sich
Jesus spricht zum Kreuz und küsst es	Jesus spricht zum Kreuz und küsst es
Prozession	Prozession

Der Vergleich der Struktur der Passionen bekräftigt die Annahme, dass die *Passiun da Sumvitg* jener von Lumbrein nachgebildet worden sei. Der Autor der *Passiun da Sumvitg* übernimmt alle Szenen der *Passiun da Lumbrein*. Die *Verleugnung des Petrus* fasst er zu einer einzigen Szene zusammen. An den Anfang seiner Passion setzt er drei neue Szenen: den *Abschied Jesu von Maria*, den *Beschluss des Hohen Rates* und das *Letzte Abendmahl*.

Der Autor der *Passiun da Sumvitg* setzt aber andere Akzente und betont die Szenen anders als in Lumbrein. Die Verhörs-, Beratungs- und Gerichtsszenen erweitert er um ein Vielfaches. Er fügt protokollarische Momente ein *(Gesuch um Audienz bei Pilatus, Ankündigung der Gewährung der Audienz)*. Die Darstellung des höfischen Beamtenapparates und der rigiden Prozessordnung erstreckt sich über weite Teile des Dramas.

Ganz anders verfährt der Autor der *Passiun da Sumvitg* mit den Szenen, die ausserhalb der Gerichts- und Versammlungsräume stattfinden. Die *Verleugnung durch Petrus*, in Lumbrein noch zweiteilig, fasst er zu einer einzigen Szene zusammen, ebenso das *Gebet am Ölberg* und die *Gefangennahme Jesu*. Das *Letzte Abendmahl*, die *Gefängnisszene*, das *Anziehen des Narrengewandes*, die *Geisselung und Dornenkrönung Jesu* werden stark gekürzt und wirken wie Einschübe in ein langes Gerichtsdrama.

Diese unterschiedliche Gewichtung der Szenen ist nicht nur eine quantitative Verschiebung. Sie ist vielmehr Ausdruck einer veränderten Geisteshaltung, die andere Schwerpunkte setzt. Die Intention des Autors aus Sumvitg ist anders und neu. Dazu einige Anmerkungen.

Der Autor der *Passiun da Sumvitg* interessiert sich für den Prozess Jesu. Er will wissen, wie es geschehen konnte, dass ein Unschuldiger hingerichtet wird. Darum erdenkt er sich ein mögliches Szenario für die Verurteilung Jesu. Er sucht eine plausible, konkrete Erklärung für einen irdischen, reellen Vorgang.

Den Autor interessiert nicht so sehr der Heilsplan Gottes. Jesu Tod ist nicht der Triumph des Teufels, sondern das Ergebnis der Machenschaften des Kajaphas. Und dieser ist kein Teufel, sondern ein raffinierter Machtmensch, der sich der Religion bedient, um seine Ansprüche zu legitimieren.

Raban (a Joseph)	Raban (zu Joseph)
Ti! ti! has schon faigt suspect; jeu ti dig cun tut rispecth; pertgei cha ti adina dafendas sia Doctrina, Cura ca jessus la sinagoga, sbetta e vol mussar inautra vetta.	Du! Du warst mir schon verdächtig, ich sag es dir mit allem Respekt, weil du immer seine Lehre verteidigst, wenn Jesus die Synagoge verwirft und ein anderes Leben zeigen will.
Caifas	Kajaphas
Curra che el avon il Pievel requienta nos defects per render anus suspects, e quel better e metter sut surra glientier testamen.[230]	Wenn er vor dem Volk von unseren Lastern erzählt, um uns unglaubwürdig zu machen und um das ganze Gesetz zu verwerfen und auf den Kopf zu stellen.

---

230 Decurtins. *Passiun da Sumvitg*. Chrestomathie. XIII. Band. S. 31.

Die Kontrahenten dieses Prozesses sind klar definiert. Auf der einen Seite steht der jüdische Hohe Rat, eine konservative Instanz, die um ihr Ansehen und ihren Einfluss besorgt ist. Jesus bedeutet für sie eine Gefahr, weil er ihre Autorität untergräbt. Hannas gibt dies in einer Beratung unumwunden zu.

ANNAS	HANNAS
Scha jeu dues dir la vardat; nossa sinagoga en prigel stad. Nus offizials et spirituals essen ussa paug respectai, gie bunameing sbitai, perquei che quest faulzs profet de nazareth Con sia doctrina il Pievel engona.[231]	Wenn ich die Wahrheit sagen soll, schwebt unsere Synagoge in Gefahr. Wir Beamten und Priester sind jetzt wenig geachtet, ja fast verachtet, weil dieser falsche Prophet aus Nazareth mit seiner Lehre das Volk betrügt.

Auf der anderen Seite stehen die weltlichen Herrscher, Herodes und Pilatus. Sie sind beides vernünftig denkende Menschen mit ausgeprägtem Rechtsbewusstsein. Sie scheren sich nicht um religiöse Dinge. Pilatus gibt zu, Moses nicht zu kennen.

PILATUS	PILATUS
Moisses ei anus nuot enconoschens; nus savein nuot della vetta de Moisses.[232]	Moses ist uns nicht bekannt; wir wissen nichts über das Leben von Moses.

Die Hohepriester versuchen, Pilatus und seine Beamten zu beeindrucken und erzählen ihnen von den ägyptischen Plagen, die Moses hervorgerufen habe. Aber die Römer sind dem Wunderglauben nicht zugetan.

LISIAS	LISIAS
Vus esses bein enfeltis umens, Che vus Carteits a mintga fiabla de vies Moisses.	Ihr seid doch einfältige Männer, wenn ihr an jede Fabel eures Moses glaubt.
PAUSANIAS	PAUSANIAS
Tuttas quellas de vus pretendeïdas miraclas, ch duessen vegies faig aron e Moisses, tenort vies dir, han era faiitg suenter ils striuns.[233]	Alle diese von euch behaupteten Wunder, die Aaron und Moses nach euren Aussagen gemacht haben sollen, haben auch die Zauberer nachgemacht.

---

231 DECURTINS. *Passiun da Sumvitg*. Chrestomathie. XIII. Band. S. 29–30.
232 DECURTINS. *Passiun da Sumvitg*. Chrestomathie. XIII. Band. S. 46.
233 DECURTINS. *Passiun da Sumvitg*. Chrestomathie. XIII. Band. S. 46.

II. Die Dramentexte

Wunder sind keine Beweise für die Existenz Gottes, sondern einfache Zauberei. Die Religionszugehörigkeit spielt keine Rolle. Die Argumente der Hohepriester haben vor Pilatus kein Gewicht, ihr Glaube interessiert seine Beamten nicht im Geringsten.

DIARABIAS Dieus ha sezs plidau cun Moises.	DIARABIAS Gott hat selbst mit Moses gesprochen
SAMECH Et ha dau 10 Comondamens sin 2 tablas crap.	SAMECH Und hat (ihm) zehn Gebote auf zwei Steintafeln gegeben.
SAPINUS Quei lasch jeu avus tier.	SAPINUS Das kann ich euch zugestehen.
PAUSANIAS Tgei aber inporta quei?	PAUSANIAS Aber was spielt das für eine Rolle?
LISIAS Nus essan bucca obligai de crer, quei che vus requinteis de Moyses.[234]	LISIAS Wir sind nicht verpflichtet zu glauben, was ihr über Moses erzählt.

Am Hofe des Herodes kennt man Jesus. Der vergnügungssüchtige Herrscher schätzt ihn um seiner menschlichen Qualitäten willen und verteidigt Jesus gegen die Meinung der Hohepriester.

RABAN El ei in fauls profeth.	RABAN Er ist ein falscher Prophet.
HERODES Quei ei bucca de crer auter che, schei veing enpruau. Leusperas veing Nus era udiu, che quest jesus Cau presens meini ina veta zun strengia e chun grondas giginas e mortificatiuns.[235]	HERODES Das ist nicht zu glauben, ausser wenn es bewiesen wird. Ausserdem haben wir auch gehört, das dieser hier anwesende Jesus ein sehr strenges Leben führe mit grossen Fastenübungen und Selbstkasteiungen.

---

[234] DECURTINS. *Passiun da Sumvitg*. Chrestomathie. XIII. Band. S. 46.
[235] DECURTINS. *Passiun da Sumvitg*. Chrestomathie. XIII. Band. S. 57.

In Herodes Augen ist Jesus der Idealbürger schlechthin, der für alle ein gutes Beispiel abgibt.

HERODES	HERODES
Plinavon eisei anus vigniu requintau, chel detti a tut il pievel zun bein exempel tras sia buna veta et exemplars deportaments.[236]	Ausserdem wurde uns erzählt, dass er dank seiner guten Lebensführung und seinem vorbildlichen Betragen dem ganzen Volk mit gutem Beispiel vorangehe.

In der *Passiun da Sumvitg* tritt eine vernünftige, rechtsbewusste, tolerante Partei gegen eine machthungrige, ängstliche und legalistische Gruppierung an, die keine Scheu hat, den Kampf mit unlauteren Mitteln zu gewinnen. Jesus gehört eindeutig zur Vernunftspartei. Er erfüllt alle Kriterien eines braven Bürgers und trägt zum sozialen Wohlbefinden bei. Seine Göttlichkeit ist nicht wirklich Gegenstand des Prozesses. Nicht einmal Jesus äussert sich dazu. Sein Glaube ist Privatsache.

In der *Passiun da Sumvitg* kämpft die Neue Zeit gegen die Alte Zeit, die Aufklärung gegen den barocken Absolutismus.

Das alte System kämpft um sein Überleben. Es ist moralisch längst ausgehöhlt. List und Erpressung halten es gerade noch am Leben. Die neue Zeit hat sich von den alten Wertvorstellungen getrennt. Niemand kann verurteilt werden, wenn es keine vernünftigen Gründe dafür gibt. Und der Glaube allein ist kein vernünftiger Grund. «Wir sind nicht verpflichtet zu glauben, was ihr uns über Moses erzählt»[237] sagt der römische Beamte.

Zwischen den Fronten steht Jesus. Er sagt nichts. Er versucht keinen Anspruch geltend zu machen. Alles, was über ihn ausgesagt wird, gibt er an den Fragenden zurück – und gibt damit seinen Platz auf.

Die Entstehung der *Passiun da Sumvitg* fällt in die Zeit der einsetzenden Aufklärung. Der Autor der *Passiun da Sumvitg* versucht, den Prozess Jesu glaubhaft darzustellen. Es ist die Zeit, in der auch die historische Leben-Jesu-Forschung einsetzt und mit rationalistischen Erläuterungen versucht, die Wundergeschichten zu erklären.

Er zeichnet eine weltliche Macht, die eine vernünftige Religion als Privatsache toleriert, solange ihre Träger brave Bürger sind und ihren Zeitgenossen mit gutem Beispiel vorangehen. Es ist die Zeit, in der das Bürgertum

---

236 DECURTINS. *Passiun da Sumvitg*. Chrestomathie. XIII. Band. S. 57.
237 DECURTINS. *Passiun da Sumvitg*. Chrestomathie. XIII. Band. S. 46.

erstarkt, der Josephinismus aufblüht und Glaube sich in pietistischen Bewegungen äussert.

Der Autor zeichnet schliesslich den Verfall der alten Systeme, die sich durch List und Gewalt ihre Macht sichern. Es ist die Zeit, in der der Absolutismus zerbröckelt, die politische Macht der Kirche zerfällt und restaurative Tendenzen versuchen, ihre ursprüngliche Macht zu bewahren.

Es ist naheliegend, die letzte Redaktion der *Passiun da Sumvitg* in der zweiten Hälfte des 18. Jahrhunderts anzusiedeln. Sie wäre dann mit grosser Wahrscheinlichkeit ein Werk von Pfarrer Augustin Tgetgel aus Sumvitg. Pader Placi a Spescha, einer der bedeutendsten Vertreter der Aufklärung im Bündner Oberland, zählt Tgetgel zu den wichtigsten Schriftstellern seiner Zeit. Und schliesslich passt auch noch eine Charaktereigenschaft des Pfarrers von Sumvitg, die Deplazes überliefert, hervorragend in dieses Bild, nämlich das Tgetgel bisweilen «allzu offen gewesen sei, was ihm in jungen Jahren oft Schwierigkeiten eingebracht habe».[238]

---

238 «El fuvi ‹beinduras memiazun aviarts, quei che hagi caschunau ad el en giuvens onns beinduras difficultads.›» – DEPLAZES. *Passiuns*. S. 66–67.

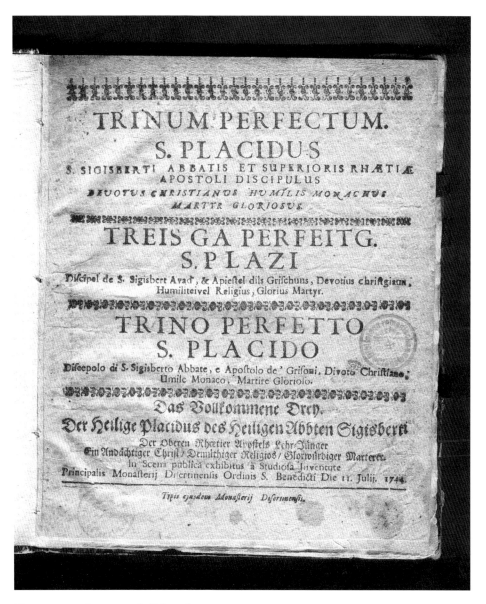

Trinum perfectum. S. Placidus
Titelseite der Perioche. 16,5 x 20 cm.

II. Die Dramentexte

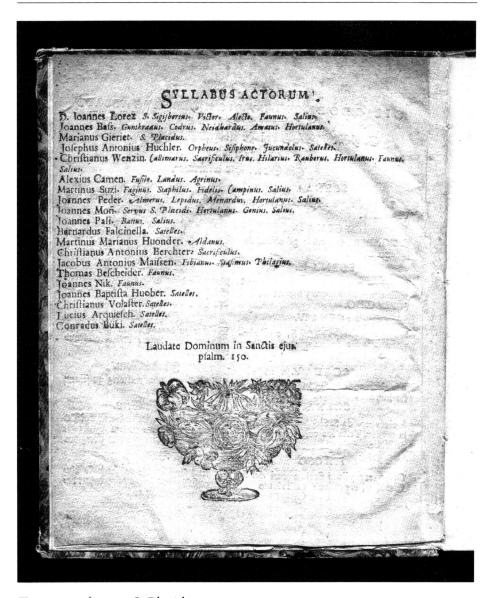

Trinum perfectum. S. Placidus
Rollenverzeichnis der Perioche. 16,5 x 20 cm.

5 Das Drama *Trinum perfectum. S. Placidus*

Das Drama *Trinum perfectum. S. Placidus* erzählt die Geschichte der Klosterpatrone der Benediktinerabtei Disentis, Placidus und Sigisbert.

Sigisbert, ein Mönch, gelangt in die Disentiser Einöde, um dort das Evangelium Jesu Christi zu verkünden. Einer seiner ersten Schüler ist Placidus, ein vornehmer Einheimischer, der eifrig den Lehren des Missionars lauscht. Placidus lässt sich taufen und schenkt seine Habe dem Mönch, damit er ein Kloster baue. Er tritt dem Orden bei und lässt sich zum Priester weihen. Aber der böse Tyrann Victor, Graf von Chur, neidet dem Mönch seinen Erfolg und reisst die Güter des Klosters an sich. Sigisbert schickt Placidus zum Grafen, damit er ihn von seinen Lastern abbringe. Aber kaum hat Placidus Victor den Rücken gekehrt, wird er von dessen Schergen meuchlings enthauptet. Und nun geschieht das Wunder: Placidus erhebt sich, nimmt den Kopf auf den Arm und trägt ihn zurück ins Kloster, wo er von Sigisbert empfangen wird und stirbt. Der böse Graf aber stürzt in den Rhein und geht elend zugrunde.

Nach Pater Iso Müller kennzeichnet der Titel *Trinum Perfectum* das Werk als Drama des Barocks.

> Der Titel des Werkes: *Trinum Perfectum* geht auf die Dreizahl zurück, die sowohl in der Antike als Aufteilungstechnik als auch im Mittelalter als Trinitätszahl sehr volkstümlich war. Der Barock liebte die Dreizahl in Theatertiteln. So führte man 1628 in Luzern auf: *Tria castitatis lilia* und in Konstanz 1652: *Drei vollkommene Männer*. [...] Auch nach unserem Schauspiel in Disentis komponierte der Luzerner Leonti Meyer 1763 unter dem Titel: *Omne Trinum Perfectum* eine Trinitätsmesse und Vespern. Im Disentiser Stück handelt es sich nicht um drei Personen, sondern wohl um die drei Akte, die dem hl. Placidus gewidmet sind.[239]

Im Verlauf dieser Arbeit wird die Bezeichnung *Sogn Placi* nach der romanischen Überschrift des Dramas verwendet.

---

239 MÜLLER. *Studententheater*. S. 251–252.

II. Die Dramentexte

5.1 Überlieferungsgeschichte und Textbefund

Das Drama *Treis ga perfeitg. S. Plazi* wurde in den Jahren 1744 und 1746 in der Benediktinerabtei Disentis gegeben.[240] Der Text des Dramas ist nicht erhalten. Hingegen bewahrt die Klosterbibliothek ein Exemplar der Perioche, des gedruckten Theaterprogrammes, auf. Die Perioche gibt den Aufbau, den Inhalt und die Liste der Akteure wieder.

5.1.1 Beschreibung der Perioche
Die Perioche umfasst zehn Seiten. Die Höhe des Heftes beträgt 20 cm, die Breite 16,5 cm. Es ist nicht mehr feststellbar, ob die fünf in der Mitte gefalteten Blätter ursprünglich gebunden waren oder ob sie nur lose ineinandergelegt wurden.

Das Programmheft besteht aus Titelseite (S. 1), Inhaltsangabe (S. 2 bis 3), Übersicht über die Akte und Szenen (S. 4 bis 9) und einem Verzeichnis der Spieler mit den ihnen zugeteilten Rollen. Ausser dem Rollenverzeichnis sind alle Teile des Programmheftes in vier Sprachen aufgeführt, nämlich in Latein, Rätoromanisch, Italienisch und Deutsch. Die Liste der Schauspieler enthält ausschliesslich lateinische Rollenbezeichnungen.[241]

Die Inhaltsangabe in der Perioche trägt die Quellenangabe «Bucelin, Mabillon, Chron.etc.».[242] P. Iso Müller hält die Nennung des Gelehrten Mabillon für schmückende Beigabe. Als zuverlässige Quelle zieht er sie in Zweifel.[243]

5.1.2 Aufbewahrungsort
Die Perioche mit der Überschrift *Trinum perfectum. S. Placidus S. Sigisberti Abbatis ed superioris Rhaetiae Apostoli discipulus devotus christianus humilis monachus martyr gloriosus : In Scena publica exhibitus à Studiosa Juventute Principalis Monasterij Disertinensis Ordinis S. Benedicti Die 11. Julij. 1744.* wird in der rätoromanischen Bibliothek der Benediktinerabtei Disentis/Mustér aufbewahrt.

---

240 Vgl. MÜLLER. *Studententheater*. S. 257.
241 Vgl. Peri.PLACIDUS.Disent. S. 10.
242 Peri.PLACIDUS.Disent. S. 2.
243 Vgl. MÜLLER. *Studententheater*. S. 252.

5.1.3 Datierung
Das Programmheft lässt sich genau datieren, denn die Aufführung, auf die es sich bezieht, fand am 11. Juli 1744 in Disentis statt.[244] Das Programmheft wurde kurz zuvor gedruckt, denn es benennt die Rollenbesetzung.

5.1.4 Der Autor des *Sogn Placi*
Das Programmheft erteilt keinerlei Auskünfte über den Autor des Dramas. Auch die Überlieferung nennt keinen Verfasser des Dramas. Dennoch ist die Annahme, Pater Maurus Wenzin habe das Stück verfasst, sehr wahrscheinlich. Wenzin hatte sich schon früher mit dem Leben und den Wundern der Hll. Placidus und Sigisbert befasst.[245]

> Im übrigen aber fehlen uns eigentliche Beweise für die Autorschaft Wenzins. Man kann höchstens seine geistige Ambiente als den sicheren Hintergrund des ganzen Theaters ansehen.[246]

5.1.5 Aufführungen
Vom Placidus-Drama sind zwei Aufführungen bekannt. Das Stück wurde erstmals am 11. Juli 1744, am Hochfest der Klostergründer Placidus und Sigisbert, gespielt. Der Erfolg der Aufführung war gross.[247] Deswegen wurde das Spiel zwei Jahre später wiederholt.

Darsteller der Aufführung vom 11. Juli 1744
Auf der letzten Seite der Perioche steht der *Syllabus Actorum*. Hier sind alle Darsteller samt den Rollen, die sie spielten, aufgeführt. P. Iso Müller kommentiert den *Syllabus* in seinem Aufsatz über das Disentiser Studententheater.[248]

> Im ganzen waren es 19 Schauspieler, doch keineswegs alle als eigentliche Rollenträger. Manche traten nur in Gruppen auf, so sechs Tänzer und sechs Leibwächter, einer war nur als Waldgott, ein anderer nur als Aldanus, wieder ein dritter nur als Sacrificulus zu sehen. Aber auch die Placidus-Rolle genügte für einen einzelnen, da sie jedenfalls bedeutend war. Die übrigen hatten mehrere Rollen darzustellen, so präsentiert sich Wenzin in acht, Bass,

---

244 Vgl. Peri.Placidus.Disent. S. 1.
245 Vgl. Müller. *Studententheater*. S. 257.
246 Vgl. Müller. *Studententheater*. S. 257.
247 Vgl. Müller. *Studententheater*. S. 257.
248 Vgl. Müller. *Studententheater*. S. 254–257.

Lorez, Peder und Sozzi in je fünf, Huchler und Monn in je vier, Camen und Maissen in je drei und Pali in zwei Rollen. Also hatten 10 Spieler mehr als eine Rolle inne. Wenigstens ein Dutzend der 19 Spieler war sicher oder wahrscheinlich Klosterstudenten, die Theologen bzw. Fratres einbegriffen. Der Rest war, wenn nicht auch Studenten, so doch aus den Bewohnern (vielleicht Bedienten) des Klosters oder des Dorfes genommen. In der Hauptsache war es mithin klösterliches Studententheater.[249]

Aufführungsort
Gadola geht davon aus, dass das Drama im Freien gegeben wurde.[250] Dafür sprechen folgende Argumente:
(1) Die Bezeichnung auf der ersten Seite des Programmheftes «In scena publica exhibitus à studiosa Juventute»[251] bezeichnet im Zeitalter des Barock eine Aufführung, die im Freien gegeben wurde.[252]
(2) Die Viersprachigkeit der Perioche weist auf eine zahlreiche Zuschauerschaft hin; für eine kleine, private Aufführung in einem geschlossenen Raum hätte man auf ein so ausführliches Programm verzichtet.[253]
(3) Der patriotisch-religiöse Stoff des Stückes war von allgemeinem Interesse. Der Festtag der Heiligen Placidus und Sigisbert brachte zudem auch ohne Theatervorstellung eine grosse Volksmenge nach Disentis, so dass von der Hypothese einer Freilichtaufführung ausgegangen werden muss.[254]

Die Bühne war wahrscheinlich vor dem Kloster aufgestellt, wo die Prozession mit den Heiligenreliquien endete.[255]

Musik
Das Placidus-Drama bietet mehrere Möglichkeiten für den Einsatz von Musik. Die Perioche benennt zwei Chöre und zwei Tänze. Wie diese Szenen ausgeführt wurden, kann indes aus der Perioche nicht erschlossen werden. Chronikalische Angaben fehlen auch hier.

---

249 MÜLLER. *Studententheater*. S. 256–257.
250 «Nus supponin che la representaziun seigi vegnida dada orasut tschiel aviert.» – «Wir gehen davon aus, dass die Vorstellung unter freiem Himmel gegeben wurde.» – GADOLA. *Historia. Emprema perioda*. S. 39.
251 Peri.PLACIDUS.Disent. S. 1.
252 Vgl. GADOLA. *Historia. Emprema perioda*. S. 40.
253 Vgl. GADOLA. *Historia. Emprema perioda*. S. 40.
254 Vgl. GADOLA. *Historia. Emprema perioda*. S. 40.
255 Vgl. MÜLLER. *Studententheater*. S. 257.

Die Aufführung vom 11. Juli 1746
Am 11. Juli 1746 wurde das Stück wiederholt. Damals war Nuntius Philippo Accaiajuoli zu Besuch. Die Bühne war unterhalb des Klosters, auf einer Wiese aufgestellt.

> Der erste Akt wurde in italienischer Sprache zu Ehren des hohen Gastes, der zweite in deutscher Sprache für Kloster und Schule, der dritte in romanischer Sprache für das Volk vorgeführt. Dazwischen erklang nicht nur Musik, sondern es gelangte auch das *Opfer Abrahams* in lateinischer Sprache zur Darstellung.[256]

Der Bericht des Nuntius über die Aufführung in Disentis berichtet von einem komischen Zwischenfall bei der Enthauptung des Placidus.

> Der Spieler der Placidus-Rolle vergass nämlich zu Boden zu sinken, nachdem sein Kopf schon lange dort lag. Da bemühte sich der Souffleur mit einer Stimme, die allen Zuschauern vernehmbar war, den Effekt doch noch herzubringen. Schliesslich erreichte er sein Ziel, indem der Darsteller endlich hinfiel.[257]

---

256 MÜLLER. *Studententheater*. S. 257.
257 MÜLLER. *Studententheater*. S. 257–258.

5.2 Darstellung des Inhaltes

5.2.1 Titel

TRINUM PERFECTUM.
S. PLACIDUS
S. SIGISBERTI ABBATIS ET SUPERIORIS RHAETIAE
APOSTOLI DISCIPULUS
DEVOTUS CHRISTIANUS HUMILIS MONACHUS
MARTYR GLORIOSUS

TREIS GA PERFEITG.
S. PLAZI
Discipel de S. Sigisbert Avad, & Apiestel dils Grischuns, Devotius christgiaun,
Humiliteivel Religius, Glorius Martyr.

TRINO PERFETTO
S. PLACIDO
Discepolo di S. Sigisberto Abbate, e Apostolo de' Grisoni, Divoto Christiano.
Umile Monaco, Martire Glorioso.

Das vollkommene Drey.
Derr Heilige Placidus des Heiligen Abbten Sigisberti
Der Oberen Rhaetier Apostels Lehr=Jünger
Ein Andächtiger Christ/Demüthiger Religios/Glorwürdiger Marterer.
In scena publica exhibitus à Studiosa Juventute
Principalis Monasterij Disertinensis Ordinis S. Benedicti Die 11. Julij. 1744.
Typis ejusdem Monasterij Disertinensis.

5.2.2 Rollenverzeichnis

Der *Syllabus Actorum* nennt an erster Stelle den Namen des Darstellers. Auf der rechten Seite der Tabelle werden die Rollen hinzugefügt, die der namentlich genannte Spieler verkörpert.

D Joannes Lorez	S. Sigisbertus. Victor. Alecte. Faunus. Salius.
Ioannes Bass	Gunthradus. Codrus. Neidhardus. Amatus. Hortulanus.
Marianus Gieriet	S. Placidus.
Josephus Antonius Huchler	Orpheus. Sisiphone. Jucundlous. Satelles.
Christianus Wenzin	Callimarus. Sacrificulus. Irus. Hilarius. Rauberus. Hortulanus. Faunus. Salius.
Alexius Camen	Fusilo. Landus. Agrinus.
Martinus Suzi	Faginus. Staphilus. Fidelis. Campinus. Salius.
Ioannes Peder	Almerus. Lepidus. Menardus. Hortulanus. Salius.
Joannes Monn	Servus S. Placidi. Hortulanus. Genius. Salius.
Joannes Pali	Battus. Salius.
Bernardus Falcinella	Satelles.
Martinus Marianus Huonder	Aldanus.
Christianus Antonius Berchter	Sacrificulus.
Jacobus Antonius Maissen	Fibianus. Stasimus. Philagius.
Thomas Bescheider	Faunus.
Joannes Nik	Faunus.
Joannes Baptista Huober	Satelles.
Christianus Volaster	Satelles.
Lucius Arquiesch	Satelles.
Conradus Büke	Satelles.

Die Rollen sind durch Namen gekennzeichnet, die grösstenteils lateinischen, einige wohl auch germanischen Ursprungs sind. Funktionen werden keine genannt. Was die Namen im Schauspiel bedeuten, ist nicht mehr nachzuvollziehen, zumal die Perioche den meisten Namen keine dramatische Funktion zuteilt.

5.2.3 Der deutsche Wortlaut der Perioche
Inhaltsangabe[258]

> INNHALT
> Der h. SIGISBERTUS ist unter anfüherung des h. COLUMBANS mit dem h. GALLO und anderen auss Schottland gezogen. Als aber COLUMBANUS über die hoche Alpen in Welschland sich begabe, verblibe SIGISBERTUS alldorten nache bey dem ursprung des Rheins und verkündigt Christum denen Oberen Rhaetieren Deren apostel Er billich genennet wirdt. Unter dessen Ersteren Lehr-Jüngeren stellete sich PLACIDUS ein vornemmer Herr welcher nicht nur den wahren Glauben sonderen auch den Geistlichen Ordens-Habit angenommen und sein Vermögen zu Stiftung des neuwen Klosters Disentis Gott und Mariae vergabet hat. Auss neyd und geitz risse VICTOR der Graff von Chur solche Geistliche Guetter an sich. Von disen und anderen lasteren Ihne abzuhalten ware PLACIDUS von SIGISBERTO abgesendet. Allein aus der Tyrannen befelch wurde Ihme auff der zurukreis das Haubt abgeschlagen welches Er mit grösstem wunder Selbsten auffhebte und als ein Sigzeichen der H. Gerechtikeit und Gehorsamme seinem Abbten zutragte. Da Er herrlich empfangen und beygesetzet worden umb das Jahr Christi 630. VICTOR aber ist auss Göttlicher Rache in den Rhein gestürtzet zu grundt gangen. Beeder HH. Reliquien werden annoch in dem gottshauss Disentiss aufbehalten und mit grossen zulauff des Volkhs verehret. Bucelin. Mabillon. Chron.[259]

Prolog und erster Akt
Prologo
Orpheus beweint die wilde unfruchtbare Einöde welche er aussauberet und anbauet mit Verwunderlicher Veränderung der wald-Götter in Menschen.

Atto I.
S. PLACIDUS des SIGISBERTI **Lehr-Jünger**
Ein Andächtiger Christ.

---

258 Diese Seite des Programmheftes ist in zwei Spalten eingeteilt, von denen die linke die italienische, die rechte die deutsche Fassung der Placidus-Legende enthält.
259 Peri.PLACIDUS.Disent. S. 3.

Erste Scen.
Der H: SIGISBERTUS Prediget das worth Gottes in Oberen Rhetien.
Anderte Scen.
Und nimmet unter seinen ersten Jüngeren auf den H. PLACIDUS.
Dritte Scen.
Er Vertilget dess Jupiters Götzen-bild.
Vierte Scen.
Die höllische Furien wuetten und Toben darüber; aber vergebens.
Fünfte Scen.
PLACIDUS wird in dem H. Tauffwasser gereiniget.
Sechste Scen.
Und gibet den armen grosse Allmosen aus.
Erster Chor.
Die Wuesten wird in einen garten verändert und mit unterschidlichen pflänzlein besetzet.
Tanz der Gärtner.[260]

Zweiter Akt
Atto II.
S. PLACIDUS des SIGISBERTI
Lehr-Jünger
Ein Demüetiger Religios.

Erste Scen.
Der H. PLACIDUS bekommet einen ekel ab der Weltth und sehnet nach einem Vollkommenen Standt.
Anderte Scen.
Begehret demnach und erhaltet von dem H. SIGISBERTO in den H. Orden aufgenohmen zu werden.
Dritte Scen.
Indessen wirdt Er von einigen welth-Kinderen ausgelachet.
Vierte Scen.
Er vergabet all sein haab und guett zu stüfftung dess neuen Gottshaus zu Disentis.
Fünfte Scen.
Und ergibet sich selbsten gäntzlich denen Gaistlichen Uebungen.
Sechste Scen.
Wirdt auch Priester und von dem H. SIGISBERTO zur Apostolischen arbeit gebrauchet.
Zweiter Chor.
Orpheus erfreuet sich sehr ab seinem bluendten Garten welchen er von dem unkraut sauberet.
Zweiter Tanz der Gärtner.[261]

---

260 Peri.PLACIDUS.Disent. S. 5.
261 Peri.PLACIDUS.Disent. S. 7.

Dritter Akt und Epilog
Atto III.
S. Placidus des H. Abbten Sigisberti
Lehr-Jünger
Ein Glorreicher Marterer.

Erste Scen.
Des Victor Graffen von Chur Neid und Rauberey.
Anderte Scen.
Der H. Sigisbertus tröstet die von Victor verfolgte.
Dritte Scen.
Und da diser auch des Gottshausess Guetter anfallet schicket Er an Ihn den H. Placidum.
Vierte Scen.
Welcher zu dem Graffen gehet und selbigem seine laster und Gottsraub vorhaltet.
Fünfte Scen.
Wird aber in dem ruckweg zu seinem Kloster gemarteret.
Sechste Scen.
Und von dem H. Sigisberto empfangen Demme Er sein Haubt mit eignen händen zutraget und übergibet.
Beschluss.
Orpheus samblet die vollkomneste blumen auss seinem Garten und richtet davon einen Triumpf auf.[262]

5.3 Gliederung, Struktur und Rekonstruktion der Handlung

5.3.1 Akt- und Szeneneinteilung
Das Drama *Sogn Placi* umfasst einen Prolog, drei Akte und einen Epilog. Die Akte bestehen aus jeweils drei Szenen, einem Chor und einem Tanz der Gärtner. Der dritte Akt schliesst nicht mit Chor und Tanz, sondern mit dem Epilog. Der Epilog ist als Triumph gestaltet.

5.3.2 Ort der Handlung
Der erste und der zweite Akt spielen in der Einöde des Waldes, in dem die Götter der Heiden wohnen. An Stelle der Götzenbilder errichtet Sigisbert ein Gotteshaus.

---

262 Peri.Placidus.Disent. S. 9.

Der dritte Akt benötigt mehrere Schauplätze. Die erste Szene zeigt den Grafen Viktor auf seinen Raubzügen. Ein genauer Schauplatz ist nicht benannt. In der zweiten Szene tröstet Placi die Beraubten. In der dritten Szene beauftragt Sigisbert Placi, den Grafen Viktor aufzusuchen. Dies kann in der Umgebung des Klosters geschehen. Die vierte Szene spielt im Haus des Grafen Viktor. Die fünfte Szene spielt auf dem Weg zwischen dem Schloss und dem Kloster, die sechste im Kloster selbst.

5.3.3 Anmerkung zur Rekonstruktion des Dramas

Guglielm Gadola hat das Drama *Sogn Placi* anhand der Perioche rekonstruiert. Die folgende Übersicht fasst seine Darstellung zusammen.[263]

I. Akt

Der erste Akt zeigt den heiligen Placidus als Schüler des heiligen Sigisbert. Placidus wird ein guter und frommer Mensch.

1. Szene

Sigisbert kommt als fremder Pater in den grossen und dunklen Wald der Desertina und verkündet das Evangelium. Die alten Rätoromanen, damals noch Heiden, versammeln sich um ihn, hören ihm zu, schütteln den Kopf und gehen auseinander. Gadola[264] vermutet, dass diese erste Szene auch einen interessanten Disput zwischen dem fremden Pater und dem einen oder anderen der Heiden enthielt.

2. Szene

Das Wort Gottes findet in den Herzen der Menschen aus der Umgebung von Disentis ein starkes Echo. Sie erzählen das neue Evangelium ihrem adligen Herrn Placi de Surrein. Placi erscheint in Begleitung einer grossen Volksmenge bei Sigisberts Hütte.

Sigisbert tritt aus seiner Zelle, das Kreuz in der Hand und erzählt von Christus, dem Erlöser der Welt. Er ist von seiner heiligen Mission überzeugt. Placi wird von seinen Worten berührt und bekehrt sich zu Gott. Placi

---

263 Unsere Darstellung bezieht sich v.a. auf die Rekonstruktion des Dramas, die G. Gadola im ersten Teil seiner *Historia dil teater romontsch* nachzeichnet. – GADOLA. *Historia. Emprema perioda.* S. 30–39.
264 Vgl. GADOLA. *Historia. Emprema perioda.* S. 32.

bleibt in der Hütte bei Sigisbert, um den schönen Glauben vom göttlichen Erlöser besser kennenzulernen.

3. Szene
Als neuer Mensch erscheint Placi wenig später im Wald, begleitet von einer grossen Menge, und zerstört mit einem Beil die Jupiterstatue, die dort aufgestellt ist. Der Tempel der falschen Götter wird zerstört, und über die Ruinen setzt Placi das Kreuz, das Zeichen des Heiles.

4. Szene
Da ertönt plötzlich aus dem Wald ein fürchterliches Geheul und eine ganze Horde von Teufeln und Dämonen rennen herbei, als hätte sich die Hölle geöffnet. Doch Placi lässt sich vom Höllengezücht nicht einschüchtern. Als Sigisbert herbeieilt, verschwinden die Teufel so schnell, wie sie gekommen waren.

5. Szene
Placi fällt auf die Knie, erbittet von Sigisbert die Taufe und empfängt sie mit einer solchen Freude des Herzens, dass eine grosse Menschenmenge dasselbe tut und sich taufen lässt.

6. Szene
Um den Tag feierlich zu beschliessen, vollbringt Placi sein erstes grosses christliches Werk und verteilt reiche Almosen.

Chor und Tanz
Nach dieser berührenden Szene singt der Chor der Gärtner ein Freudenlied darüber, dass aus der Einöde ein Blumengarten geworden ist. Die Freude geht soweit, dass die Sänger ihr Lied mit einem lustigen Tanz beenden. – So weit der erste Akt.

II. Akt
Der zweite Akt, der Placi als Sigisberts Schüler zeigt, enthält viel weniger Handlung, dafür aber mehr verinnerlichte Momente.[265]

---

265 Vgl. GADOLA. *Historia. Emprema perioda.* S. 35.

1. Szene
Placi vertieft sich immer mehr in die Glaubensgeheimnisse und trachtet nach einem vollkommeneren Leben.

2. Szene
Aber er findet keine Ruhe und entscheidet sich, ins Kloster zu gehen, wo er vom kleinen Konvent herzlich empfangen wird.

3. Szene
Placi hat gegen allerlei Versuchungen anzukämpfen, die ihn von seinem Entschluss abbringen wollen. Doch er bleibt standhaft.

4. Szene
Placi tritt, nur von seinem Diener begleitet, in den Orden ein und verschenkt in einem feierlichen Akt sein ganzes Hab und Gut, damit in Disentis ein Kloster gebaut werde.

5. Szene
Nachdem er der Welt entsagt hat, widmet sich Placi geistlichen Übungen.

6. Szene
Die Krönung seines monastischen Lebens ist der Tag seiner Priesterweihe, an dem er Begleiter und priesterlicher Bruder seines Meisters wird. An diesem festlichen Tag lassen sich einige der hartnäckigsten Heiden taufen.

Chor und Tanz
Orpheus freut sich über die Bekehrungen. In seinem Garten wachsen die schönsten Blumen, und das Unkraut – die Heiden – wird entfernt. Der Chor singt. Die hinzukommenden Gärtner freuen sich so sehr, dass sie sich Kränze aus den Blumen winden, sich selbst damit schmücken und einen lustigen Tanz aufführen.

III. Akt
Der dritte Akt ist der weitaus dramatischste und enthält die meisten Handlungsmomente. Er erzählt von Placis Martyrium.

1. Szene
Placis Gegenspieler Viktor, der machthungrige Graf von Chur, entsendet

seine Söldner, um die Bauern und Händler auf den Strassen zu überfallen und auszurauben.

2. Szene
Die Beraubten gelangen zu Sigisbert und klagen ihm ihr Leid. Sigisbert besänftigt die aufgebrachten Landleute und verspricht, das Kloster werde sich um die Angelegenheit kümmern.

3. Szene
Aber Viktor gönnt selbst dem Kloster keine Ruhe und erklärt eines Tages alle klösterlichen Besitztümer zu seinen eigenen, auch die Schenkungen Placis.

4. Szene
Daraufhin macht sich Placi in der dritten Szene auf den Weg zu Viktor, um mit ihm zu sprechen. Als Placi in den Saal des Schlosses tritt, wo Viktor gerade tafelt, erhebt sich ein Gelächter; aber Placi, mutig und entschieden, hält den versammelten Bösewichten ihr schlechtes Leben vor.

5. Szene
Danach kehrt Placi nach Disentis zurück. Viktor lässt ihn jedoch verfolgen und auf der Strasse enthaupten.

6. Szene
Aber Placi nimmt den abgeschlagenen Kopf unter den Arm und begibt sich ins Kloster, wo er von Sigisbert empfangen wird.

Guglielm Gadola nimmt an, dass die Glocken der Klosterkirche bei der Rückkehr Placis läuteten. So berichtet es auch die Legende.

Epilog
Orpheus beschliesst das Stück, indem er die Blüten pflückt und einen triumphierenden Tanz aufführt. Die zwei Chöre runden das Spiel mit ihrem Gesang ab.

Die Rekonstruktion eines Dramas aus der Perioche ist problematisch. Es fehlt an Belegmaterial. Die Augenzeugenberichte sind spärlich. An keiner Stelle werden die Dimensionen der Inszenierung benannt. Es gibt keine Vergleichsbeispiele aus der Disentiser Theatertradition, geschweige denn besser dokumentierte Aufführungen. Die Rekonstruktion läuft Gefahr, Idealvorstellungen zu projizieren.

Dennoch hat sich ein bedeutendes Fragment der Aufführungen von 1744 und 1746 erhalten: die hier besprochene Perioche. Sie bezeugt den Darstellungswillen, den Stolz, die Offenheit und die Weltgewandtheit eines Ordens, der in der Lage war, Grenzen zu überschreiten, Sprachbarrieren zu überbrücken und Volksgruppen zu verbinden.

Das Drama *Sogn Gieri*

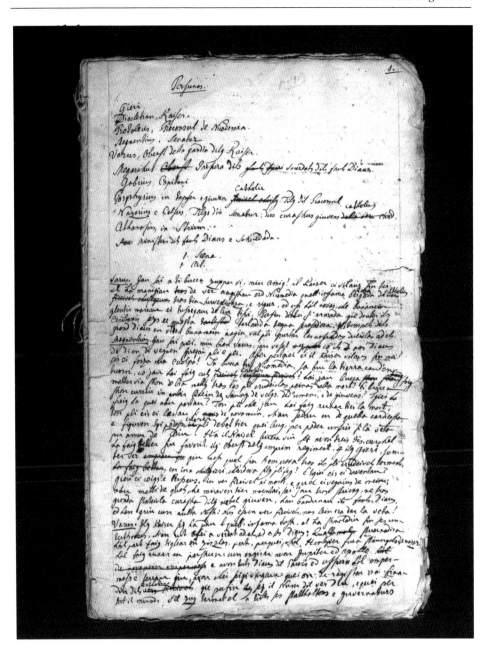

Sogn Gieri
Titelseite des Manuskriptes. 22 x 37 cm.

II. Die Dramentexte

Sogn Gieri
Letzte Seite des Manuskriptes. 22 × 37 cm.

6 Das Drama *Sogn Gieri*

Das Drama *Sogn Gieri* spielt am Hofe Kaiser Diokletians zur Zeit der grossen Christenverfolgung. Alle Versuche Diokletians, den Heiligen hinrichten zu lassen, scheitern. Gieri ersteht immer wieder zu neuem Leben. Massenbekehrungen sind die Folge. In seiner Verzweiflung bittet der Kaiser den Zauberer Athanasius um Hilfe: er soll Gieri mittels eines Zaubertrankes zum Weihrauchopfer vor den Götterstatuen bewegen. Aber auch der Zauber schlägt fehl. Völlig unerwartet erklärt sich nun Gieri bereit, den Göttern zu huldigen. Der Kaiser und der gesamte Hofstaat finden sich ein, um die Bekehrung des Heiligen mitzuerleben. Gieri aber verteidigt mit flammenden Worten und apologetischem Scharfsinn seinen Glauben und zerstört mit einem Gebet die Statuen der heidnischen Götter. Der Kaiser rast vor Wut und lässt die Henker kommen. Gieri und viele andere Christen erleiden erhobenen Hauptes den langersehnten Märtyrertod.

Guglielm Gadola, der Endecker und bislang einzige Bearbeiter der Handschrift *Sogn Gieri* beschreibt in seiner *Historia dil teater romontsch* das Drama *Sogn Gieri* als «das weitaus schönste und interessanteste Barockdrama, das wir [...] gefunden haben. Wir haben es hier wiederum mit einem völlig unbekannten Stück zu tun».[266]

Guglielm Gadola schreibt weiter, er trage sich mit dem Gedanken, das ganze Drama herauszugeben, da es qualitativ sehr hochwertig sei.[267] Andere Vorhaben müssen ihn indes von dieser Absicht abgebracht haben; denn eine Publikation kam nicht zustande.

---

[266] «Lunsch ora il pli bi ed interessant drama baroc, de quels che nus havein scuvretg il davos onn ei bein ‹Sogn Gieri›. Nus havein danovamein de far cheu cun in toc aunc dil tuttafatg nunenconuschents.» – GADOLA. *Historia. Secunda perioda*. S. 40.

[267] «Mo nus essan seresolvi de publicar in di igl entir toc, essend che la qualitad de quel mereta de vegnir enconuschenta!» – «Aber wir haben uns entschlossen, eines Tages das ganze Stück herauszugeben, da die Qualität des Stückes es verdient, bekanntgemacht zu werden!» – GADOLA. *Historia. Secunda perioda*. S. 44.

II. Die Dramentexte

6.1 Überlieferungsgeschichte und Textbefund

Guglielm Gadola hat die Handschrift *Sogn Gieri* im Jahre 1931[268] in der rätoromanischen Bibliothek des Klosters Disentis entdeckt und untersucht. Er geht davon aus, dass sie als Spielvorlage für eine Aufführung in einem romanischen Dorf[269] angefertigt wurde und nach dem Klosterbrand im Jahre 1799 in die romanische Klosterbibliothek gelangte.

6.1.1 Beschreibung der Handschrift
Die Handschrift *Sogn Gieri* umfasst 37 Seiten im Grossformat.[270] Titelangaben und Prolog sind nicht erhalten. Von der letzten Seite fehlt das obere rechte Viertel. Es scheint abgerissen.

Das Schriftbild ist geprägt von einer grossen Anzahl durchgestrichener Wörter und den entsprechenden, kleingeschriebenen Ergänzungen über und unter den Zeilen. Gadola erkennt in dieser ständig sich selbst verbessernden Schreibtechnik die Arbeit eines Übersetzers, der um eine gute romanische Textfassung bemüht ist,[271] und nicht die Arbeit eines Kopisten.

6.1.2 Aufbewahrungsort
Die Handschrift *Sogn Gieri* befindet sich in der romanischen Bibliothek der Benediktinerabtei Disentis/Mustér.

6.1.3 Datierung der Handschrift
Nach Guglielm Gadola wurde die Handschrift *Sogn Gieri* in der zweiten

---

268 Die *Historia dil teater romontsch* ist im Jahre 1932 erschienen; Guglielm Gadola schreibt darin, er habe die Handschrift *Sogn Gieri* im «letzten Jahr», also 1931, entdeckt. – Vgl. GADOLA. *Historia. Secunda perioda.* S. 40.
269 «Essend il toc romontsch screts ualti carteivel per ina pintga vischnaunca cun ina pintga tribuna, ...» – «Da das Stück mit grosser Wahrscheinlichkeit für ein kleines Dorf mit einer kleinen Bühne geschrieben wurde, ...» – GADOLA. *Historia. Secunda perioda.* S. 46.
270 Die Höhe der Seiten beträgt 36 cm, die Breite 21 cm.
271 «Ch'igl autur sesprova per gl'auter de scriver in bien romontsch, muossa ... era la disa de traso trer atras entiras construcziuns e scriver meglieras speras.» – «Dass der Autor im übrigen versucht, in gutem Romanisch zu schreiben, zeigt ... auch die Gewohnheit, ständig ganze Sätze durchzustreichen und bessere daneben zu notieren.» – GADOLA. *Historia. Secunda perioda.* S. 48.

Hälfte des 18. Jahrhunderts angefertigt.[272] Als Beweis für diese Datierung nennt er mehrere für das ausgehende 18. Jahrhundert typische orthographische Merkmale und weist auf Veränderungen der Bedeutung einzelner Wörter hin, die sich um die Jahrhundertwende vollziehen und eine Datierung vor 1800 nahelegen.[273]

6.1.4 Der Autor des *Sogn Gieri*

Bei der Handschrift *Sogn Gieri* handelt es sich nach Guglielm Gadola nicht um eine Kopie der Originalübersetzung aus dem Deutschen,[274] sondern um die Erstübersetzung.

Die Schriftanalyse liefert keinen eindeutigen Befund über die Verfasserschaft des *Sogn Gieri*. Guglielm Gadola nimmt aufgrund einer von fremder Hand in den Text eingefügten Bemerkung an, dass das Drama im Kloster Disentis übersetzt wurde, da er – im Gegensatz zur Schrift des Autors – jene des späteren Bearbeiters kennt. Es handelt sich dabei um die charakteristischen Schriftzüge von Pater Placi a Spescha, die Guglielm Gadola aus vielen Werken bekannt waren.[275] – Aber auch Eigenheiten grammatikalischer Art, die die romanischen Patres pflegen und durch die sie sich von anderen Schriftstellern distanzierten, weisen auf eine Autorschaft im Umfeld des Klosters hin.[276]

---

272 «Il text romontsch ei senza fallir ord la secunda mesadad dil 18avel tschentaner!» – «Der romanische Text stammt unzweifelhaft aus der zweiten Hälfte des 18. Jahrhunderts!» – GADOLA. *Historia. Secunda perioda.* S. 47.

273 «Fuormas sco «ne mi di», «te resolva», «seturpieits» etc., che sebrattan giu traso en nies text, ein fetg scarsas dapi l'enschatta dil davos tschentaner...» – «Formen wie ‹ne mi di›, ‹te resolva›, ‹seturpieits› usw., die dauernd in unserem Text vorkommen, kommen nach dem Anfang des letzten Jahrhunderts sehr selten vor.» – GADOLA. *Historia. Secunda perioda.* S. 47.

274 «Oravon tut constatein nus, ch'il manuscret ei in original e buc ina copia d'in pli vegl original.» – «Vor allem aber stellen wir fest, dass das Manuskript ein Original und nicht eine Kopie eines älteren Originals ist.» – GADOLA. *Historia. Secunda perioda.* S. 45.

275 «... pader Placi a Spescha cuntscha en cun sia enconuschenta e tipica scartira [...] ina entira construcziun, ...» – «... Pater Placi a Spescha fügt mit seiner bekannten und typischen Schrift [...] einen ganzen Satz ein, ...» – GADOLA. *Historia. Secunda perioda.* S. 48.

276 «... lai supponer ch'in pader hagi componiu il teater de s. Gieri! Tgeinin quei fuss stau, havein nus buca saviu eruir, ni ord la scartira ni ord il lungatg.» – «... lässt vermuten, dass ein Pater das *teater de s. Gieri* verfasst hat. Welcher (Pater) dies gewesen wäre, konnten wir nicht feststellen, weder aus der Schrift noch aus der Sprache.» – GADOLA. *Historia. Secunda perioda.* S. 48.

6.1.5 Aufführungen

Gesicherte Aufführungsdaten sind nicht bekannt. Guglielm Gadola weist auf eine Aufführung in Schlans hin, die – nach einer Notiz von Major Vincenz aus Trun – «vor vielen vielen Jahren» stattgefunden haben soll.[277] Weitere Belege für diese Aufführung sind nicht bekannt.

Die Klosterschüler von Disentis führten um das Jahr 1819 ein Stück mit dem Titel «Der glorreiche Triumpf des guten hl. Georg über den Tyrannen Diokletian» auf. Ob dieses Stück, das damals höchstwahrscheinlich in deutscher Sprache aufgeführt wurde, mit dem Text aus der Handschrift *Sogn Gieri* in irgendeinem Zusammenhang steht, kann nicht mehr nachgewiesen werden.[278]

6.2 Darstellung des Inhaltes

Die Darstellung des Inhaltes bezieht sich direkt auf die Handschrift *Sogn Gieri*, dementsprechend erfolgt auch die Zitation direkt aus dem handschriftlichen Bestand.

6.2.1 Titel

Die erste Seite der Handschrift *Sogn Gieri* ist nicht erhalten. Der Handschrift fehlt somit der Titel. Möglicherweise enthielt die erste Seite auch einen Prolog.

---

277 «Sco la tradiziun raquenta, ei il toc de s. Gieri era vegnius daus a Schlans avon biars e biars onns. Tenor ina notizia da sgr. major Vincenz, Trun.» – «Wie die Tradition berichtet, wurde das Georgsstück auch in Schlans vor vielen vielen Jahren gegeben.» – GADOLA. *Historia. Secunda perioda.* S. 48.
278 Vgl. MÜLLER. *Studententheater.* S. 266.

6.2.2 Rollenverzeichnis[279]

GIERI

DIOCLETIAN	Kaiser	Kaiser
PROTOLEUS	Proconsul de Nicomedia[280]	Prokonsul von Nikomedia
MAGNENTIUS	Senatur	Senator
VARUS	Oberst della gardia dilg Kaiser	Oberst der Garde des Kaisers
MEGARITUS	Parsura dils sacerdots dils fauls Diaus	Vorsteher der Priester der falschen Götter
GABRIAS	Capitani	Hauptmann
PORPHYRIUS	in tapfer e giuven catholic.[281] Filg dil Proconsul	ein mutiger katholischer Jüngling. Sohn des Prokonsuls
NAZARIUS CELSUS	Filgs d'in Senatur, dus curashus giuvens catholics	Söhne eines Senators, zwei mutige katholische Jugendliche.
ATHANASIUS	in Striun	ein Zauberer
	Ministers dils fauls Diaus e Schuldada[282]	Diener der falschen Götter und Soldaten
ORESTES[283]		Begleiter von Megaritus
THEOPHANES[284]		Neffe des Protoleus

---

279 In der ersten Spalte des Rollenverzeichnisses sind die Eigennamen der Figuren aufgeführt. In der zweiten Spalte stehen die romanischen, zum Eigennamen gehörenden Zusätze (Titel, Familiengrad, Charaktereigenschaften), in der dritten Spalte die deutsche Übersetzung der Zusätze.
280 Die Schreibweise der Kaiserstadt variiert zwischen *Nicodemia* und *Nicomedia*. Im Rahmen dieser Arbeit wird nur der Begriff *Nicomedia*, bzw. *Nikomedia* verwendet, weil er dem Namen der Stadt Diokletians *Nikomedeia* eher entspricht.
281 Anstelle des Wortes «catholic», das der Verfasser des *Sogn Gieri* über der Zeile notiert hat, stand ursprünglich die Bezeichnung «treuer Christ». – Ms.GIERI. Disent. S. 1.
282 Ms.GIERI.Disent. S. 1.
283 Orestes ist nicht im Rollenverzeichnis auf der ersten Seite der Handschrift aufgeführt. Er tritt erstmals in der dritten Szene des dritten Aktes im Gefolge des Megaritus auf. – Vgl. Ms.GIERI.Disent. S. 29.
284 Theophanes ist nicht im Rollenverzeichnis auf der ersten Seite der Handschrift aufgeführt. Er tritt erstmals in der vierten Szene des dritten Aktes auf. Dort bezeichnet er Protoleus als seinen Onkel. – Vgl. Ms.GIERI.Disent. S. 34.

6.2.3 Inhaltsangabe
I. Akt
1. Szene

Varus, der Oberst der Garde, und Magnentius, ein Senator, unterhalten sich über die Christen. Magnentius berichtet vom heldenhaften Märtyrertod Gieris, der Tausende zur Nachfolge Jesu bewogen und den Zorn des Kaisers über alle Massen erregt habe. Varus erzählt, der Kaiser sei fest entschlossen und habe geschworen, bis zum Ende des Jahres alle Christen auszurotten. Um festzustellen, wer alles zu den Christen gehöre, habe er eine Anordnung erlassen, dass am folgenden Tage ganz Nikomedia im Heiligen Wald den Göttern opfern müsse. Wer sich diesem Befehl widersetze, werde getötet.

2. Szene

Nazarius und Celsus, die kleinen Söhne des Anatol, treten auf, um ihren kranken Vater vor dem Kaiser zu vertreten. Sie richten dem Kaiser aus, dass ihr Vater nicht gewillt sei, von seinem Glauben an den christlichen Gott abzuweichen. Varus und Magnentius versuchen, die Knaben einzuschüchtern, doch jene verteidigen sich hartnäckig.

NAZARIUS	NAZARIUS
Enconoscher ilg ver Diu, crer enten el, morir per El, ei ni sventira, ni zanur, sonder la pli gronda ventira, la pli gronda honur.	Den wahren Gott zu erkennen, an ihn zu glauben, für ihn zu sterben, bedeutet weder Unglück noch Schande, sondern ist das grösste Glück, die grösste Ehre.
CELSUS	CELSUS
Gieri ei si en Parvis, e sh'il Kaiser fa mazar miu frar, e miu Bab, she mein nus era en Parvis, e quei ei gie la pli gronda ventira, ch'in po ver.[285]	Gieri ist im Himmel, und wenn der Kaiser meinen Bruder und meinen Vater töten lässt, dann gehen wir auch in den Himmel, und dies ist ja das grösste Glück, das man haben kann.

3. Szene

Megaritus, der Hohepriester der falschen Götter, tritt auf und bittet Varus um eine Audienz beim Kaiser. Er habe ihm eine Mitteilung zu

---

[285] Ms.GIERI.Disent. S. 3.

machen, die nicht nur sein persönliches Wohlergehen, sondern den ganzen Staat und die gefährdete Ehre der Götter betreffe. Megaritus wirft Magnentius vor, er habe die Christen nicht mit genügender Härte verfolgt. Die Knaben mischen sich in das Gespräch ein. Sie legen klar und vernünftig Zeugnis ab für ihren Herrn und argumentieren ruhig und gelassen für den christlichen Glauben, der sie vor Angst und den Zaubereien des Megaritus bewahrt habe.

4. Szene
Der Kaiser erscheint und tadelt Magnentius ob seiner Milde gegenüber den Christen. Magnentius wehrt sich und behauptet, er habe allein im letzten Jahr 20 000 Christen hinrichten lassen. Megaritus, der Hohepriester der falschen Götter, der im Auftrag des Kaisers das Orakel Apollos befragt hat, berichtet von der vernichtenden Antwort: solange der Kaiser den ärgsten Feind der Götter leben lasse, werde das Unglück nicht von Rom weichen. Da Gieri jedoch schon hingerichtet sei und als Feind der Götter nicht in Frage komme, müsse ein anderer Schuld am Unglück des Reiches sein. Megaritus ist überzeugt, dass Athanasius, der Zauberer aus Aegypten, der gerade in Nikomedia weile, nun der erbittertste Feind der Götter sei.

5. Szene
Varus geht weg. Unterdessen entspinnt sich ein Gespräch zwischen dem Kaiser und den Knaben. Jene behaupten, der Zauberer könne gar kein Christ sein, denn mit Zauberei hätten die Christen nichts zu tun. Der Kaiser fragt sie nach dem Verbleiben ihres Vaters und unterstellt jenem, sich der Entscheidung für oder wider die alten Götter entziehen zu wollen. Doch die Knaben beteuern, ihr Vater würde lieber im Feuer des Martyriums sterben als im Bett, und sie würden ihn auf dem Weg in den Himmel begleiten.

6. Szene
Der Hauptmann Gabrias tritt auf und erzählt, der Gott der Katholiken habe erneut ein Wunder vollbracht. Die Menschen auf den Strassen, die es gesehen hätten, seien ausser sich vor Wut gegen die alten Götter. Er selbst, Gabrias, glaube ihnen auch nicht mehr.

II. Die Dramentexte

7. Szene
Der totgeglaubte Gieri tritt wohlbehalten und unverwundet auf. Der Feuerkessel, in den ihn der Kaiser eigenhändig eingesperrt hatte, konnte ihm nicht schaden. Der Kaiser ist ausser sich vor Wut. Gieri wehrt sich gegen den Vorwurf, ein Zauberer zu sein, und die Knaben unterstützen ihn. Der Kaiser fordert Gieri auf, mit ihm den Göttern zu opfern. Aber Gieri ist nicht gewillt, weder Apollo, noch Jupiter, noch Juno anzubeten. Er macht sich stattdessen lustig über die heidnischen Götter aus Stein und Holz mit ihren Lastern und Gebrechen. Der Kaiser ereifert sich immer mehr und beschliesst, an Gieri ein Exempel zu statuieren: er soll ein weiteres Mal hingerichtet werden. Glühende Nägel sollen ihm durch die Füsse getrieben werden. Dann soll er nackt auf ein mit Messern und Nägeln besetztes Rad geflochten werden, bis er seine teuflische Seele ausspucke. Die Knaben Nazarius und Celsus werden dazu verurteilt, der Hinrichtung Gieris zuzusehen. Ihr Vater soll aus dem Krankenbett zur Hinrichtungsstätte geschleift werden. Gieri jedoch bleibt frohen Mutes, und die Knaben erfreuen sich an seiner Gelassenheit. Gabrias, der bekehrte Hauptmann, ist erneut erstaunt über Gieris Stärke, und Magnentius bewundert den Märtyrer heimlich.

II. Akt
1. Szene
Varus, der Oberst der Garde, erscheint vor Diokletian und meldet ihm die Ankunft des Zauberers aus Ägypten. Diokletian braucht den Zauberer nun nicht mehr, da die Botschaft des Orakels sich offenbar doch auf Gieri bezog. Doch der Kaiser ist neugierig, den Zauberer zu sehen, und lässt ihn bitten.

2. Szene
Der Zauberer tritt auf. Diokletian befragt ihn nach seiner Herkunft und seinem Glauben. Der Zauberer antwortet, er sei Ägypter und verehre den Gott Serapis, sei aber nicht abgeneigt, die römischen Götter seinen eigenen vorzuziehen. Der Kaiser freut sich an der flexiblen Haltung des Mannes aus Ägypten und klagt ihm sein Leid mit den Katholiken,[286] denen gerade diese Anpassungsfähigkeit fehlen würde. Athanasius behauptet nun, er kenne ein Mittel, die Herzen der Katholiken umzustimmen. Der Kaiser

---
286 Zur Verwendung des Wortes «Katholiken» siehe 6.5.2.

bedauert, Gieri schon hingerichtet zu haben. Er wäre der ideale Mann gewesen, um die Zauberkünste des Athanasius zu erproben. Diokletian möchte auch wissen, ob Athanasius in der Lage sei, Tote zum Leben zu erwecken. Athanasius verneint und meint, Gieri hätte sich in das geheimste Gemach des Gottes Aeskulap geschlichen und dort den Balsam der Unsterblichkeit gestohlen. Anders kann er sich Gieris Widerstand gegen den Tod nicht vorstellen. Athanasius fährt fort, seine eigenen Künste zu loben. Er verfügt auch über ein Getränk, das den sofortigen Tod bewirkt. Zunächst möchte er dem Kaiser jedoch sein Bekehrungsgetränk vorführen. Nach der Einnahme jener Tropfen würden alle Katholiken zu den Altären der Götter eilen «wie die Bienen nach dem Ton des Triangels».

3. Szene
Protoleus, der Konsul von Nikomedia, wird von Varus hereingeführt. Der Kaiser befragt auch ihn nach seinem Glauben und betont, wie wichtig es sei, dass ein Mann in solch hohen Ämtern den offiziellen Staatsgöttern opfere. Protoleus jedoch bekennt unbeirrt seinen christlichen Glauben und die Zugehörigkeit zur Sekte der Katholiken.

Der Kaiser droht und prophezeit ihm, er werde sich bald wegen seiner unüberlegten Antwort schämen. Varus soll ihn benachrichtigen, wenn der Zauberer aus Ägypten zurückkehre.[287]

4. Szene
Der Konsul Protoleus und Varus bleiben alleine zurück. Varus versucht wohlmeinend, den Konsul zu überreden; er solle doch einfach nur zum Schein opfern und im Herzen trotzdem seinen eigenen Gott verehren. Protoleus fordert Varus auf, niederzuknien und ihn als Kaiser anzubeten. Diesen Dienst verweigert Varus, und Protoleus zeigt ihm, dass er aus dem gleichen Grund auch nicht anders könne, als seinem Gott treu zu bleiben.

---

287 Dem Autor unterläuft an dieser Stelle ein Fehler in der Bühnendramaturgie: der Zauberer Athanasius, der in diesem Akt auftritt, ist eigentlich noch anwesend, da sein Abtritt nirgends vermerkt ist. Weil aber der Zauberer anwesend ist, muss der Kaiser sich nicht rufen lassen, wenn er zurückkommt.

II. Die Dramentexte

5. Szene
Porphyrius, der Sohn des Konsuls Protoleus, tritt auf. Er hat gehört, dass sein Vater hingerichtet werden soll und freut sich für ihn. Am liebsten möchte er mit ihm sterben. Protoleus meint, er sei dazu noch zu jung und fordert seinen Sohn – um ihn zu prüfen – auf, nur zum Schein zu opfern. Aber Porphyrius lässt sich nicht beirren:

PORPHYRIUS
Han bucca, car bab, pli giuvens che jau, dau la veta per Jesu Christo; miu Jesus ha spons tutt siu saung vid la crush per mei, con ventireivels fuss jau, she jau savess era sponder miu saung per el?

PORPHYRIUS
Haben nicht, lieber Vater, jüngere als ich das Leben für Jesus Christus gegeben? Mein Jesus hat all sein Blut am Kreuz für mich vergossen; wie froh wäre ich, wenn ich auch mein Blut für ihn vergiessen könnte.

PROTOLEUS
Miu affon, vul bucca aung guder avon la gronda rauba, chei pinada per tei, vul ti bucc aung quellas honurs, ilgs uffizis che spetgien sin tei?[288]

PROTOLEUS
Mein Kind, möchtest du nicht noch vorher das grosse Vermögen, das für dich bereitsteht, geniessen? Möchtest du nicht auch die Ehren und Ämter, die auf dich warten?

Doch der Knabe lässt sich nicht beirren, und Protoleus dankt Gott für die Standhaftigkeit seines Jungen:

PROTOLEUS
Jau engraziel a ti, perpeten, buntadeivel diu, els cors dils affons ha tia grazia il thron, e vid da lur bucca veng il tiu laud. Aung ina, miu car Porphyrius, she ti vegnesses mei a ver, unfrend, ed aduront ils fauls diaus, lesses ti era suondar miu exempel?

PROTOLEUS
Ich danke dir, ewiger, gütiger Gott, in den Herzen der Kinder ist der Thron deiner Gnade, und aus ihrem Mund kommt dein Lob. Noch eines, mein lieber Porphyrius, wenn du sähest, dass ich den falschen Göttern opfere, sie anbete, würdest du auch meinem Beispiel folgen?

PORPHYRIUS
Car Bab, pertgiei tala domonda? Jau sai gie, quei sas ti, quei poss ti perpeten mai far.

PORPHYRIUS
Lieber Vater, wozu eine solche Frage? Ich weiss ja, dass du das auf ewig nicht kannst, und das weisst du.

---

288 Ms.GIERI.Disent. S. 13.

PROTOLEUS
Metend, aber, che jau figiess?

PORPHYRIUS
Bab, jau teng car tei, aber mi perduna, per far de car a ti, less jau bucca stridar miu Diu, per far d'engrau a ti less jau bucc' ir elg uffiern. Bucca muort tei fuss jau vegnius in catholic, sonder perquei che jau sai cert, che la cardiensha dils catholics ei la soleta la vera, soleta la divina, e sanctificonta.

PROTOLEUS
Nau miu car bien affon, nau lai piglier entuorn tei! Il Spiert dil Segner ei veramein en tei! Ti eis madirs de dar la veta sc'in martir; miera per Jesus Christus, gli sponda tiu giuven saung per in'unfrenda.

VARUS
Ha infam, surmanader, e morder de tiu affon!

PORPHYRIUS
Cala de dir aviras a miu car e bien bab, seigies ti tgi che ti veglies, ti eis memia pings tier quei! Quel che vul far better giu mei della cardiensha, quel ei miu surmanader, miu pli ner inimig.[289]

PROTOLEUS
Gesetzt den Fall doch?

PORPHYRIUS
Vater, ich hab dich gern. Aber verzeihe mir, nur um dir lieb zu sein möchte ich meinen Gott nicht verletzen. Um dir zu willfahren, möchte ich nicht in die Hölle fahren. Ich bin nicht deinetwegen ein Katholik geworden, sondern weil ich genau weiss, dass der Glaube der Katholiken der einzig wahre, der einzig göttliche und heiligende ist.

PROTOLEUS
Komm her, mein liebes Kind, komm, lass dich umarmen. Der Geist Gottes ist wahrlich in dir! Du bist reif, um das Leben wie ein Märtyrer hinzugeben. Stirb für Jesus Christus, vergiesse für ihn dein junges Blut als Opfer.

VARUS
Ha, du verruchter Verführer und Mörder deines Kindes!

PORPHYRIUS
Hore auf, meinen lieben und guten Vater zu beschimpfen, seist du, wer du willst. Dazu bist du nämlich zu klein. Wer mich vom Glauben abbringen will, der ist mein Verführer, mein schwärzester Feind.

Varus ereifert sich so sehr, dass er Anweisung gibt, den Knaben töten zu lassen. Doch dann besinnt er sich anders. Der Tod durch das Schwert ist nicht schmerzhaft genug für den Knaben. Er soll lange leiden und für seine vorschnellen Worte büssen.

---

289 Ms.GIERI.Disent. S. 13–14.

II. Die Dramentexte

6. Szene
Der Zauberer tritt auf. Varus eilt, den Kaiser zu holen. Porphyrius macht sich über den Gott Serapis lustig und erregt damit den Zorn des Zauberers, der Rache schwört.

7. Szene
Der Kaiser und Varus treten auf. Diokletian fordert den Zauberer auf, den Trank zu mischen, damit Protoleus ihn trinke und bekehrt werde.

8. Szene
In dem Moment, da Protoleus im Begriff ist, den Becher zu lehren, erscheint Magnentius. Er verkündet ein neues Wunder: Gieri sei noch am Leben und bei voller Gesundheit. Kaum habe man ihn vom Rad gelöst, weil man annahm, er sei tot, hätten sich seine Wunden plötzlich und von alleine geschlossen, das Blut sei in seinen Körper zurückgeflossen, und Gieri sei – zur Überraschung der Henker und aller Schaulustigen – lebendig und unversehrt dagestanden. Der Kaiser, der immer noch den Giftbecher in der Hand hält, den er Protoleus aus der Hand gerissen hatte, gibt Befehl, Gieri gefesselt zu ihm zu führen. Er habe eine neue Verwendung für das Gift gefunden.

9. Szene
Gieri, der freiwillig auftritt, bittet den Kaiser inständig, seinem Hass ein Ende zu bereiten und die Katholiken leben zu lassen. Aber Diokletian bleibt hart und zwingt Gieri, den Becher zu leeren. Gieri segnet das Gift und trinkt alles aus. Die von Athanasius ersehnte Wirkung bleibt aus. Diokletian, erstaunt und wütender denn je, fordert Athanasius auf, Gieri den Todestrank zu reichen; doch auch der zeigt an Gieri keine Wirkung.

10. Szene
Megaritus, der Hohepriester der falschen Götter, erscheint und berichtet vom unbezähmbaren Zorn der Götter. Gieri müsse schnellstens sterben. Doch Gieri wendet sich plötzlich an den Kaiser und bekennt, er wolle nun trotzdem den Göttern opfern; er wolle ihnen zukommen lassen, was ihnen gebühre. Der Kaiser freut sich und lädt Gieri zum Opfer in den heiligen Wald ein. Gieris Freunde sind verwirrt. Aber Gieri beruhigt sie, sie hätten nichts zu befürchten.

III. Akt
1. Szene
Der Zauberer Athanasius und Megaritus, der falsche Hohepriester, befinden sich im heiligen Wald und streiten sich um den wahren Glauben. Megaritus erzählt, Gieri hätte sich bekehren lassen, und dies dank seinem hohepriesterlichen Können.

Dies lässt sich Athanasius jedoch nicht gefallen. Schliesslich hatte er den Zaubertrank gemischt und Gieri verabreicht. Die beiden Männer werfen sich Schimpfwörter an den Kopf und beschliessen dann doch, auf den Schiedsspruch des Kaisers zu warten.

2. Szene
Die Katholiken Protoleus, Nazarius, Porphyrius, Celsus und Gabrias treten auf. Megaritus weist Protoleus, den Konsul, an, sich vor den Altären der Götter zu verneigen. Doch Protoleus weigert sich: schliesslich sei er immer noch Konsul und habe den Befehlen Megaritus nicht zu gehorchen.

Die Katholiken sind beunruhigt über Gieris Sinneswandel. Protoleus beruhigt sie, und gemeinsam knien sie nieder, um für Gieri zu beten.

3. Szene
Der Kaiser und Gieri treten auf. Diokletian fordert Gieri sogleich auf, den Göttern zu opfern. Aber Gieri lässt sich Zeit und befragt zunächst Megaritus nach dem Wesen seiner Götter, um sie blosszustellen.

GIERI Han ei zitgiei vertit quels diaus e diaus?	GIERI Haben diese vielen Götter denn irgendwelche Macht?
MEGARITUS Gie sapi, pussents, terribels ferms en quels diaus.	MEGARITUS Ja, wisse, mächtig und unermesslich stark sind diese Götter.
GIERI Qual ei ilg pli pussent?	GIERI Welcher ist der mächtigste?
ORESTES Hem? Sa tgiei tontas domondas?	ORESTES Was sollen diese vielen Fragen?
MEGARITUS Jupiter.	MEGARITUS Jupiter.

GIERI
Cons ons a pia Jupiter?

MEGARITUS
El ei de perpeten ennau.

GIERI
Tgi ha scafiu Ciel e tiarra?

MEGARITUS
Ilg pli pussent Jupiter.

GIERI
Megaritus, dai bein adaig, ti has bucca de far cun in affon. Tgiei Bab ha Jupiter giu?

MEGARITUS
Jlg Diu Saturnus.

GIERI
Nua ei Jupiter nashius?

MEGARITUS
Si l'insla de Creta.

GIERI
Tgi ha traig si el?

MEGARITUS
Ils Eureters han traig si el dischcussamein, sinaquei ch'el vegni bucca magliaus da siu crudeivel Bab Saturnus.

GIERI
Kaiser, eis ei ashia, poss jau crer a Megaritus?

DIOCLETIAN
Spira s. verdat, ei quei chel di.

GIERI
Sche dei jau pi crer aviartas contradictiuns? Sche Jupiter er'en tema, de vegnir magliaus da siu bab, co vul el sedà vi pil pli pussent

GIERI
Wie alt ist denn Jupiter?

MEGARITUS
Er ist von Ewigkeit her.

GIERI
Wer hat Himmel und Erde erschaffen?

MEGARITUS
Der allermächtigste Jupiter.

GIERI
Megaritus, sei auf der Hut, du hast es nicht mit einem Kind zu tun. Wer war Jupiters Vater?

MEGARITUS
Der Gott Saturnus.

GIERI
Wo ist Jupiter geboren?

MEGARITUS
Auf der Insel Kreta.

GIERI
Wer hat ihn aufgezogen?

MEGARITUS
Die Erytreer haben ihn heimlich aufgezogen, damit er nicht von seinem grausamen Vater Saturnus aufgegessen werde.

GIERI
Kaiser, ist es wirklich so, kann ich Megaritus Glauben schenken?

DIOKLETIAN
Alles heilige Wahrheit, was er sagt.

GIERI
So soll ich denn offene Widersprüche glauben? Wenn Jupiter befürchtete, von seinem Vater aufgegessen zu werden, wie kann er sich denn

Diu? Ei il tshot, che veng scarpaus dal luff, forza pli ferms, ch'il luff, che scarpa lez? Sch'il Diu Saturnus fuv'avon che Jupiter, co pòl esser de perpeten ennau? Sch'il mund fuva shon dedig avon che Jupiter nashess, co sa Jupiter vèr scafiu il mund? Ei quei bucca contradictiuns, che mintgin sa palpar?[290]

als allermächtigsten Gott ausgeben? Ist das Lamm, das vom Wolf gerissen wird, etwa stärker als der Wolf, der es reisst? Wenn der Gott Saturnus vor Jupiter schon existierte, wie kann er dann schon ewig bestehen? Wenn die Welt schon lange vor der Geburt Jupiters bestand, wie kann er dann die Welt erschaffen haben? Sind das nicht Widersprüche, die jeder begreifen kann?

Megaritus fleht seine Götter an, Gieri zu töten. Aber die Statuen rühren sich nicht. Daraufhin verdammt sie Gieri zur Hölle, und die Statuen stürzen von ihren Sockeln. Die Katholiken loben und rühmen Gott. Magnentius und Athanasius fallen in ihren Lobpreis ein. Diokletian befiehlt Varus, Gieri sogleich umzubringen. Gieri fügt sich dem Urteil des Kaisers, hält aber zuvor eine lange Rede. Er weiss, dass Gott nun sein Blutopfer annehmen wird. Gieri bedauert Diokletian, der trotz der Wunder, die der Gott der Katholiken vollbracht habe, nicht einsichtig wird. Gieri prophezeit ihm eine schreckliche Zukunft. Zuletzt fordert er seine Glaubensbrüder auf, ihrem Gott treu zu bleiben. Athanasius ist gewillt, auf den Lohn, den der Kaiser ihm für die Bekehrung Gieris versprochen hatte, zu verzichten, und überlässt die Anfrage seinem Rivalen Megaritus.

4. Szene
Alle ausser Gieri, Varus und Megaritus sind nun auf der Bühne. Athanasius und Magnentius offenbaren dem Kaiser ihren Übertritt zum katholischen Glauben. Doch Diokletian bleibt unbeugsam. Die katholischen Kinder spotten über die zerborstenen Götter, die herumliegen, die ihre Arme, Beine und Köpfe verloren haben.

5. Szene
Varus kommt zurück und erzählt vom Tode Gieris, der nun endlich in seinem Blut liege. Im Augenblick seines Todes sei die grosse Statue, von unsichtbarer Hand gestossen, vom Sockel gestürzt und hätte dabei den Hohepriester Megaritus getötet. Varus ermahnt den Kaiser, von seinem Zorn zu

---

290 Ms.Gieri.Disent. S. 29–30.

lassen. Er bezweifelt, dass unter den 50 000 Einwohnern von Nikomedia noch tausend die alten Götter anbeten. Doch Diokletian befiehlt in seiner Wut, die Soldaten zu holen und alle Katholiken auf der Stelle niederzumetzeln. Das Stück endet mit den Sätzen:

PROTOLEUS
Segner, prend si nossas olmas! Per tei dein nus la veta! En Parvis, amigs en Parvis!

TUTTS
En Parvis ... en Parvis! ...²⁹¹

PROTOLEUS
Herr, nimm unsere Seelen auf! Für dich geben wir das Leben! In den Himmel, Freunde, in den Himmel!

ALLE
In den Himmel ... in den Himmel! ...

6.3 Gliederung, Struktur und Disposition der Handlung

6.3.1 Akt- und Szeneneinteilung

Der Autor des Dramas *Sogn Gieri* verwendet die Bezeichnungen *Akt* und *Szene* nicht im üblichen Sinne. Er unterteilt die Szenen in Akte, und nicht umgekehrt. Um eine einheitliche Darstellung innerhalb dieser Arbeit zu gewährleisten, wurde diese Akt-, bzw. Szeneneinteilung den anderen Stücken angeglichen.

Das Drama *Sogn Gieri* ist in drei Akte eingeteilt. Der erste Akt ist in sieben, der zweite in zehn und der dritte Akt in fünf Szenen unterteilt.

Die Szenenwechsel markieren immer den Auftritt, bzw. den Abtritt einer Person. Innerhalb der Akte finden nur Personenwechsel statt. In Bezug auf die Kontinuität der Handlung schliesst jede Szene unmittelbar an die vorhergehende an. Ortswechsel innerhalb der Akte finden nicht statt.

6.3.2 Ort der Handlung

Die Bühnenanweisungen enthalten keine präzisen Angaben zum Ort der Handlung.

Der Schauplatz kann teilweise aus den Sprechtexten entnommen werden. In der ersten Szene des ersten Aktes wird die Hauptstadt des Kaiserreichs Diokletians, Nicomedia, genannt.²⁹² Die Anwesenheit des Kaisers, die auf- und abtretenden Höflinge und die zeremoniellen Begrüssungsformeln legen die Annahme eines höfischen Umfeldes nahe.

---

291 Ms.GIERI.Disent. S. 37.
292 Vgl. Ms.GIERI.Disent. S 1.

MEGARITUS
Varus, di agli Kaiser, jau supglicashi per audienza, senza targlienar sto jau plidar cun el; quei domonda siu agien bien, ilg ver beinstar dilg entir regienavel, e l'honur dils Diaus.²⁹³

MEGARITUS
Varus, sag dem Kaiser, ich bitte um eine Audienz, ohne zu zögern muss ich mit ihm reden; das erfordert sein eigenes Wohl, das wahre Wohlergehen des ganzen Reiches und die Ehre der Götter.

Der zweite Akt spielt im Palast Diokletians. In der ersten Szene des zweiten Aktes tritt Varus auf und spricht zum Kaiser:

VARUS
Zacu ha jau enflau Athanasius, quel che sa fa strieng; ell'ei grad cau el casti, el sa vegnir avon tei, shi gleiti sco ti comondas.²⁹⁴

VARUS
Endlich habe ich Athanasius gefunden, den der zaubern kann; er ist gerade hier im Schloss, er kann vor dich treten, sobald du befiehlst.

In der ersten Szene des dritten Aktes tritt der Zauberer Athanasius auf und befragt seinen Rivalen Megaritus.

ATHANASIUS
Pertgiei s'ei ina tala tgiauadat elg uault dils altars de nos diaus [...]?²⁹⁵

ATHANASIUS
Warum ist eine solche Stille im Wald der Altäre unserer Götter [...]?

Demnach spielen der erste und der zweite Akt am Hofe Diokletians und der dritte Akt in einem heilgen Hain, in dem die römischen Götter verehrt werden.

6.3.3 Bühnenanweisungen

Der Nebentext der Handschrift umfasst lediglich ein Personenverzeichnis, Akt- und Szenenüberschriften und eine geringe Anzahl von Bühnenanweisungen, die nur die allerwichtigsten Handlungen andeuten.

*scuvier' il tgiau e semet' enshanuglias*²⁹⁶

entblösst das Haupt und kniet sich hin

*las statuas dils fauls diaus daten giu*²⁹⁷

die Statuen der falschen Götter fallen herunter

---

293 Ms.GIERI.Disent. S. 3.
294 Ms.GIERI.Disent. S. 9.
295 Ms.GIERI.Disent. S. 24.
296 Ms.GIERI.Disent. S. 14.
297 Ms.GIERI.Disent. S. 31.

Die fünfte Szene des dritten Aktes wird verdeckt gespielt. Über dem entsprechenden Szenentitel ist ein Vermerk angebracht.

Davos Scena[298]   *hinter der Szene*

Aus den Bühnenanweisungen geht nicht hervor, ob dieser Vermerk für die ganze letzte Szene gilt. Dies würde bedeuten, dass der letzte Teil der Aufführung von den Zuschauern nur noch akustisch wahrgenommen würde. Dieser Annahme widerspricht die Tatsache, dass die letzte Szene eine weitere Bühnenanweisung enthält.

semet enshanuglias[299]   *wirft sich auf die Knie*

Diese Regieanweisung ist nur sinnvoll, wenn die Akteure sichtbar sind. Es ist denkbar, dass der abgerissene Teil der letzten Textseite weitere Bühnenanweisungen enthielt, die die Art der Aufführung präzisiert hätte. Wahrscheinlicher ist aber, dass dem Übersetzer des Dramas *Sogn Gieri* einfach ein Fehler unterlaufen ist.

Der Titel des Dramas ist nicht erhalten. Ebenso fehlt ein möglicher Prolog und eine Inhaltsangabe. Die Handschrift enthält keine Widmung und kein Motto. Es gibt keine Anweisungen zur Gestaltung des Szenariums und keine Angaben zum Aussehen der Figuren.

6.3.4 Quantitative Untersuchungen
Personenzahl
Das Drama *Sogn Gieri* zählt dreizehn männliche Rollen. Davon werden drei als Kinder bezeichnet (Nazarius, Celsus, Porphyrius). Die *Minister der falschen Götter* und die *Soldaten* werden nur im Rollenverzeichnis aufgeführt. In den Regieanweisungen kommen sie nicht vor. Es ist anzunehmen, dass sich die *Minister der falschen Götter* im Gefolge von Megaritus, die *Soldaten* im Gefolge des Varus aufhalten.

Im Haupttext sind ausserdem zwei Personen eingefügt, die im Rollenverzeichnis nicht erwähnt werden: Orestes und Theophanes. Beide Rollen haben keine tragende Funktion. Theophanes ist der Neffe des Protoleus, Orestes ein Begleiter von Megaritus. Der erste Auftritt des Orestes in der dritten Szene des dritten Aktes wurde nachträglich in den Haupttext ein-

---

298 Ms.Gieri.Disent. S. 36.
299 Ms.Gieri.Disent. S. 37.

	I. Akt							II. Akt										III. Akt				
Szene	1	2	3	4	5	6	7	1	2	3	4	5	6	7	8	9	10	1	2	3	4	5
GIERI					T								T	T				T				
DIOCLETIAN			T	T	T	T		T	T	T			T	T	T	T		T	T	T		
PROTOLEUS										T	T	T	T	T	T	T		T	T	T	T	
MAGNENTIUS	T	T	T	T	T	S	T							T	S	T		T	T	T		
VARUS	T	T	T	T				T		T	T	T	T	S	S	T			T		T	
MEGARITUS		T	T	T	T	T									T			T	T	T		
GABRIAS					T	T							T	S				T	S	T	T	
PORPHYRIUS										T	T	T	T	T	T			T	T	T	T	
NAZARIUS		T	T	S	T	S	T							T	T			T	T	T	T	
CELSUS		T	T	S	T	S	T							T	S			T	T	T	T	
ATHANASIUS									T	T			T	T	S	T		T	T	T	T	T
ORESTES																			T			
THEOPHANES																					T	T
DIENER DER FALSCHEN GÖTTER																						
SOLDATEN																						

T = Auftritt mit Text   S = Stummer Auftritt

gefügt.[300] Theophanes tritt in der vierten Szene des dritten Aktes erstmals auf.[301] Dieser Befund bekräftigt die Annahme, dass beide Rollen erst im Verlauf der Übersetzung hinzugefügt und höchstwahrscheinlich vom Übersetzer erdacht wurden. Die Hinzufügung der beiden Rollen könnte aus dem konkreten Bedürfnis enstanden sein, zwei weiteren (Schüler-)Darstellern einen kurzen Auftritt zu ermöglichen.

Redelänge
Die Redeeinheiten im Drama *Sogn Gieri* sind von unterschiedlicher Länge. Auf drei typische Formen der Rede wird hier verwiesen:

1. Der Einwurf. Diese Form der Rede kommt häufig vor und ist meist sehr kurz gehalten. Sie umfasst Ausdrücke des Erstaunens, der Entrüstung, des Spottes und der Begeisterung.

---

300 Vgl. Ms.GIERI.Disent. S. 29.
301 Vgl. Ms.GIERI.Disent. S. 34.

2. Das Streitgespräch. Das Drama umfasst eine Reihe von langen Streitgesprächen, in denen es um den wahren Glauben geht. Diese Gespräche sind dialektisch angelegt. Die Argumentation ist häufig sehr weitläufig.

3. Das Bekenntnis. Das monologische Bekenntnis ist die umfangreichste Redeeinheit des Dramas. Der Autor legt sie vor allem Gieri in den Mund. Diese grossen Monologe haben apologetischen, bekennenden oder auch lobpreisenden Charakter und wirken sehr belehrend.[302] Bisweilen neigen auch die Kinder zur Nachahmung dieser katechetischen Ansprachen.[303]

Personenkonstellationen
Im Drama *Sogn Gieri* spielen die Kinder eine besondere Rolle. Nazarius und Celsus sind die Söhne eines Senators, Porphyrius der Sohn von Protoleus, dem Prokonsul von Nicomedia. Im ersten Akt verteidigen Celsus und Nazarius unerschrocken ihren Glauben gegenüber den Höflingen des Kaisers.

CELSUS	CELSUS
Ti has mussau a mi; ch'ils diaus, ils quals jau adoravel vidavon, seigien bucca Diaus, sonder lavurs dalla gliaut, nuot auter che crappa e lena, e metal, ch'els sapien ne stroffiar, ne rogar nus. Ei detti mo in solet, ver, perpeten, tuttpussent Diu, e quel seigi Jesus christus, il qual ha mussau ch'el seigi Diaus tras soingias doctrinas, e mervegliusas miraclas. […][304]	Du hast mir gezeigt, dass die Götter, die ich früher anbetete, nicht Gott seien, sondern von Menschenhand erstellt, nichts anderes als Steine und Holz und Metall, dass sie uns weder bestrafen noch bitten können. Es gebe nur einen einzigen, wahren, ewigen, allmächtigen Gott, und dieser sei Jesus Christus, der mit heiligen Lehren und wunderbaren Wundertaten gezeigt habe, dass er Gott sei.

Im zweiten Akt stellt der Prokonsul die Standhaftigkeit seines Sohnes auf die Probe, indem er versucht, ihn zur Anbetung der heidnischen Götter zu überreden. Aber der Knabe widerlegt die Argumente seines Vaters mit dem Scharfsinn eines Theologen. Im dritten Akt gehen die Kinder furchtlos in den Tod.

---

302 Vgl. Ms.GIERI.Disent. S. 18.
303 Vgl. Ms.GIERI.Disent. S. 14.
304 Ms.GIERI.Disent. S. 7.

Das lehrende Kind wird einem heidnischen Höfling oder einem Zauberer gegenübergestellt. Die Wirkung ist folgende: wenn sogar ein Kind in der Lage ist, das Wesen von Glauben und Religion zu verstehen und darzulegen, dann muss diese Religion einfach, rational verständlich und plausibel sein. Sonst würde sie das Kind nicht begreifen. Wenn aber die Erwachsenen die einfachen Argumente der Kinder dennoch nicht gelten lassen, sind sie entweder verstockt oder dumm. – Dies will der Autor unbedingt beweisen, dafür setzt er die Glaubwürdigkeit der Kinderrollen aufs Spiel.

6.3.5 Disposition der Handlung

Der erste Akt führt in die Dramenhandlung ein. Die Zuschauer erfahren, dass Gieri hingerichtet worden ist. Der Kaiser beschäftigt sich mit der Vernichtung der übrigen Christen.

MAGNENTIUS	MAGNENTIUS
Ha il Kaiser bucca viu sez avon treis dis, cur ch'el ha faig better siu favorit, [...], ilg Oberst delg emprim regiment, ilg Gieri, suenter ver giu mess quel sin l'emprova tras ils pli crudeivels torments, en ina chiltgiera, ch'ardeva silg pli feg? E tgiei eis ei daventau? Gieri ei coigs e bersaus, in ver fideivel ei morts, e quel ei vegnius de meins; aber melli de quels che miraven tier moentai, sai jau tras strieng, ne tras gronda stateivla curascha dilg nobel giuven, han bandunau ils fauls Diaus, et han griu cun aulta vush: Nus essen vers fideivels, nus lein era dar la veta![305]	Hat es der Kaiser nicht selbst vor drei Tagen gesehen, als er seinen Favoriten, [...], den Obersten des ersten Regimentes, den Gieri, in einen glühenden Kalkofen werfen liess, nachdem er ihn mit grausamsten Qualen auf die Probe gestellt hatte? Und was ist geschehen? Gieri ist gekocht und gebraten, ein wahrhaft Glaubender ist gestorben, und so ist einer weniger; aber tausend von denen, die ergriffen zugeschaut hatten, was weiss ich durch Zauber, oder den unerschütterlichen Mut des edlen Jungen, haben die falschen Götter verlassen und mit lauter Stimme geschrien: Wir sind wahre Gläubige, wir wollen auch unser Leben hingeben!

Um alle Christen ausfindig zu machen, ordnet der Kaiser ein Weihrauchopfer an, das bereits am nächsten Tag stattfinden soll.

VARUS	VARUS
Dumaun veng faig ina unfrenda solemna en quei Soing uault de nos Diaus. Tutt Nicomedia sto	Morgen wird ein feierliches Opfer in diesem heiligen Wald unserer Götter gegeben. Ganz Nikomedia

---

305 Ms.GIERI.Disent. S. 1.

| comparer lau: tgi che mo shass encorsher, chel less bucca vegnir, ne de bucca voler unfrir als [...] Diaus, quel sto murir, e Duess a Nicomedia cuorer a tras tutt las gassas gronds Rheins de Saung.[306] | muss dort erscheinen: wer nur anmerken liesse, dass er nicht kommen wolle, oder den [....] Göttern nicht opfern wolle, der muss sterben, und sollten (dabei) in Nikomedia durch alle Gassen grosse Blutströme fliessen. |

Der Kaiser ist gewillt, alle Christen auszurotten. Die Fixierung des Zeitpunktes der Entscheidung begrenzt den zeitlichen Horizont des Dramas. Die Gnadenfrist ist kurz. Alle Christen schweben in Lebensgefahr. Die Zeit der Bewährung ist gekommen.

Diese bedrohliche Situation, die der Kaiser und seine Höflinge in ihrem Hass evozieren, erfährt nun eine überraschende Wendung. Der totgeglaubte Gieri erscheint als strahlender Held vor dem Kaiser. Das Wunder, das ihn vor den Flammen errettet hat, bestärkt die Christen in ihrem Glauben. Der Kaiser schäumt vor Wut und beschliesst, den Heiligen erneut umbringen zu lassen. Am Ende des ersten Aktes sind die Fronten definiert. Auf der einen Seite steht der Kaiser in seiner ganzen weltlichen Macht, mit der er auch über die Christen bestimmen kann. Auf der anderen Seite steht Gieri als ein Einzelkämpfer da, der über besondere Kräfte verfügt und die Pläne des Kaisers mit grosser Leichtigkeit verhindert. Dabei ist Gieri kein Revolutionär. Er schart nicht die Christen um sich, um den Kaiser vom Thron zu stürzen. Im Grunde anerkennt er dessen Autorität. Gieri versucht, den Kaiser zu überzeugen. Seine Waffen sind die vernünftige Argumentation und der Beweis seiner Darlegungen durch Wunder.

Der zweite Akt ist parallel zum ersten konstruiert. Wieder werden die Zuschauer im Glauben belassen, dass Gieri gestorben sei. Augenzeugen berichten von den Wunden, die ihm beigebracht wurden. Es scheint so, als habe die brutalere Hinrichtung seinen Widerstand gebrochen. – Aber Gieri überwindet den Tod ein zweites Mal und erscheint vor dem Kaiser. Sein Triumph ist jetzt noch grösser, der Kaiser wird zunehmend ratloser und aufgebrachter.

An dieser Stelle, am Ende des zweiten Aktes, ändert Gieri nun die Taktik und greift zur List. Er erklärt, dass er nun auch bereit sei, den Göttern zu opfern. Der Kaiser glaubt ihm sofort. Megaritus und Athanasius führen

---

306 Ms.Gieri.Disent. S. 2.

seine plötzliche Konversion auf die Beihilfe der Götter, bzw. auf die Wirkung des Zaubertrankes zurück. Die Christen sind irritiert.

Im dritten Akt erscheint Gieri im Hain der Götter. Er kündigt seinen eigenen Tod an: er wisse, dass er nicht ein weiteres Mal auferstehen werde. Durch die Ankündigung seines Todes entzieht er sich im Grunde dem Wirkungsfeld des Kaisers. Diokletian kann zwar seine Henker beauftragen, Gieri zu töten. Er ist aber nicht Herr über Leben und Tod: ihm gelingt es nur, Gieri zu töten, wenn Gott schon vorher beschlossen hat, dass die letzte Stunde des Heiligen gekommen sei.

Dann legt Gieri ein letztes Mal seinen Glauben dar, fordert die Götter der Römer heraus und verspottet sie.

GIERI	GIERI
Nus lein uardar, nus lein shar vegnir sin'in emprova. Jupiter, Appollo, Mars, e vus tutts, chesses cau presens en quest uaul! Jau confessel aviartamein en vossa preshiensha, che jau creigi ed aduri mo in solet ver Diu, jau sun in ver inimig de vus, jau teng vus mo per praulas, per siemis de stuorns; jau vus hassegiel, sprezel, e rufidel, dishgust e shnavur hai jau da vus; en perpeten veng jau a hassegiar vus. Sche vus veis zitgiei pussonza enconter miu Diu e ses surviens, she mussei vossa pussonza, jau envidel or'vus, a vus tutts ressistel jau en fatsha, stranai vos tuns e cameigs, stroffiai, shmaccai, e dishfiei mei! Ne she vus tameis mei, uardei cau quels dus fleivels buobets de catholics; els hassegien, e sprezen vus, sco jau; silmeins quels stroffiai, she vus esses elg stand![307]	Wir wollen schauen, wir wollen es auf eine Probe ankommen lassen. Jupiter, Appollo, Mars, und ihr alle, die ihr hier in diesem Wald anwesend seid! Ich bekenne unumwunden in eurer Anwesenheit, dass ich nur an einen einzigen, wahren Gott glaube und nur diesen anbete, ich bin ein wahrer Feind von euch, ich halte euch nur für Märchengestalten, für Traumbilder von Verrückten; ich hasse euch, ich verachte euch und verschmähe euch, Abscheu und Ekel habe ich vor euch; in Ewigkeit werde ich euch hassen. Wenn ihr irgendwelche Macht habt über meinen Gott und seine Diener, dann zeigt diese Macht, ich fordere euch heraus, euch allen widerstehe ich, schleudert Donnerschläge und Blitze, straft, erdrückt und vernichtet mich! Oder wenn ihr mich fürchtet, schaut da diese beiden schwachen Knaben aus katholischer Familie; sie hassen und verachten euch, wie ich; straft wenigstens diese, wenn ihr imstande seid!

---

[307] Ms.GIERI.Disent. S. 31.

Gieri verflucht die Götter. Sein Gebet bringt die Statuen zum Einstürzen. Diokletian rast vor Wut und lässt den Heiligen im Hintergrund der Bühne umbringen. Die heidnischen Priester werden von herunterfallenden Statuen erschlagen.

Alle drei Akte sind im Grunde ähnlich konstruiert. Die Zuschauer werden zu Beginn des Aktes in der Ungewissheit belassen, ob Gieri noch am Leben sei, bzw. ob er seinen Glauben nicht verloren habe. Am Ende jedes Aktes erscheint Gieri und zerstreut alle Bedenken durch einen triumphalen Auftritt. Diese dreifache Verunsicherung der Zuschauer erhält die Spannung und steigert die Wirkung der Auftritte des Heiligen.

Zwar stirbt Gieri am Ende des letzten Aktes und unterliegt im Prinzip der Macht Diokletians. Durch die Ankündigung seines eigenen Sterbens relativiert der Heilige den Anteil der Macht des Kaisers an seinem Tode. Gieri ist Herr über die Zeit. Er wird im Jenseits weiterleben. Dies ist sein eigentlicher Triumph. Der Kaiser aber wird sein Leben für immer verlieren. Gieri weissagt ihm einen furchtbaren Tod und deutet auf Diokletians Nachfolger hin, der die langersehnte Wende bringen wird.

GIERI
Na, lai vensher a tshintshar mei, pertgiei miu Diu vul, che ti taidlies mei. Quei valerus Schuldau nashius da Saung dils Kaisers, il qual ilg Segner, miu Diu, ha destinau de ragishar or ils fauls diaus, e dar terlishur alla catholica Cardiensha, ei shon chershius si, ti has tez viu el, ti enconoshas el. Tras la vertit de miu Diu, tras l'enzenna della S. crush, che veng a terlishar en sias bandieras, vegn quel a domigniar ils pli ferms inimigs; el veng a dishfar ils uault dil faul diaus, better sutsur ils tempels dils demunis, e bagiar ils pli majestus tempels enten honur dilg ver Diu, che nus catholics adurein.[308]

GIERI
Nein, lass mich zu Ende reden, denn mein Gott will, dass du mich hörst. Dieser tapfere Soldat von kaiserlichem Geblüt, den der Herrgott, mein Gott, bestimmt hat, um die falschen Götter auszumerzen und dem katholischen Glauben Glanz zu geben, ist schon erwachsen geworden, du hast ihn selber gesehen, du kennst ihn. Durch die Macht meines Gottes, durch das Zeichen des heiligen Kreuzes, das in seinen Fahnen glänzen wird, wird dieser die stärksten Feinde bezwingen; er wird den Wald der falschen Götter zerstören, die Tempel der bösen Geister auf den Kopf stellen, und die mächtigsten Tempel errichten zur Ehre des wahren Gottes, den wir Katholiken anbeten.

---

308 Ms.GIERI.Disent. S. 32.

Der Hohepriester Megaritus und der Zauberer Athanasius haben in diesem Zweikampf zwischen Diokletian und Gieri nur untergeordnete Bedeutung. Sie versuchen, die scheinbare Konversion des Heiligen für sich zu verbuchen – und werden doppelt entlarvt, wie die List des Heiligen offenkundig wird.

6.4 Redestil und Charakterisierung der Personen

6.4.1 Vorbemerkung zum Sprachstil

Der Autor des Dramas *Sogn Gieri* verwendet eine kraftvolle Sprache, die über vielfältige Ausdrucksmöglichkeiten verfügt. Sein Sprachstil ist ausserordentlich bilderreich, manchmal bissig und direkt, mitunter auch humorvoll. Die apologetischen Einschübe und Bekenntnisse sind häufig langatmig, aber scharf formuliert.

Guglielm Gadola hält die Sprache des Dramas *Sogn Gieri* für höherstehend als die der Stücke *Gion Guarinus* und *Paulinus de Nola*.[309] Allerdings attestiert er ihr eine beträchtliche Anzahl Germanismen.

ATHANASIUS	ATHANASIUS
Mia Patria en quellas biallas planiras, las qualas il bi flus Nil mintg' on boigna cun sias fritgieivlas vellas.[310]	Meine Heimat in diesen schönen Ebenen, die der Fluss Nil jedes Jahr mit seinen fruchtbaren Wellen begiesst.

Die Übersetzung klassischer Motive aus der Antike bereitet dem rätoromanischen Übersetzer Mühe. Der romanische Sprachschatz verfügt nicht immer über ein entsprechendes Vokabular. Die Folge davon ist eine gewisse Unbeholfenheit in der Darstellung fremder Sachverhalte.

MEGARITUS	MEGARITUS
Quei ei gl'imortal Appollo; quella Lyra, ch'el ha enten maun, ei sia noda casa.[311]	Das ist der unsterbliche Apollo; diese Lyra, die er in der Hand hält, ist sein Hauszeichen.

---

309 «Il lungatg romontsch da questa ovra ei per in bienton megliers che quel dils auters dus tocs.» – «Die romanische Sprache dieses Werkes ist um einiges besser als die der anderen zwei Stücke.» – GADOLA. *Historia. Secunda perioda.* S. 48.
310 Ms.Gieri.Disent. S. 10.
311 Ms.Gieri.Disent. S. 29.

6.4.2 Redestil der Personen

Die Figuren des Dramas *Sogn Gieri* sind sprachlich sehr differenziert ausgeführt. Zwei Personen, deren Redestil besonders ausgeprägt ist, werden hier näher betrachtet.

Der Knabe Porphyrius ist der Sohn des Prokonsuls Protoleus. Er tritt im zweiten Akt erstmals auf und führt ein langes Bekennergespräch mit seinem Vater. Dieses Gespräch ist von grossem Ernst geprägt. Kindliche Ausdrucksweisen sucht der Leser vergeblich.

Porphyrius hat aber noch eine andere Seite. In seinen Äusserungen über den Kult und die Eigenarten der römischen Götter wird er zum Spötter.

PORPHYRIUS	PORPHYRUS
Gieri ha mi shon rishdau zitgiei dal pussent diu Serapis. [...] Il pli grond bof del'entira tiarra ei il diu Serapis, chils Egiptiers aduren? E tgei num deis agli giat, che vus adoreis aung culg Boff? Conts zentners peisa a vies Serapis ded'ussa? Tgei vegliadegna hal shon? Veng el gleiti a calar de trer flat? Veis shon uardau nua prender in auter Diu-bof?[312]	Gieri hat mir schon etwas erzählt vom mächtigen Gott Serapis. [...] Der grösste Ochse des ganzen Landes ist der Gott Serapis, den die Ägypter anbeten. Und welchen Namen gebt ihr der Katze, die ihr auch mit dem Ochsen verehrt? Wieviel Zentner wiegt jetzt euer Serapis? Was für ein Alter hat er schon? Wird er bald aufhören zu atmen? Habt ihr schon geschaut, wo ihr einen anderen Ochsen-Gott hernehmen könnt?

Porphyrius ist schlagfertig. Die grossen Dispute der Priester und Zauberer kommentiert er mit ketzerischen Einwürfen.

ATHANASIUS	ATHANASIUS
Lai ora tia pussonza, grond Jupiter, pussent Serapis.	Heraus mit deiner Macht, grosser Jupiter, mächtiger Serapis.
PORPHYRIUS	PORPHYRUS
Boff gron e ferm![313]	Grosser und starker Ochse!

Der Zauberer Athanasius ist der Gegenpart des Hohepriesters Megaritus. Im Gegensatz zu jenem gibt Athanasius am Schluss zu, ein Betrüger zu sein.

---

312 Ms.GIERI.Disent. S. 15.
313 Ms.GIERI.Disent. S. 21.

Der Autor des *Sogn Gieri* gestaltet die Sprechpartien des Athanasius überschwenglich und pathetisch. Athanasius setzt sich sprachlich stark von den anderen Personen ab. Seine Gebete sind hymnisch formuliert und strotzen vor Symbolik. Er schmeichelt dem Kaiser und preist ihn mit blumigen Worten.

ATHANASIUS Aultpussent Kaiser, terlishont Diu della tiarra e della mar; suveren Regenter dellas pli delunsh Provincias, che vi de tsheimaun d'il Ocean oriental aduren ilg soleigl, lubescha alg tiu mender survient, dadorar tei sco ina dellas empremas deitats terrenas, e de sbassar miu tgiau sut tiu possent scepter.[314]	ATHANASIUS Allmächtiger Kaiser, glänzender Gott der Erde und des Meeres; souveräner Herrscher über die entferntesten Provinzen, die auf der anderen Seite des orientalischen Ozeans die Sonne anbeten, erlaube deinem geringsten Diener, dich als eine der ersten irdischen Gottheiten anzubeten, und mein Haupt unter deinem mächtigen Szepter zu neigen.

Athanasius verrät sich im Grunde schon durch seinen Redestil. Im Vergleich mit den anderen Figuren, die durchaus auch pathetisch formulieren, wirkt er beinahe wie eine Karikatur. Genau dies dürfte der Autor auch angestrebt haben.

6.4.3 Charakterisierung der Personen

Die Figuren des Dramas *Sogn Gieri* haben ausgeprägte Charaktere. Ihre Eigenschaften werden vorwiegend durch Stil und Inhalt ihrer Rede dargestellt. Das Drama verzichtet weitgehend auf Beschreibung der Charaktere. Allen Personen ist eine grosse Vitalität eigen, die sich in Humor und Spott, Rührung, Begeisterung, Verzückung, Aggression und Wut äussert.

Die Handschrift enthält keine Angaben zu Kleidung, Figur und Aussehen der einzelnen Personen. Sie bezeichnet Nazarius, Celsus und Porphyrius als Kinder. Das Alter der übrigen Personen wird nicht beschrieben. Auch Charaktereigenschaften werden nicht erwähnt. Die Handschrift erwähnt Ämter, verzichtet aber weitgehend auf die Darstellung der sozialen Bezüge.

Sogn Gieri ist die Hauptperson des Stückes. Er wird als Held dargestellt, der seinen Ruhm geniesst. Nachdem er dem Feuerofen unversehrt

---

314 Ms.GIERI.Disent. S. 10.

entstiegen ist, begrüsst er die Kinder und den Kaiser, als ob nichts Aussergewöhnliches geschehen wäre.

GIERI	GIERI
Beinvegni vus taffers giuvens. - Ti surstas Kaiser? Mia liberaziun ord la chilgiera de fiug ei gie bucca l'empréma miracla de miu Diu, che ti has viu.[315]	Willkommen ihr tapferen Jünglinge. – Du staunst, Kaiser? Meine Befreiung aus dem brennenden Kalkofen ist ja nicht das erste Wunder meines Gottes, das du gesehen hast.

Gieri verhält sich wie ein Volkstribun. Er schart die Christen um sich herum und geniesst ihre Bewunderung. Er fühlt sich als Anführer einer Gegenpartei und verspottet den Glauben der anderen.

GIERI	GIERI
Megarg, dabot va elg tempel, ilg pievel ei vilaus enconter tiu grond Apollo, va e gid'el, shiglioc podess gli curdar tier qualche dishgrazia. [...][316]	Megarg, gehe schnell in den Tempel, das Volk ist aufgebracht gegen deinen grossen Apollo, gehe und hilf ihm, sonst könnte ihm ein Unglück zustossen. [...]

Gieris Glaube ist rational nachvollziehbar. Zaubereien verabscheut er. An heidnische Götter zu glauben, ist für ihn Zeichen der Dummheit.

GIERI	GIERI
Ti senomnas in Sabi - ed aduras in bof? Stos ti bucc esser setz pli tups, ch'in bof? Pupratsh, ti vul far, che jau vegniessi malfideivel a miu Diu? [...][317]	Du nennst dich einen Weisen – und verehrst einen Ochsen? Musst du nicht selber dümmer sein als ein Ochse? Du Tropf, du willst erreichen, dass ich meinem Gott untreu werde? [...]

Gieri entspricht überhaupt nicht dem Bild des zurückhaltenden, bescheidenen Heiligen, der sich der Gnade schämt, die ihm widerfährt. Toleranz oder Nächstenliebe gehören nicht zu den Themen, die er anspricht, ebensowenig Nachfolge Jesu, Armut oder mystisches Erleben.

Gieri vertritt seine Überzeugung wie ein Soldat, der seinem Befehlshaber vertraut und gehorcht. Er liebt seine Feinde nicht, aber er muss sie auch nicht bekämpfen, denn sie bedrohen ihn letztlich nicht. Den Heiligen küm-

---

315 Ms.GIERI.Disent. S. 7.
316 Ms.GIERI.Disent. S. 7.
317 Ms.GIERI.Disent. S. 19.

mert sein Erdenleben nicht wirklich. Er weiss um seine Wohnung im Jenseits. Der Märtyrertod ist der Schlüssel dazu. Dahin geht seine Aufmerksamkeit.

Gieri geht mit spielerischer Leichtigkeit in den Tod. Er spricht an keiner Stelle von Qualen oder Schmerzen. Er versteht sich vielmehr als Wanderer zwischen den Welten, der ins Jenseits will, aber seine letzten Auftritte im Diesseits zu geniessen weiss.

Ganz anders sein Gegenspieler Diocletian. Der Kaiser ist das Opfer seiner Wut, seines Zornes und seiner Machtbesessenheit. Einsicht und rationales Handeln sind ihm fremd. Er reagiert impulsiv und unbeherrscht. Jede Beleidigung trifft ihn zutiefst. Um sich seines Widersachers Gieri zu entledigen, ist ihm jedes Mittel recht. Die Marterqualen für Gieri erfindet er selbst; seine Brutalität kennt kaum Grenzen.

DIOCLETIAN
Bein, quei ei dei esser la tia pli suentra garmashia! Vul ti, che mia charezia semidi en rabia e vendetgia, she dei ei daventar! Nicomedia de expermentar Roma dei udir, co il Kaiser stroffegia ilg sprez de ses diaus. [...] Runi navend ilg blastemader, calzers de fier, cun guotas liungas [...], che vegnen si en dadens deien vegni cotshens elg fiug e gli traig en: lu tutt nius dei el vegnius ligiaus vid la roda dils torments, ch'ei antuorn entuorn pleina de tiglioms e nezas, e pezs, [...] entochen el bett' ora si si olma infama. Dai bein adaig, tes enshins de strieng vegnen quella ga a nezegiar nuot. Runei navend quei stinau schroc, surdai els Hentgiers!³¹⁸

DIOKLETIAN
Gut, dies soll deine allerletzte Frechheit sein! Wenn du willst, dass sich meine Liebe in Wut und Rachegelüste verwandle, dann soll es geschehen! Nicomedia soll es erfahren, Rom soll es hören, wie der Kaiser die Missachtung seiner Götter ahndet. [...] Schleift diesen Lästerer hinweg, Eisenschuhe mit langen Nägeln [...], die innen angebracht sind, sollen im Feuer erglühen und ihm angezogen werden. Dann soll er ganz nackt auf das Folterrad gebunden werden, das mit Schneiden, Klingen und Spitzen übersät ist, [...] bis er seine ruchlose Seele auswirft. Pass gut auf, deine Zauberkünste werden dieses Mal nichts nützen. Schleift diesen dickköpfigen Schurken weg, übergebt ihn den Henkern!

Diocletian und Gieri verkörpern zwei typische Gestalten der Barockliteratur: den Tyrannen und den Märtyrer. Der Märtyrer steht für die Beherrschung der Affekte, der Tyrann ist ihnen ausgeliefert. Im Barockdrama

---

318 Ms.GIERI.Disent. S. 9.

gehen Gericht und Untergang des Tyrannen mit dem physischen Untergang des Märtyrers einher. Entscheidend ist aber nicht der physische Tod, sondern der moralische Triumph.[319]

Der Senator Magnentius verändert sich im Laufe des Stückes. Zu Beginn ist er noch ein eifriger Verfechter des alten Götterglaubens. Aber die Christen beeindrucken ihn.

MAGNENTIUS	MAGNENTIUS
[...] Amig! Glei en verdat ina tresta e turpiusa caussa per nus. Ti vengs a ver, bucca mo umens de curasha, mo era fleivlas mataunsettas, affons giuvenets dils catolics vegnen a far nagin stem, nagin adaig sin nos Diaus, silg Kaiser, sin nus, e vegnen ver zun nuot tema de nos Hentgiers, de nossas pli brutalas crudeivladats. Quels vegnen a ir tier la mort pli stermentusa cun bucca rienta, sco shei massen tier la pli legreivla gasteria.[320]	[...] Freund! Es ist in Wahrheit eine traurige und beschämende Sache für uns. Du wirst sehen, nicht nur mutige Männer, sondern auch schwache Mädchen, jüngere Kinder der Katholiken werden keine Acht geben, keine Aufmerksamkeit unseren Göttern, dem Kaiser und uns schenken, und werden gar keine Angst von unseren Henkern und unseren brutalsten Grausamkeiten haben. Diese werden in den entsetzlichsten Tod mit lachendem Mund gehen, als ob sie zum fröhlichsten Festessen gehen würden.

Der Mut der Christen beeindruckt Magnentius immer mehr. Der Autor lässt ihn – zur Seite gewandt – seine Bewunderung aussprechen.

MAGNENTIUS	MAGNENTIUS
O tgiei mervegliusa curasha.[321]	Welch ein wunderbarer Mut.

Im dritten Akt bekehrt sich der Senator zum Christenglauben. Voller Reue bekennt er seine Sünden.

MAGNENTIUS	MAGNENTIUS
Amigs, astg'in scroc sco jau sun staus persequitond shi crudeivlamein ils catholics, condemnond tons tier la mort, ver speronza, che Diaus perdun'ils mes puccaus?[322]	Freunde, darf ein Schurke wie ich es gewesen bin, der die Katholiken grausam verfolgt, so viele zum Tode verurteilt hat, noch Hoffnung haben, dass Gott meine Sünden verzeihe?

---

319 Vgl. HOFFMEISTER. *Barockliteratur*. S. 181.
320 Ms.GIERI.Disent. S. 2.
321 Ms.GIERI.Disent. S. 9.
322 Ms.GIERI.Disent. S. 34.

In der Person des Magnentius begegnet den Zuschauern eine Figur, die sich wandelt. Der Senator deklamiert diese Wandlung aber nicht nur, sondern zeigt auch Anzeichen einer inneren Veränderung, die in aller Stille vor sich geht. Die Subtilität der Darstellung des inneren Wandels ist für einen barocken Autor nicht selbstverständlich.

Hier öffnet sich der Weg in eine neue Zeit.

6.5 Sinnzusammenhänge

6.5.1 Symbole und Leitmotiv
Hydra und Meer
Der Autor des *Sogn Gieri* verwendet in seinem Text eine Reihe von einprägsamen Bildern, um die Christen zu beschreiben. Megaritus, der Hohepriester der falschen Götter, beschreibt die Christen folgendermassen:

> MEGARITUS
> Quella infama raza de catholics ei semultiplicada de di en di, e ha traig sin da nus la schmaladictiun de nos Diaus, chen lautras stridai. Magnentius ha zwar chitshau a mauns a quella Siarp Hydra de milli tgiaus, ad ella hal faig in tgiau suenter glauter, mo essend enpau memia migieivels h'al embliadu de bershar ils tailgs dils culiezs, per bucca shar cresher de novamein plis!³²³

> MEGARITUS
> Diese verdammte Brut von Katholiken hat sich von Tag zu Tag vermehrt, und hat den Fluch unserer Götter auf uns gezogen, die dadurch beleidigt sind. Magnentius hat zwar gegen diese Schlange Hydra mit tausend Köpfen gekämpft, er hat ihr einen Kopf nach dem anderen entfernt, aber weil er etwas zu mild war, hat er vergessen, die Schnitte am Hals auszubrennen, damit die Köpfe nicht nachwachsen.

An anderer Stelle stellt Megaritus fest, dass die Christen nur durch gewaltige Anstrengungen noch aufzuhalten seien. Aber Nazarius, der kleine Junge, ergänzt das Bild, das Megaritus geprägt hat, zu seinen Gunsten.

> MEGARITUS
> [...] De l'entshiata ha ilg ping diember de catholics semigliau in Doitget, il qual mond speras ora in strush encorsha, e cun in passet va

> MEGARITUS
> [...] Von Anfang an hat die kleine Anzahl Katholiken einem Rinnsal geglichen, das man beim Vorbeigehen kaum bemerkt und mit einem

---

323 Ms.GIERI.Disent. S. 4.

suravi. Plaun e plaun eis el vegnius in Rhein grond, e largs, il qual po tener a mistreng mo cun ils pli ferms vuors.

NAZARIUS
[...] Ils catholics tras la fermezia chels survengnen da Lur Diu wengnen senza stenta a scarpar vos rempars, [...] per impedir ilg serasar ora della s. religiun, quells vegnen a daventar sc'ina nonmisereivla mar, che veng silg avegnir a laguoter en a giu tutts vos rempars, e vos Diaus, ch'an zun nagina pussonza.[324]

kleinen Schritt überschreitet. Nach und nach ist daraus ein grosser und breiter Fluss entstanden, den nur die stärksten Dämme zügeln können.

NAZARIUS
[...] Die Katholiken, durch die Kraft die sie von ihrem Gott erhalten haben, werden ohne Mühe eure Dämme zerreissen, die mit dem Zweck erbaut wurden, die Ausbreitung der heiligen Religion zu verhindern; diese werden zu einem unermesslichen Meer, welches in Zukunft alle eure Dämme und eure Götter, die gar keine Macht haben, verschlucken wird.

In diesen Bildern erscheint das Christentum als eine unaufhaltsame Bewegung, der man sich zwar vereinzelt widersetzen kann, die aber letztlich nicht ausgerottet werden kann. Der Autor legt diese Worte geschickt in den Mund des heidnischen Priesters. Dadurch wirken sie als objektive Bewertung der Sachlage – und nicht als Propaganda der Christen.

Himmel
Am Ende des dritten Aktes werden die Christen von den Soldaten zur Hinrichtung geführt. Die Verurteilten verlassen die Bühne mit lauten, triumphierenden Rufen.

PROTOLEUS
Segner, prend si nossas olmas! Per tei dein nus la veta! – En Parvis, amigs en Parvis!

PROTOLEUS
Herrgot, nimm unsere Seelen auf! Für dich geben wir das Leben. – In den Himmel, Freunde, in den Himmel!

TUTTS
En Parvis – en Parvis![325]

ALLE
In den Himmel – in den Himmel!

---

324 Ms.GIERI.Disent. S. 4
325 Ms.GIERI.Disent. S. 37.

Dieser Ruf begleitet die Handlung von Anfang an. Er ist das Leitmotiv schlechthin und begegnet den Zuschauern in verschiedenen Varianten. Im ersten Akt droht Kaiser Diokletian dem Knaben Celsus.

DIOCLETIAN Cuesha ti siarpeta, ne jau tei smachel!	DIOKLETIAN Schweig, du kleine Schlange, oder ich zertrete dich!
CELSUS Quei sas ti far, she mon jau en Parvis.[326]	CELSUS Das kannst du machen, dann gehe ich in den Himmel.

Im zweiten Akt droht dem Prokonsul Protoleus und den Kindern der Tod.

TUTTS Nus essen catholics, bugien, de cor bugien lein nus murir!	ALLE Wir sind katholisch, gerne, von Herzen gerne wollen wir sterben!
CELSUS Si en parvis cun nies Diu lein nus viver en perpeten.[327]	CELSUS Im Himmel wollen wir mit unserem Gott leben in Ewigkeit.

Der Himmel ist Zufluchtsort, Stätte des Wiedersehens und Ort des Zusammenseins mit Gott. Der Aufenthalt im Himmel ist für die Personen des Stückes aber nicht nur der Trost für ein entbehrungsreiches Leben, sondern viel mehr: im Himmel zu wohnen, ist besser als auf der Erde zu leben. Der Himmel ist ein absolutes Gut, das Erdenleben hingegen nur ein Durchgangsstadium, in dem man sich bewähren muss. Das Martyrium ist die Vollendung eines bewährten Lebens, es führt direkt in den Himmel. Nur auf diesem Hintergrund wird es verständlich, wenn die verfolgten Christen «von Herzen gerne sterben»[328] wollen.

6.5.2 Der leitende Sinn des Dramas

Es wurde bereits darauf hingewiesen, dass die Handschrift *Sogn Gieri* höchstwahrscheinlich eine Übersetzung aus dem Deutschen ist.[329] Die Handschrift trägt die Kennzeichen einer direkten Übersetzung. Eine grosse

---

326 Ms.GIERI.Disent. S. 6.
327 Ms.GIERI.Disent. S. 22.
328 Vgl. Ms.GIERI.Disent. S. 22.
329 GADOLA. *Historia. Secunda perioda.* S. 45.

Anzahl Wörter und mitunter ganze Sätze wurden vom Verfasser der Übersetzung durchgestrichen und in einer verbesserten Fassung ergänzt.

Der Verfasser der Übersetzung nennt die Anhänger Gieris zunächst «Christen»; dann streicht er diese Bezeichnung und ergänzt überall «Katholiken».[330] Er setzt dadurch die frühe Christengemeinde Nicomedias mit der römischen Papstkirche gleich und schliesst die reformierten Kirchen indirekt aus. – Das Drama *Sogn Gieri* gehört damit eindeutig zu jenen Theaterstücken, die im Umfeld der katholischen Gegenreformation entstanden sind.

Der Autor des *Sogn Gieri* versucht, die Anliegen der Gegenreformation in seinem Stück wirksam zu thematisieren und die Vorwürfe der reformierten Partei zu entkräften. Der Heilige bekräftigt mehrmals die Rationalität seiner Lehre.

> GIERI
> Tutts quels, che jau convertiu tier la cardiensha de Jesu Chri hai jau bucca manau tras strieng, sonder tras doctrina, persuashiun, tras la forza della verdat.[331]

> GIERI
> Alle, die ich zum Glauben an Jesus Christus bekehrt habe, habe ich nicht durch Zauberei, sondern durch Lehre, Überzeugung, durch die Kraft der Wahrheit (zu ihm) geführt.

An anderer Stelle wendet er sich noch entschiedener gegen die Zauberei.

> GIERI
> [...] Catholics hassegien nagina caussa pli feg, chil strieng, il qual veng scomendau ad els sut peina dil uffiern. Ne mi di, she ilg laventar si morts, sco glei daventau avon tes eilgs, she il miu mitshar ord la chilgiera ardenta she il medegar sil mument mias plagas, she cient autras miraclas, las quallas ti cun tes agiens eilgs has viu cau ed a Roma, en nuot auter ch'effect, dil strieng, tgi ha lu dau a quels enshins ina shi admirabla vertit?[332]

> GIERI
> [...] Katholiken hassen keine Sache stärker als die Zauberei, die ihnen unter Höllenstrafe verboten ist. Sag mir, wenn die Erweckung der Toten, wie sie vor deinen Augen geschehen ist, wenn mein Entkommen aus dem brennenden Kalkofen, wenn das plötzliche Heilen meiner Wunden, wenn hundert weitere Wunder, die du mit deinen eigenen Augen hier und in Rom gesehen hast, nichts anderes sind als Zaubereffekte, wer hat dann diesen Tricks eine so bewundernswerte Macht gegeben?

---

330 Vgl. Ms.GIERI.Disent. S. 1.
331 Ms.GIERI.Disent. S. 7.
332 Ms.GIERI.Disent. S. 18.

Der Autor sieht sich aber auch dem Anspruch der Aufklärung gegenübergestellt. Darum betont er Rationalität und Wahrhaftigkeit seiner Lehre. Interessant ist es, dass er den Vorwurf der Zauberei ausgerechnet mit dem Hinweis auf die moralische Qualität der Wunder entkräften will.

Im Stück treten die «Katholiken» als aufgeklärte Christen auf, die sich über die heidnische Praxis der Götterverehrung lustig machen. Selbst die Kinder Celsus und Nazarius haben die Lächerlichkeit der alten Götter erkannt und verspotten sie.

CELSUS
Els han elgs, e vesen nuott, els an ureglias, e auden nuott, ei han mauns, e pon palpar nuot.

CELSUS
Sie haben Augen und sehen nichts, sie haben Ohren und hören nichts, sie haben Hände und können nichts betasten.

NAZARIUS
E de quella sort tsheppa undreis vus, e leis lu aung esser vers fideivels, perderts, sclari si?[333]

NAZARIUS
Und ihr verehrt diese Art von Holzklötzen, und wollt dann noch wahre Gläubige sein, gescheit und aufgeklärt?

Das Drama *Sogn Gieri* ist nicht zuletzt ein interessantes Zeitdokument. Mit seiner gewollten Abgrenzung gegenüber anderen Konfessionen stellt sich das Drama in den Dienst der gegenreformatorischen Propaganda. In seiner Bemühung um Plausibilität und Rechtfertigung des Glaubens kommt es einer aufklärerischen Forderung nach. In seiner Ausrichtung auf die Erfüllung des Lebens im Jenseits aber spiegelt es barockes Lebensgefühl in reinster Form.

---

333 Ms.GIERI.Disent. S. 27.

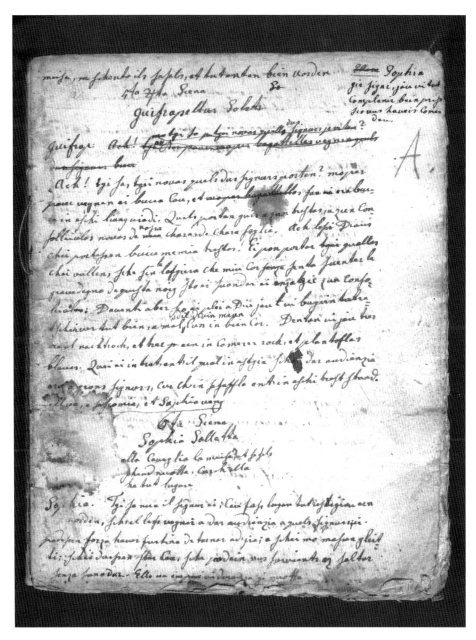

Gion Guarinus
Erste Seite des Manuskriptes A. 18 x 22 cm.

II. Die Dramentexte

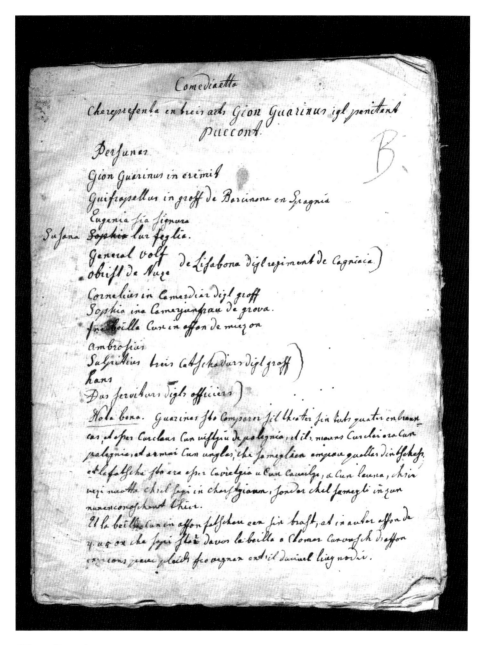

Gion Guarinus
Erste Seite des Manuskriptes B. 18 x 22 cm.

7 Das Drama *Gion Guarinus*

Das Drama *Gion Guarinus* ist ein Stück über einen reumütigen Sünder. *Gion Guarinus*, ein frommer Eremit, wird vom Teufel versucht. Er vergewaltigt und tötet eine Prinzessin, die ihm anvertraut war. Voller Reue pilgert er nach Rom. Der Papst trägt ihm eine siebenjährige Busszeit auf. Guarinus verbringt die Zeit im Wald und wird zum Tier. Als ihn Jäger des Grafen Guifrapellus entdecken, ist die Erlösung nahe.

Inhaltlich weicht das Stück stark von den Heiligenspielen ab, indem es weder eine biblische Figur noch Leben und Sterben eines grossen Heiligen beschreibt, sondern sich mit dem Schicksal eines Menschen befasst, der in die Fänge des Teufels gerät und sich nur mühsam daraus befreien kann.

7.1 Überlieferungsgeschichte und Textbefund

Das Drama *Gion Guarinus, igl penitent puccont* ist in zwei unvollständigen, sich ergänzenden Handschriften überliefert, die beide von der gleichen Hand geschrieben wurden. Die Handschriften wurden zur besseren Unterscheidung mit den Buchstaben A und B versehen; dementsprechend wird in dieser Arbeit die Handschrift A in Ms.Guarinus.A.Tuor., die Handschrift B in Ms.Guarinus.B.Tuor. abgekürzt.

Die Manuskripte Ms.Guarinus.B.Tuor. und Ms.Guarinus.A.Tuor. gehören zum Bestand der romanischen Bibliothek des Klosters Disentis und sind wahrscheinlich durch die Sammeltätigkeit von P. Baseli Berther[334] dorthin gelangt. Guglielm Gadola, Schüler und Freund des Sammlers, stellt das romanische Stück Gion Guarinus in seiner *Historia dil teater romontsch* von 1932 als «bis jetzt völlig unbekannt gewesenes Drama»[335] vor.

Gadola macht keine gesicherten Angaben zur Herkunft des Manuskriptes. Wenn es von Gion Gieri de Tuor kopiert wurde, wie Gadola annimmt, so wird es sich zumindest zum Zeitpunkt der Abfassung in Rabius befunden haben.

---

334 GADOLA. *P. Baseli Berther*. S. 62–84.
335 «Quest drama ei entochen ussa staus dal tuttafatg nunenconuschents». – GADOLA. *Historia. Secunda perioda*. S. 19.

Die Publikation und Edition dieser und weiterer, bisher unbekannter Theaterhandschriften, die Gadola vorsah und in einer Anmerkung der *Historia*[336] ankündigte, kam nie zustande.

7.1.1 Beschreibung der Handschriften

Die Handschriften Ms.Guarinus.B.Tuor. und Ms.Guarinus.A.Tuor. haben Heftformat. Die Höhe beträgt 22 cm, die Breite 17 cm. Beide Handschriften sind fragmentarisch; die Handschrift Ms.Guarinus.B.Tuor. umfasst die ersten vierzehn Szenen des ersten Aktes; die Handschrift Ms.Guarinus. A.Tuor. ist beinahe vollständig; ihr fehlen lediglich Titelblatt, Rollenverzeichnis, Prolog und die ersten vier Szenen des ersten Aktes.

Bei der Handschrift Ms.Guarinus.B.Tuor. handelt es sich nach G. Gadola[337] um eine Kopie, die erstellt wurde, um das Manuskript Ms.Guarinus.A.Tuor., dessen erste Seiten verlorengegangen bzw. stark verschmutzt worden waren, zu ergänzen.

Bei Annahme dieser Hypothese bliebe allerdings zu klären, warum das Manuskript Ms.Guarinus.B.Tuor. trotzdem abrupt an einer Stelle endet, die weit über den Anfang der beschädigten Handschrift Ms.Guarinus.A.Tuor. hinausgeht; die beiden Manuskripte überschneiden sich nämlich um volle zehn Szenen. – Die Theorie der sich ergänzenden Manuskripte lässt sich durch keine weiteren Zeugnisse belegen.

Wenn die Handschrift Ms.Guarinus.B.Tuor. eine Kopie ist, so ist sie zwangsläufig auch jünger als die Handschrift Ms.Guarinus.A.Tuor. Damit ist aber auch ausgeschlossen, dass es sich bei der Handschrift Ms. Guarinus.B.Tuor. um die Originalübersetzung handelt.[338] – Aber auch die

---

336 GADOLA. *Historia. Secunda perioda.* S. 19. Anm. 21.
337 «Alla copia A ch'ei enzatgei pli veglia, mauncan las empremas 4 scenas digl emprem act. La copia B compeglia mo 11 paginas, che cuntegnan las empremas 14 scenas digl emprem act [...] Constatau quei, sto ei dar en egl ad in e scadin, ch'ins ha [...] stuiu completar il text muncont de copia A entras las empremas 4, resp. entras 14 scenas de copia B.» – «Der Kopie A, die etwas älter ist, fehlen die ersten 4 Szenen des ersten Aktes. Die Kopie B umfasst nur 11 Seiten, die die ersten 14 Szenen des ersten Aktes beinhalten [...] Wenn man dies feststellt, muss es jedem auffallen, dass man [...] den fehlenden Text der Kopie A durch die ersten 4, bzw. durch 14 Szenen der Kopie B ergänzen musste.» – GADOLA. *Historia. Secunda perioda.* S. 20.
338 «B ei pia senza fallir copia!» – «B ist also zweifellos Kopie!» – GADOLA. *Historia. Secunda perioda.* S. 20.

Handschrift Ms.Guarinus.A.Tuor. ist nach G. Gadola nur Kopie einer älteren Übersetzung; er belegt dies anhand mehrerer typischer Kopierfehler,[339] die sich im Manuskript Ms.Guarinus.A.Tuor. nachweisen lassen.

7.1.2 Aufbewahrungsort

Die Handschrift Ms.Guarinus.B.Tuor. *Comediaetta Che representa en treis acts Gion Guarinus igl penitent puccont* und die Handschrift Ms. Guarinus. A.Tuor. *Gion Guarinus* befinden sich in der romanischen Bibliothek der Benediktinerabtei Disentis/Mustér.[340]

7.1.3 Datierung der Handschriften

Nach G. Gadola wurden die Handschriften Ms.Guarinus.B.Tuor. und Ms. Guarinus.A.Tuor. etwa zwischen 1802 und 1812 erstellt.[341] Er gibt zunächst keine weitere Begründung für die Annahme dieses Entstehungsdatums an.

An anderer Stelle schreibt Gadola, dass der Kopist der Handschriften, den er aufgrund der typischen Schriftzüge zu erkennen glaubt und als Gion Gieri de Tuor identifiziert, erst 1801 geboren sei.[342] Daraus müsste man nun folgern, dass de Tuor den *Gion Guarinus* im Alter von höchstens elf Jahren kopiert hätte. Das kann nicht der Fall sein, denn die Schrift des Kopisten ist nicht die eines Kindes. Zudem stellt sich die Frage, ob eine Kinderschrift ein sicheres Argument der Identifizierung darstellen kann, wenn man nur Vergleichsstücke hat, die aus der Hand des Erwachsenen stammen.

---

339 «Ergo, quod erat demonstrandum: era B ei ina copia d'in pli vegn manuscret, dal qual nus savein buca pli fastisar, schebein el ei staus l'empreima translaziun originala, ni era mo ina copia.» – «Ergo, quod erat demonstrandum: auch B ist eine Kopie eines älteren Manuskripts, von dem wir aber nicht wissen, ob es die erste Originalübersetzung oder auch nur eine Kopie war.» – GADOLA. *Historia. Secunda perioda.* S. 21.

340 Die Manuskripte befinden sich in der Sammelmappe mit der Signatur M 48.

341 «... ch'il text .. ha schi pressapauc ina vegliadetgna de 120–130 ons ...» – «... dass der Text ... so etwa ein Alter von 120–130 Jahren hat ...» – GADOLA. *Historia. Secunda perioda.* S. 19.

342 «Nus supponin era che G. Gieri Tuor hagi dirigiu ils tocs, ch'el ha copiau! Scarvon Gion Gieri Tuor ei naschius 1801 e morts 1844.» – «Wir vermuten, dass G. Gieri Tuor die Stücke, die er kopierte, auch geleitet hat. Der Schreiber Gion Gieri Tuor ist 1801 geboren und 1844 gestorben.» – GADOLA. *Historia. Secunda perioda.* S. 34.

Gadola setzt den Zeitpunkt der Entstehung der rätoromanischen Übersetzung und Umarbeitung in der zweiten Hälfte des 18. Jahrhunderts an.[343]

7.1.4 Der Autor des *Gion Guarinus*

Gadola macht keine gesicherten Angaben zur Herkunft des Manuskriptes. Wenn es von Gion Gieri de Tuor kopiert wurde, wie G. Gadola annimmt, so wird es sich zumindest zum Zeitpunkt der Abfassung in Rabius befunden haben.

Es wurde bereits darauf hingewiesen, dass es sich bei den Handschriften Ms.Guarinus.B.Tuor. und Ms.Guarinus.A.Tuor. um Kopien der Originalübersetzung oder einer älteren Kopie handelt. Zu klären bleibt noch die Frage nach dem Übersetzer und nach dem Autor des wahrscheinlich ursprünglich deutschen Stückes.

7.1.5 Aufführungen

Vom *Gion Guarinus* sind keine Aufführungsdaten bekannt. Trotz der späten Kopie von Gion Gieri de Tuor ist nicht anzunehmen, dass der *Guarinus* im

---

[343] Gadola belegt diese Datierung mit folgenden Argumenten: (1) Die Einteilung des Dramas in Akte ist eine Eigenheit des Spätbarock um 1750. (2) Die zahlreichen Regieanweisungen deuten ebenfalls auf eine Bearbeitung des Textes in der zweiten Hälfte des 18. Jahrhunderts hin. (3) Die Begrüssungszeremonien im *Guarinus* sind typisch für die aristokratische, frankophile Kultur des 18. Jahrhunderts. (4) Auch die vortreffliche Schokolade und der Kaffee sind zu jener Zeit noch privilegierte Getränke der Herrschaft [...]. Auch die Mode jener Zeit kommt zur Sprache, ‹inzwischen will ich diesen Nachtrock, und den Kammerrock anziehen, und blaue Pantoffeln.› (5) Auch die romanische Sprache des Stückes [...] ist charakteristisch für das Ende des 18. Jahrhunderts. Auf einige dieser *Germanismen* wurde bereits hingewiesen.» – «La vegliadetna dil text romontsch [...] savein nus concluder ord pliras enzennas: (1) La partiziun dil toc en acts ei ina atgnadad dil baroc de tard, pressapauc entuorn 1750. (2) Las numerusas remarcas per la direcziun dil toc ei medemamein in' enzenna che muossa vi sil teater della secunda mesadad dil 18 avel tschentaner. (3) La creanza e las ceremonias tiella beneventaziun dils dus aults officiers ei tipica cultura della aristocrazia franzosisada el 18 avel tschentaner ‹et quei tut alla gron fasong›. (4) Era la ‹fortrefflia tgigolata› ed il ‹caffé› ein da quei temps aunc bubrondas privilegiadas della segneria [...]. Era la moda de quei temps vegn a plaid, ‹denton vi jau trer ora quei nachtrock, e trer een in Cammerrock, et pantofflas blaues.› (5) Era il lungatg romontsch dil toc [...] ei caracteristics per la fin dil 18 avel secul.» – GADOLA. *Historia. Secunda perioda.* 33.

neunzehnten Jahrhundert noch häufig gespielt wurde. Dazu ist er seiner Zeit zu sehr verhaftet.

Dem Manuskript sind keine Angaben zu entnehmen, die auf eine Aufführung schliessen lassen. Die Aufführung mit den Klosterschülern, von der Gadola spricht,[344] ist reine Hypothese und bis heute nicht nachgewiesen.

7.2 Darstellung des Inhaltes

Die Darstellung des Inhaltes des *Gion Guarinus* stützt sich auf beide Guarinus-Handschriften. Wie wir schon gezeigt haben, ergänzen sich die Handschriften Ms.Guarinus.B.Tuor. und Ms.Guarinus.A.Tuor. zu einem vollständigen Drama. Die Unterschiede, die sich in den Textüberschneidungen feststellen lassen, sind Flüchtigkeitsfehler des Kopisten und nicht bewusste Änderungen inhaltlicher Art. Für die Erfordernisse der Inhaltsangabe ist es deshalb ausreichend und angebracht, von der Handschrift *Gion Guarinus* zu sprechen.

7.2.1 Titel

Comediaetta che presenta en treis acts *Gion Guarinus* igl penitent puccont.[345]	Kleine Komödie, die in drei Akten *Gion Guarinus*, den reuevollen Sünder, zeigt.

7.2.2 Rollenverzeichnis

GION GUARINUS in eremit	GION GUARINUS, ein Einsiedler
GUIFRAPELLUS in groff de Barcinona en Spagnia	GUIFRAPELLUS, ein Graf von Barcinona in Spanien

---

344 «Johann Caspar Moos [...] ha tarmess [...] siu teater Guarinus per diever dils scolars claustrals, che han lu dau il toc en medema moda e maniera sco a Zug, mo en romontsch, pil pievel romontsch.» – «Johann Caspar Moos [...] hat [...] sein Guarinus-Drama zum Gebrauch der Klosterschüler zur Verfügung gestellt, die das Stück dann – in gleicher Art und Weise wie in Zug – aber auf romanisch für ein romanisches Publikum gegeben haben.» – GADOLA. *Historia. Secunda perioda.* S. 32.
345 Ms.GUARINUS.B.Tuor. S. 1.

II. Die Dramentexte

EUGENIA sia signura	EUGENIA, seine Gemahlin
SUSANA lur feglia	SUSANNA, ihre Tochter
GENERAL VOLF DE LISABONA digl regiment de Cagniacia	GENERAL VOLF VON LISABONA vom Regiment von Cagniacia
OBRIST DE NUZE DE LISABONA digl regiment de Cagniacia	OBRIST DE NUZE VON LISABONA vom Regiment von Cagniacia
CORNELIUS in Camerdier digl groff	CORNELIUS, ein Kammerdiener des Grafen
SOPHIA ina camerjunfrau de grova	SOPHIA, eine Kammerjungfrau der Gräfin
Ina beilla cun in affon de miez on	Eine Amme mit einem halbjährigen Kind
AMBROSIUS treis SULPITIUS Catschadurs HANS digl groff	AMBROSIUS SULPITIUS drei Jäger des Grafen HANS
Dus serviturs digls officiers[346]	Zwei Diener der Offiziere

7.2.3 Inhaltsangabe
Prolog
Der Prolog des Guarinus-Dramas ist erhalten und wird vollständig wiedergegeben.

Mees Astimatissims Spectaturs Nus representein il penitent puccont; ina Comediaetta, ch'ei pleina de tristezia, et pleina de letezia. A schella veng bucca representada suenter la veagonzadat della historia, ch'ella representa, suenter il desideri, et suenter il spitgiars digls exspectaturs; sche eis ella tonaton nizeivla, et pussenta per muentar, et laventar entels nos Cors ils pli buns, ils pli merviglius, et ils pli salideivels, et nizzeivels effects. Ella dei laventar si ent ils nos Cors ina ferma speronza sin la	Meine sehr verehrten Zuschauer. Wir zeigen den bussfertigen Sünder; eine kleine Komödie, die voller Trauer und voller Freude ist. Und auch wenn sie nicht nach der Würde der Geschichte, die sie darstellt, und auch nicht nach dem Verlangen und nach den Erwartungen der Zuschauer aufgeführt wird, so ist sie dennoch nützlich und fähig, in unseren Herzen die besten, wunderbarsten und nützlichsten Wirkungen hervorzurufen. Sie soll in unseren Herzen eine starke Hoffnung auf die göttliche Vorsehung, eine voll-

---

346 Ms.GUARINUS.B.Tuor. S. 1.

divina providientscha; ina perfetgia devotiun tier Maria, la divina mamma; ina vera et compleina patienzia enten las Cruschs a miserias, et ina verameing buna, et bein resolvida veglia de retscheiver digl divin maun bein bugien las ventiras, a sventiras.

La nossa Comediaetta dat era a nus zun biars, bials, et nizaivels muossamens. Ella muossa ed' a nus con admirabla, a con sabia la divina providenzia segi. Ella muossa co Diaus sappi ord'il pli gron mal tier il pli gron bien; et co el sappi manar igl charstgiaun per las pli ruchas, pli difficultusas, et per las a nus pli nunenconoschentas vias tier igl temporal et perpetten salid. Ella muossa co Diaus sappi sil moment midar las nossas pli grondas tristezias a cambers enten las pli grondas lettezias, a consolatiuns. Et con buntadeivels Diaus segi era cun ils pli grons puccons. Ella muossa ch'era ils pli grons puccons dejan mai perder la speronza, a fidonza tier la divina gratia, et assistenzia: Ella muossa che nagin charstgiaun degi sezegigiar era enten miez las pli desperadas miserias et Cruschs, sonder ch'el degi ad'ina sefidar digl divin agit, et digl agit dalla divina mumma Maria. El la fin muossa ella tgei streingia penetienzia il puccau tilli suenter sesez; et tgei engratiament nus segien culponzs a Diu, et Maria per ils benefecis, che nus retschavein dad'els.

Quests merviglius effects, et soings muossamens mereten, che quests astimatissims spectaturs teidlien, et uardien sin questa forza malameing representada

endete Frömmigkeit zu Maria, der göttlichen Mutter, eine wahre und vollkommene Geduld im Ertragen der Kreuze und des Elends, und einen wahrlich guten und wohl überlegten Willen erwecken, aus der göttlichen Hand Glück und Unglück gerne entgegenzunehmen.

Unsere kleine Komödie weist uns auch auf viele, schöne und nützliche Lehren hin. Sie zeigt uns, wie bewunderungswert und wie weise die göttliche Vorsehung ist. Sie zeigt, wie Gott aus dem grössten Übel das grösste Gut machen kann; und wie er den Menschen auf den rauhesten, schwierigsten und unbekanntesten Wegen zum zeitlichen und ewigen Heil führen kann. Sie zeigt, wie Gott auf der Stelle die grösste Traurigkeit und den grössten Kummer in grösste Freude und Trost verwandeln kann, und wie gütig Gott auch mit den grössten Sündern ist. Sie zeigt auch, dass die grössten Sünder die Hoffnung und das Vertrauen in die göttliche Gnade und Hilfe nie verlieren sollen. Sie zeigt, dass ein Mensch auch im verzweifeltsten Elend, und unter Kreuzen, nicht verzagen soll, sondern dass er immer auf die Hilfe Gottes und der Gottesmutter Maria vertrauen soll. Letzten Endes zeigt die Komödie, welche strenge Busse die Sünde nach sich zieht und welchen Dank wir Gott und Maria für die Wohltaten, die wir von ihnen bekommen, schulden.

Diese wunderbaren Wirkungen und heiligen Zeugnisse verdienen, dass diese hochverehrtesten Zuschauer dieser vielleicht schlecht aufgeführten kleinen Komödie mit guter Geduld und Aufmerksamkeit beiwohnen. Dies ist es, was ich

comediaetta cun buna patienzia et attentiun. Quest ei quei ch'jau laschel a quels astimatissims spectaturs per recomendau, et hai l'honur de far a quels la profunda reverenzia.[347]

den sehr verehrten Zuschauern empfehle, und ich habe die Ehre, diesen eine tiefe Verbeugung zu machen.

I. Akt
1. Szene
Frühmorgens, im Schloss des Grafen. Der Kammerdiener Cornelius tritt auf und erkundigt sich nach den Wünschen des Grafen Guifrapellus. Dieser erbittet sich etwas Zeit, um seine Gedanken ordnen zu können, da er sehr unruhig geschlafen habe. Der Kammerdiener ist erstaunt über die Bitte des Grafen. Denn er ist überzeugt, ihn schon lange nicht mehr so glücklich gesehen zu haben, seit seine Tochter verschwunden ist.

Aber der Graf beharrt darauf, schlecht geschlafen zu haben. Beim Glockengeläute seien allerdings die Last auf seiner Brust und die Angst seines Herzens gewichen. Seitdem fühle er sich wie neugeboren. Der Graf schliesst daraus, dass der Tag ihm zunächst Trauriges, dann aber Tröstliches bringen müsse. Darauf der Kammerdiener:

CAMERDIER
Ei po maneivel esser, che quella gravedegna, et anguoscha munten enzatgei trest, et quella anetgia leftgiera prophetisescha enzatgei consoleivel. Aber aung pli guis eir ei mo enzatgei natural. Ei deriva forza empau dellas grevas occupatiuns, ch' ei han giu jer; u della veglia malenconia, ch'ei han per lur chara Susana, u forza era empau digl memia gref saung, igl qual ha ina memia plauna circulatiun, et aschia squatra memia Staing il cor, et stauscha memia feg encunter il schurvi. Asch' ei duess

KAMMERDIENER
Es kann gut sein, dass diese Bedrückung und Angst etwas Trauriges und die plötzliche Erleichterung etwas Tröstliches zu bedeuten hat. Aber mit noch grösserer Wahrscheinlichkeit ist alles natürlich zu erklären. Es (das Unbehagen) kommt vielleicht von den schweren Verrichtungen, die sie gestern zu verrichten hatten oder von der alten Schwermut um ihre liebe Tochter Susanna oder vielleicht auch vom etwas zu schweren Blut, dessen Kreislauf zu schwerfällig ist und so das Herz zu

---

347 Ms.GUARINUS.B.Tuor. S. 2–3.

significar enzatgei trest, a leger, sche prendien era quella gada, sco autras gadas, in, a lauter bein bugien digl divin meun.

GROFF
Ha, ha, oz discuoras ti, sco in theolog, sco in phisicus, et sco in Docter della medeschina. Pilve ti discuoras oz, sco ti havesses migliaun een questa noig tutta la theologia, a bibiu een tutta la phisica, et lagutiu een tut igl doctorad della medeschina.

CAMERDIER
Perquei ch'jau hai discuriu lau maungl'jau haver migliau een ni la theologia, ni bubiu een la phisica, ni lagutiu il doctorad della medeschina: quei hai jau udiu lau discurrer aschi savens, ch'jau poss maneivel saver senza studiar ni theologia, ni philosophia, ni medeschina. Els han aber dig mai podiu far tons spass, sco ei fan oz.

GROFF
Ti has raschun, jau hai aber era dig bucca giu in aschi lef cor sco jau hai oz.[348]

sehr anstrengt und gegen das Gehirn drückt. Und wenn es etwas Trauriges bedeuten sollte, so nehmen sie es doch auch diesmal, wie früher schon, sowohl das eine als auch das andere, gern aus der göttlichen Hand an.

GRAF
Ha, ha, heute sprichst du wie ein Theologe, wie ein Physikus, wie ein Doktor der Medizin. Wahrlich, du sprichst heute, als hättest du in der letzten Nacht die ganze Theologie verschluckt, die ganze Physik getrunken, und das ganze Doktorat der Medizin hinuntergewürgt.

KAMMERDIENER
Für das, was ich da sagte, brauche ich weder die Theologie verschluckt, noch die Physik getrunken, noch das Doktorat der Medizin hinuntergewürgt zu haben: darüber habe ich so häufig reden hören, dass ich es wissen kann, ohne Theologie, Physik und Medizin studiert zu haben. Sie haben aber seit langem nicht mehr so scherzen mögen wie heute.

GRAF
Du hast recht, mein Herz war auch schon seit langem nicht mehr so leicht wie heute.

Dann fordert der Graf den Kammerdiener auf, die Kammerjungfrau zu rufen. Der Kammerdiener geht ab.

---

348 Ms.GUARINUS.B.Tuor. S. 4–5.

2. Szene

Der Graf spricht zu sich selbst; er möchte wissen, ob die Gräfin wohl auch ein erleichtertes Herz wie er habe. Wenn dies der Fall wäre, müsste es etwas Tröstliches bedeuten.

3. Szene

Die Kammerjungfrau erscheint und fragt den Grafen nach seinen Wünschen. Der Graf antwortet:

GROFF
Va, et fai de saver alla mia Signura, cur ch'ella leva, ch'ei fussi miu gron plascher, sch'ella vegnessi, a prendessi il Caffe, u la tschigollata con mei. Damonda quell' ei plaigi ad' ella.

GRAF
Geh, und lass meine Gemahlin, wenn sie aufsteht, wissen, dass es mir eine grosse Freude wäre, wenn sie käme, um mit mir den Kaffee oder die Schokolade zu nehmen. Frage auch, was ihr gefallen würde (Kaffee oder Schokolade).

SOPHIA
Deigi ella vegnir gleitti?

SOPHIA
Soll sie gleich kommen?

GROFF
Curch' ei plai ad' ella.

GRAF
Wann es ihr gefällt.

SOPHIA
Han ei forza gasts, dei ella vegnir vestgida een galla?

SOPHIA
Haben sie vielleicht Gäste, soll sie in Gala erscheinen?

GROFF
Aung ussa sai jau bucca novas de gasts; tonaton mi schai ei een che nus podessen survegnir; ella dei vegnir vestgida alla cumina moda.[349]

GRAF
Bis zu diesem Zeitpunkt habe ich keine Neuigkeiten von Gästen; dennoch sagt mir etwas, dass wir welche bekommen könnten; sie soll gewöhnlich gekleidet erscheinen.

4. Szene

Der Kammerdiener Cornelius stürmt herein und meldet die Ankunft zweier Offiziere aus Lisabona, die um eine Audienz gebeten haben. Der Kammerdiener nennt ihre Namen: *Signur General Volf* und *Signur Obrist de Nuce*, beide aus dem *Regiment von Cagnacia*. Der Graf ist

---

[349] Ms.GUARINUS.B.Tuor. S. 5–6.

erstaunt über ihr Erscheinen. Er hat die Offiziere schon lange nicht mehr gesehen. Vorahnungen überkommen ihn. Bringen die Offiziere gute oder böse Nachrichten von seiner Tochter? – Der Graf lässt die Offiziere durch seinen Diener willkommen heissen. Er bittet sie zur Audienz. Zuvor sollen sie sich aber von der Reise erholen und ihre Kleidung wechseln.

5. *Szene*
Der Graf gibt der Kammerjungfrau Sophia seine Anweisungen. Sie soll ihrer Herrin, der Gräfin, von der Ankunft der Offiziere erzählen. Die Gräfin möge sich ferner ihrem Rang gemäss, aber nicht allzu festlich kleiden. Dies gezieme sich nicht in ihrer Trauer.

Sophia soll zurückkommen, wenn sie die Herrin benachrichtigt habe, um den Tisch und die Sessel zurechtzurücken. Sophia geht weg.

6. *Szene*
Der Graf führt ein weiteres Selbstgespräch. Er glaubt nicht, dass die Offiziere die weite Reise ohne jeden Grund auf sich genommen haben. Er ist sich nicht sicher, ob er sich freuen oder ob er sich ängstigen soll.

Doch der Graf tröstet sich selbst. Nach der bleiernen Schwere der Nacht müsse nun etwas Erfreuliches, Trostreiches geschehen. Er legt in grosser Demut sein Schicksal in Gottes Hand.

Nun befasst er sich noch mit der Frage nach der passenden Kleidung für den Empfang der hohen Herren. Er kommt zum Schluss, dass der Kammerrock mit den blauen Pantoffeln die passende Kleidung für einen trauernden Grafen sei. Der Graf begibt sich in sein Zimmer, um seinen Nachtrock, den er noch trägt, abzulegen. Unterdessen erscheint Sophia.

7. *Szene*
Sophia rückt den Tisch und die Sessel zurecht. Sie hofft, dass die Herren Offiziere bald wieder abreisen, damit die Dienerschaft nicht überfordert werde.

Sophia erwartet den Grafen, der sich jedoch Zeit lässt. Sie klopft an die Tür und weist ihn darauf hin, dass alles vorbereitet sei. Daraufhin tritt der Graf aus dem Zimmer, lobt die Arbeit der Kammerjungfrau und schickt sie in die Küche. Sie soll Kaffee und Schokolade für je vier Personen im weissen Porzellangeschirr zubereiten lassen. Mit Auftragen soll sie solange warten, bis der Kammerdiener die Getränke in der Küche abhole. Sophia geht weg.

8. Szene
Der Graf ist wiederum allein. Er beschreibt seinen Gemütszustand als Mischung aus Angst und Freude. Er läutet nach dem Kammerdiener, damit er die Herren hereinführe.

9. Szene
Der Kammerdiener tritt auf. Der Graf erkundigt sich, ob die Offiziere schon lange auf die Audienz warteten. Der Kammerdiener beruhigt ihn. Die Herren hätten solange gebraucht, um sich umzuziehen, wären jetzt aber für den Empfang gerüstet. Der Graf lässt die Offiziere bitten, und der Kammerdiener geht ab.

10. Szene
Der Graf freut sich über die Ankunft der Offiziere.

GROFF
O con buna, o con misericordeivla eis ti divina providenzia! Era enten miez las pli grondas tribulatiuns, miserias, et anguoschas lajas ti terlischar enqual strolla de letezia, et consolatiun sur digls tees combergei! Ach co consolescha la vegnida, et preschenscha de quels Signurs il miu cor! A schai gie portassen trestas novas della mia chara feglia; sche consolescha tonaton la lur solletta vegnida zun il miu trest cor, et els een guis era vegni per mei consolar, a trostegiar.

Ei splunta

GROFF
Entree.

Jgl Camerdiener meina een ils officiers, et igl groff va ad els encunter, et retscheivels cun il dueivel compliment.[350]

GRAF
O wie gut, o wie mitleidvoll bist du göttliche Vorsehung! Auch inmitten der grössten Betrübnis, des Elends und der Angst lässt du manch einen Strahl der Freude und des Trostes über deinen Betrübten leuchten! Ach, wie sehr tröstet die Ankunft und Anwesenheit dieser Herren mein Herz! Und selbst wenn sie schlechte Kunde brächten von meiner Tochter, so tröstet doch allein ihr Kommen mein trauriges Herz. Ganz gewiss sind sie dazu hergekommen, mich zu trösten, mir beizustehn.

Es klopft an der Tür

GRAF
Entrez! (frz.)

Der Kammerdiener führt die Offiziere herein, der Graf geht ihnen entgegen und empfängt sie mit gebührender Achtung.

---

350 Ms.GUARINUS.B.Tuor. S. 9.

11. Szene
Der Graf begrüsst die Offiziere und erkundigt sich höflich nach deren Wohlergehen. Die kriegerischen Auseinandersetzungen und die Schlachten, die die Offiziere geführt haben, interessieren ihn besonders. Die Offiziere versichern ihm, sie hätten mehr Schlachten gewonnen als verloren.

Die Offiziere fragen den Grafen auch seinem Wohlergehen. Der Graf erzählt von seiner glücklichen Ehe und seinen fröhlichen Kindern. Dann erwähnt er ein grosses Unglück, das vor acht Jahren über ihn hereingebrochen sei, ohne es näher auszuführen. Er fordert die Offiziere auf, Platz zu nehmen. Den Kammerdiener Cornelius weist er an, den Kaffee und die Schokolade aufzutragen.

12. Szene
Der General, einer der beiden Offiziere, fragt nach der Gattin des Grafen. Er möchte wissen, ob sie noch lebe.

Der Graf bejaht die Frage und dankt Gott für den Trost, den er durch seine Gattin erfahre. Auch seine Frau sei immer traurig und niedergeschlagen. Die Offiziere möchten die Gräfin begrüssen. Der Graf läutet nach Sophia, der Kammerjungfrau.

13. Szene
Sophia tritt auf und verneigt sich. Der Graf befiehlt ihr, seine Gattin wissen zu lassen, sie möge ihn und die Offiziere mit ihrer Anwesenheit beglücken und mit ihnen eine Tasse Kaffee trinken. Sophia geht weg.

14. Szene[351]
Der Graf möchte mit der Schilderung seines Leides warten, bis die Gräfin zugegen ist. Die Offiziere versichern ihm, dass sie seinen Worten mit grossem Verlangen lauschen werden.

15. Szene[352]
Die Herrin und die Kammerjungfrau treten auf. Die Offiziere begrüssen die Gräfin und erweisen ihr die Ehre. Auf die Frage nach ihrem Wohlergehen

---

351 Diese Szene entspricht der 13. Szene der Handschrift Ms.GUARINUS.B.Tuor. und der 12. Szene in der Handschrift Ms.GUARINUS.A.Tuor.

352 Diese Szene entspricht der 14. Szene der Handschrift Ms.GUARINUS.B.Tuor. und der 13. Szene in der Handschrift Ms.GUARINUS.A.Tuor.

antwortet auch die Herrin, es gehe ihr gesundheitlich zwar gut, doch sei ihr ganzes restliches Leben von Trauer überschattet. Sie freue sich aber über die Anwesenheit der Gäste. Die Offiziere versichern das trauernde Paar ihrer Anteilnahme. Neben dem Wunsch, zu erfahren, was sich wirklich im Hause des Grafen zugetragen habe, sei diese Bezeugung ihres Mitleides der Grund für ihre Reise gewesen. Der Graf bedankt sich bei den Offizieren für ihre Güte und fordert Sophia auf, den Kammerdiener Cornelius zu rufen.

16. Szene[353]
Cornelius und Sophia, die Diener, erscheinen. Der Graf befiehlt ihnen, den Kaffee und die Schokolade zu servieren. Cornelius soll die Getränke auftragen, Sophia die Tassen. Die Diener gehen ab.

Die Gräfin bittet die Offiziere nun, Platz zu nehmen, da sie annimmt, sie seien von der langen Reise erschöpft. Die Offiziere weisen sie höflich darauf hin, dass sie das Reiten gewohnt seien.

17. Szene[354]
Die Diener Cornelius und Sophia treten auf. Das Grafenpaar erkundigt sich bei den Offizieren, ob sie lieber Kaffee oder Schokolade trinken möchten. Die Diener servieren die Getränke.

Nachdem die Edelleute je zwei Tassen zu sich genommen und sich dabei ausschliesslich über deren Vortrefflichkeit, den Nährwert und die Wirkung unterhalten haben, äussert der Offizier Aurelius den Wunsch, die traurige Geschichte der Grafentochter zu hören.

Die Diener tragen das Geschirr weg. Cornelius kommt zurück.

18. Szene[355]
Der Graf fordert seine Gattin auf, die Geschichte ihrer Tochter zu erzählen. Die Gräfin erzählt zunächst von den guten Tagen, von der Kindheit ihrer Tochter und von den guten Eigenschaften ihrer Tochter. Sie sei schön, gesund und heiter gewesen. Die Gräfin erzählt von der christlichen Erziehung, Frömmigkeit und Andacht, aber auch von der standesgemässen Bildung, die sie dem Kind habe zukommen lassen.

---

353 Diese Szene entspricht der 14. Szene in der Handschrift Ms.Guarinus.A.Tuor.
354 Diese Szene entspricht der 15. Szene in der Handschrift Ms.Guarinus.A.Tuor.
355 Diese Szene entspricht der 16. Szene in der Handschrift Ms.Guarinus.A.Tuor.

Kaum sei die Tochter jedoch in heiratsfähigem Alter gewesen, habe sie der Wahnsinn befallen. Damit sei eine Zeit schwerer Kreuze und des Elends über die Grafenfamilie hereingebrochen. Der Offizier Antonius erkundigt sich nach der Ursache der Krankheit der Tochter.

EUGENIA
A nus eis ella tuttalmeing nunenconoschenta: nus savein bucca, sche ils nos, u ils ses puccaus en stai la caschun de quella crusch, [...].

AURELIUS
O mia chara Signura! Diaus lai bucca adina tier las Cruschs mo per stroff digls umens; sonder per biarras autras mervigliusas fins. Ell'ai savens savens tier als christgiauns las cruschs per emprovar lur patienzia, per dar caschun da meritar ton pli bia; et per muossar a nus la sia infinitameing sabia providienscha. Per muossar ch'el sapi manar il charstgiaun entras las pli crutschas, pli ruchas, et entras las anus pli mall'emperneivlas via tier il pli ventireivel stand.

ANTONIUS
Per empruar la patienzia de Giob ha Diaus schau tier ad'el tontas crusch. Per schar meritar ton pli bia ha Diaus largau sin David tontas persecutiuns, et autras miserias. [...]

GROFF
Las Cruschs een grondas, gie gie zun grondas: tonaton hagi Dieus schau tier pertgei fin ch'el vul, sche lain nus retscheiver ella sco Giob bein bugien dil divin maun.[356]

EUGENIA
Uns ist die Ursache gänzlich unbekannt: wir wissen nicht, ob ihre eigenen oder aber unsere Sünden der Grund für dieses Kreuz waren, [...].

AURELIUS
O meine liebe Herrin! Gott lässt die Kreuze nicht immer nur als Strafe für die Menschen zu, sondern verfolgt damit viele andere wunderbare Ziele. Häufig lässt er die Kreuze zu, um die Geduld der Menschen zu prüfen, um ihnen Gelegenheit zu geben, umso mehr Verdienste zu erwerben und um uns seine unendlich weise Vorsehung zu zeigen; um zu beweisen, dass er den Menschen auf den krummsten, rauhesten und für uns unangenehmsten Wegen zum glücklichsten Zustand führen kann.

ANTONIUS
Um die Geduld Hiobs zu prüfen, hat Gott so viele Kreuze zugelassen. Um ihm noch mehr Verdienste zukommen zu lassen, hat Gott so viel Verfolgung und anderes Elend auf David herabkommen lassen. [...]

GRAF
Die Kreuze sind gross, ja, sehr gross: doch aus welchem Grund Gott auch immer Kreuze zuliess, wir wollen sie wie Hiob gern aus der göttlichen Hand entgegennehmen.

---

356 Ms.GUARINUS.A.Tuor. S. 9.

II. Die Dramentexte

Der Offizier Antonius erkundigt sich, ob man nicht daran gedacht habe, die Tochter durch den Segen und den Exorzismus guter, frommer und weiser Priester vom bösen Geist zu befreien. Der Graf berichtet, man hätte alles Erdenkliche unternommen, jedoch zunächst ohne Erfolg, bis eines Tages der böse Geist selbst den Namen des *Gion Guarinus*, eines Einsiedlers auf dem heiligen Berg, genannt habe, der als einziger in der Lage sei, den Geist aus der Tochter zu vertreiben.

Nach langer Suche habe der Graf den Einsiedler gefunden und ihn um seinen Beistand angefleht. Doch der Einsiedler habe vorerst nichts von einer solchen Heilung wissen wollen. Erst nach vielen vergeblichen Überredungsversuchen hätte er, von Mitleid bewegt, eingewilligt, den Herrn Jesus Christus zu bitten, das Mädchen von seinen Qualen zu befreien. Über die bösen Geister selbst habe er keine Macht.

Nach einem kurzen Gebet des Einsiedlers habe der böse Geist die Tochter des Grafen wutschnaubend verlassen. Wenn sie aber nicht mindestens acht Tage beim Einsiedler verbleibe, werde sie in den Zustand ihrer Umnachtung zurückfallen, habe er mit schäumenden Lippen gedroht.

Der Einsiedler seinerseits habe die junge Frau um keinen Preis in der Welt bei sich behalten wollen, hätte sich aber doch überreden lassen, sie bei sich zu behalten.

Als er, der Graf, und seine Diener nach acht Tagen wieder auf den heiligen Berg gestiegen seien, um die Prinzessin abzuholen, habe ihnen der Einsiedler eröffnet, dass sie nicht mehr bei ihm weile. Sie habe sich vor zwei Tagen auf einen Spaziergang begeben, von dem sie nicht zurückgekommen sei. Er habe vermutet, dass sie wohlbehalten zu Hause angekommen sei. Wenn dem aber nicht so sei, müsse sie wohl entweder einem wilden Tier zum Opfer gefallen oder in eine Schlucht gestürzt sein. Anders könne er sich ihr Ausbleiben nicht erklären.

Der Kammerdiener Cornelius, der bei der Suche seinen Herrn begleitete, erzählt, wie sein Herr, der Graf, beinahe umgefallen sei, als er die traurige Nachricht vernommen habe. Doch der Einsiedler habe den Grafen getröstet und ihnen allen empfohlen, die Tochter in der Einöde zu suchen.

Nach erfolgloser Suche, so fährt der Graf fort, hätten sie sich nach Hause begeben. Wie sollten sie nur die traurige Botschaft der Gräfin überbringen? Alle hätten Angst gehabt, diese schwere Aufgabe zu übernehmen.

Die Gräfin erzählt, wie sie die Heimkehr ihres trauernden Gatten erlebt habe:

EUGENIA
Jau spitgiava continuameing ch'ei vegnessien segir cun nossa Susana liberada digl nauschaspert, et enten bien stand. Enten stailg aber de survegnir ina nova Consolatiun, hai jau survegniu ina nova tristezia. Tuts en vegni eent'il Saal, nua ch'ei era restgiau meisa, tots trests senza la feglia: Jau hai emperau: nua haveis la Susana; et tgei esses aschi trests, eis ella forza malsauna, u forza tuttavia morta, u puspei surprida digl nauschaspert.

AURELIUS
Tgei han ei respondiu sin quellas damondas?

EUGENIA
Zun nuotta tuts stevan sco tons metts. Curch' jau hai aber faig pli nott de plidar, sch'ei igl Signur seviuls cun la fatscha encunter il Crucifix. Et mira si per quel cun in snueivel suspir. Ils auters tuts steven cun ils elgs fitgei giu sin il plaun; oreifra Cornelius: quell ha mirau a mi enten fatscha, et ha plaun, plaun gig: Signura bucca piglei temma: jau vi gir co glei passau. Sin [ ] quei cuesch el puspei: curch'el ha nuotta voliu vegnir ora cun il lungais: sche hai gig: co eis ei pia passau, che vus vegnis senza la Susana? El gi puspei, ach Sigra jau rogel pegli bucca temma, jau vi gir clarameing: nus havein bucca survegniu ella. Lura ha ell raquintau tut il faig, en ent'il requintar quei hai jau advertiu ch'il Signur bargieva, et suspirava.

EUGENIA
Ich wartete ununterbrochen und war mir sicher, dass sie mit unserer Susanna, die wohlbehalten und endlich vom bösen Geist befreit war, zurückkehren würden. Aber, statt einer neuen Tröstung, bekam ich eine neue Trauer. Alle traten in den Saal, wo der Tisch gedeckt war. Sie waren traurig, und hatten die Tochter nicht dabei. Ich fragte: wo ist Susanna, und warum seid ihr so traurig? Ist sie vielleicht krank oder vielleicht sogar tot? Oder hat sie der böse Geist wieder befallen?

AURELIUS
Was haben sie auf diese Fragen geantwortet?

EUGENIA
Kein Wort haben sie gesagt, wie stumm standen sie da. Als ich aber darauf bestand, dass gesprochen werde, wandte sich der Graf mit dem Gesicht zum Kruzifix und betrachtete es mit einem schauerlichen Seufzer. Alle anderen starrten unentwegt auf den Boden, ausser Cornelius: der sah mir ins Gesicht und sagte langsam und leise: «Herrin, fürchtet euch nicht: ich will euch sagen, was geschehen ist.» Daraufhin verstummte er wieder, und als er mit der Sprache nicht herausrücken wollte, habe ich gesagt: «Wie ist es euch ergangen, dass ihr ohne Susanna zurückkehrt?» Cornelius setzte erneut an: «Ach Herrin, fürchtet euch bitte nicht, ich möchte es Ihnen offen sagen: wir haben Susanna nicht bekommen.» Dann erzählte er den ganzen Hergang, und während er das erzählte, bemerkte ich, wie der Graf weinte und seufzte.

195

AURELIUS
Questas novas een bein'era stadas ad'ella ina sgarscheivla, crudeivla spada entras il siu cor?

EUGENIA
Sch'jau stgies metter enzatgei zun petschen enten comparatiun cun enzatgei nunmesareivel: sche schess jau ch'jau fuss stada perquei moment lautra Maria sutt la Crusch.

CORNELIUS
Jau hai strusch giu raquintau tut il faig, ch'ella dat ina egliada sin Signur, et cun in snueivel suspir curdada viagiuent' il sesel sco per morta. Igl signur Grof ha teniu ella jau sundel currius il miedi; [...] et ella havess guis dau si il spert scha nus havessen bucca in bien miedi, et buns sperts, a cun tut quei, eisei aung passau bunameing ina ura a mesa avont ch'ella vegni tier seseza.[357]

AURELIUS
Diese Nachrichten müssen wohl ihr Herz durchbohrt haben wie ein furchtbares, grausames Schwert?

EUGENIA
Wenn ich etwas sehr Kleines mit etwas Unermesslichem vergleichen dürfte: dann würde ich sagen, dass ich für diesen Moment die zweite Maria unter dem Kreuz gewesen sei.

CORNELIUS
Ich hatte kaum den ganzen Hergang geschildert, da wirft die Herrin einen Blick auf den Grafen, und mit einem grausigen Seufzer fällt sie in ihren Sessel, als wäre sie tot. Der Herr Graf nahm sie in seine Arme, und ich rannte zum Arzt [...] und gewiss hätte sie ihren Geist aufgegeben, wenn wir nicht einen tüchtigen Arzt und gute Geister gehabt hätten; und trotz alledem hat es noch fast eine Stunde gedauert, bis sie wieder ihr Bewusstsein erlangte.

Der Graf erzählt von den Mühen und Kosten, die sie nicht gescheut hätten, um ihre Tochter zu suchen. Bis heute seien sie erfolglos geblieben. Er erwähnt die angeschlagene Gesundheit seiner Frau und rechnet damit, dass das grosse Leid, das ihm und seiner Frau zuteil wurde, ihre Lebenserwartung bedeutend verringern werde. Antonius versucht das Grafenpaar zu trösten, indem er auf die göttliche Vorsehung hinweist, die so unendlich weise und bewundernswert sei, dass sie selbst diese tiefe Trauer in eine ebenso grosse Freude verwandeln könne.

19. Szene[358]

Der Graf fordert den Kammerdiener auf, den Befehl, den er erhalten habe, auszuführen. Cornelius geht weg.

---

357 Ms.GUARINUS.A.Tuor. S. 13–14.
358 Diese Szene entspricht der 19. Szene in der Handschrift Ms.GUARINUS.A.Tuor.

Dann beschliesst der Graf die traurige Erzählung. Die Offiziere bekunden noch einmal ausführlich ihr Mitleid, wünschen dem Grafenpaar weiterhin viel Geduld. Sie bedauern es, keinen wirklichen Trost aussprechen zu können, und möchten sich verabschieden, um die Zeit ihrer Gastgeber nicht länger in Anspruch zu nehmen.

Aber der Graf möchte sie noch nicht ziehen lassen. Die Gräfin fügt hinzu, dass das Mittagsmahl schon vorbereitet sei. Cornelius erscheint und bittet zu Tisch. Die Offiziere fügen sich dem Wunsch des Grafen.

An dieser Stelle endet der erste Akt mit dem Vermerk, dass der Vorhang hier zugezogen werde.

II. Akt
1. Szene

Das Mittagsmahl ist beendet. Der Graf, seine Gattin, die Gäste und die Dienerschaft befinden sich wieder im Saal. Der Graf ist zufrieden. Seit dem Verlust seiner Tochter hat ihm das Essen nicht mehr so gut geschmeckt wie jetzt. Die Gräfin Eugenia ist gleicher Ansicht. Die Diener Cornelius und Sophia bestätigen den Eindruck der Herrschaften und freuen sich mit ihnen.

Der Graf ist sich sicher, dass sein Appetit mit dem Besuch seiner alten Freunde zusammenhängt und bittet sie deshalb inständig, einige Zeit in seinem Haus verbringen zu wollen. Aber die Offiziere äussern ihre Bedenken. Erstens würden sie persönliche Umstände zwingen, baldmöglichst in ihre Heimatländer zurückzukehren, und zweitens befürchten sie, ihre Gastgeber erst recht zu betrüben, wenn sie sich nach einer schönen gemeinsamen Zeit von ihnen verabschieden müssten.

Cornelius greift in das Gespräch ein. Er sei sich dessen sicher, dass das Kreuz, das seine Herrschaften zu tragen haben, noch am selben Tag von ihnen genommen werde, und bittet die Offiziere, solange zu warten. Er vertraue seinen Eingebungen vollkommen, besonders wenn sie so ausgeprägt seien wie heute. Dann erkundigt sich der Kammerdiener, ob er das Tier hereinbringen soll, das die Jäger herbeigeführt haben.

Der Graf überlässt es den Gästen, ob sie das Tier sehen möchten. Jene fürchten sich zwar. Aber Cornelius beruhigt sie und beschreibt das Tier als gezähmten, ruhigen grossen Hund, den man dennoch keiner bestehenden Gattung zuteilen könne. Daraufhin lässt der Graf durch Cornelius den Jägern ausrichten, dass er das Tier zu sehen wünsche. Die Gräfin schickt Sophia, die Kammerjungfrau, zur Amme, die das Tier auch schon lange sehen wollte. Sie möge auch den Jldefuns, das jüngste Kind des Grafen, mitnehmen. Sophia und Cornelius gehen ab.

2. Szene
Der Graf bittet seine Gäste, die gleich nach der Besichtigung des Tieres aufbrechen wollen, mindestens bis zum Abend zu bleiben und mit ihm gespannt zu warten, ob die Prophezeihungen des Kammerdieners Cornelius eintreffen. Sollte dies nämlich der Fall sein, so wäre es schade, wenn sie das Schloss ohne die gute Botschaft verlassen hätten und traurig von dannen zögen. Er selbst, so versichert der Graf, habe auch ein gutes Gefühl und hoffe auf einen glücklichen Ausgang des Tages.

Die Offiziere versprechen, bis zum Abend zu bleiben.

3. Szene
Cornelius tritt auf und kündigt die Jäger an, die das Tier vorführen sollen. Die Gräfin erkundigt sich nach dem Verbleib der Amme. Sophia, die ebenfalls zurückgekehrt ist, berichtet, die Amme wolle sich und den Junker, den Sohn des Grafen, noch etwas besser kleiden.

Die Offiziere können sich das Tier nicht vorstellen. Sophia stillt ihre Neugier nicht, sondern erzählt mit grosser Genugtuung, dass die Jäger schon viele verschiedene Tiere an den Hof gebracht hätten. Ein solches Tier aber habe selbst sie während ihrer langen Dienstzeit noch nicht gesehen.

5. Szene[359]
Die Jäger Ambrosius, Sulpitius und Hans bringen das Tier herein und binden es in der Mitte des Saales fest, während die anderen Anwesenden den Schutz der Wände suchen.

Die Gäste bestätigen die Ungewöhnlichkeit des Tieres. Es habe weiches, zartes, aber auch hartes und rauhes Fell, seine Haut sei hart wie eine Baumrinde. Der Kopf gleiche dem eines Menschen, die Nägel würden sie an die Krallen eines Falken erinnern, die Ohren muteten ihnen wiederum sehr menschlich an, und die Hinterfüsse seien nicht zu beschreiben.

---

359 Dem Autor unterläuft an dieser Stelle ein Zählfehler; es handelt sich hier eigentlich um die vierte, nicht um die fünfte Szene des zweiten Aktes.

Aber die Offiziere geben sich mit der blossen Beschreibung des Tieres nicht zufrieden, sondern möchten auch noch erfahren, wie es denn gefangen werden konnte. Nun berichten die anwesenden Jäger: sie hätten das Tier auf dem Cuolm Serrat gefunden. Dieser Berg befinde sich in der Nähe der Einsiedelei des *Gion Guarinus*. Der Jäger Sulpitius habe das Tier entdeckt, wie es friedlich an einen Felsen lehnte. Er habe sich jedoch nicht in seine Nähe getraut, obwohl er Hunde dabei hatte, sondern hätte seine Jagdfreunde herbeigerufen. Als das Tier die Rufe gehört habe, sei es nicht davongelaufen, sondern habe sich zu einer kleinen Wiese begeben, um dort Gras zu fressen.

Besonders seltsam hätten sich auch die Hunde verhalten, berichten die Jäger weiter. Diese hatten sich nicht einmal in die Nähe des Tieres getraut, sondern seien ihnen, den Jägern, lediglich bellend um die Beine gestrichen, während sie berieten, was mit dem Tier geschehen soll.

Dem Jäger Hans sei es dann doch gelungen, dem Tier eine Schlinge um den Hals zu legen. Merkwürdigerweise habe es sich gar nicht gewehrt. Als er und seine Freunde festgestellt hätten, dass das Tier zahm sei, hätten sie es kurz entschlossen mit nach Hause genommen.

Der Graf fährt fort und erzählt, er habe, als er sah, wie die Jäger das Tier herbeiführten, gleich gedacht, es handle sich dabei um eine jener Naturgottheiten, die die Heiden als Götter anbeteten. Der Oberst stimmt ihm zu, während Cornelius Mühe hat, an die Verehrungswürdigkeit dieses Wesens zu glauben.

6. Szene

Der General flüstert Cornelius etwas zu. Die Herrin redet mit Sophia, und jene verlässt zusammen mit Cornelius den Saal. Bis zu ihrer Rückkehr unterhalten sich der Graf, der Oberst und der General über die Wahrscheinlichkeit der Existenz von Naturgottheiten und kommen zum Schluss, dass es sie mit grosser Sicherheit doch nicht gebe. Der Oberst fügt hinzu, er halte die Existenz von Naturgottheiten für ebenso wahrscheinlich wie jene von Sirenen.

7. Szene

Cornelius erscheint mit den Dienern der Offiziere. Sophia geleitet die Amme mit dem Kind herein.

Der Graf stellt seinen kleinen Sohn den Offizieren vor. Er sei das einzige Kind, das ihm geblieben sei. Die Amme bemerkt als erste, wie der kleine

Prinz das Tier anstarrt und nicht von ihm lässt, so, als wolle er etwas sagen.
Alle schauen das Kind an. Und dann spricht der Knabe.

GL'AFFON	KIND
Fra Gion Guarine, leva si; pertgei, che Diaus ha perdunau ils tees puccaus.[360]	Bruder Gion Guarinus, steh auf. Denn Gott hat dir deine Sünden vergeben.

Alle Anwesenden wundern sich sehr über die Worte des Knaben. Der Graf und die Gräfin sind beunruhigt und fragen nach dem Sinn der Worte. Doch der prophetische Diener Cornelius mahnt zur Geduld.

8. Szene

Gion Guarinus, das fürchterliche Tier, hebt den Kopf empor, steht auf, seufzt laut und spricht:

GUARINUS	GUARINUS
Gie: Signur Groff, jau sundel GION GUARINUS, et igl sforzader, et morder de lur feglia.	Ja, Herr Graf, ich bin GION GUARINUS, der Vergewaltiger und Mörder ihrer Tochter.
GROFF	GRAF
Ti has sforzau, a mazau nossa feglia?	Du hast unsere Tochter vergewaltigt und getötet?
EUGENIA	EUGENIA
A pertgei hass faig quei et caschunau a nus ina talla crusch?	Und warum hast du das getan und uns ein solches Kreuz auferlegt?
GUARINUS	GUARINUS
Tedlai, jau vi tut confessar, sco glei daventau.	Hört, ich will alles gestehen, wie es sich zugetragen hat.
GROFF	GRAF
Corneli: va dabot per in caput; a cuviera el, sinaquei, che nus savegen, ch'el segi in chartgiaun.	Cornelius, geh schnell und hole einen Mantel; decke ihn damit zu, damit wir Gewissheit haben, dass er ein Mensch ist.
EUGENIA	EUGENIA
Ussa requenta pia.	Und nun erzähle also.

---

360 Ms.GUARINUS.A.Tuor. S. 25.

GUARINUS
Ei san tgei smanatschas igl Demuni ha faig, cur ch'ell'ei jus ordda lur feglia. Jau et els havein cartiu aquei manzaser. Sin quellas smanatschas han ei sforzau mei de salvar cun mei lur feglia, il jau faig zun nuidis. Schon gl'auter gij een las tentatiuns stadas aschi fermas, ch'jau ons che cometter in samigliont puccau, hai bandunau miu desiert, et vossa feglia, et sundel fugius. Sin viadi, bucca ton dalunsch dil miu desiert, sundel jau curdaus sin in auter eremit [...]. El damonda nua jau vomi, et pertgei. Jau hai confidau ad'el tutta la mia malsognia: el ha mai consolau, trostigiau, cusegliau, et faig anim de turnar tier mia habitatiun, [...]. Jau pauper sventirau hai suondau quei diabolig cuseilg: sundel turnaus, staus cun vossa Susana, et las tentatiuns en carschidas pli a pli, et surpriu talmeing: ch'jau hai forzau la giufna; et gravameing curdaus.

GROFF
Tgei has faig sil suenter, has mazau ella buca bein prest, a termess sia olma bein gleitti agli Demuni?

GUARINUS
Na: jgl remiers de conscienzia ha mei talmeing tormentau, ch'jau saveva bucca nua star, u tgei far. La fin sundel jau seresolvius de turnar tier miu velg cusegliader, a trostegiader [...].
  Jau sundel jus, et hai enflau el ent'il madem liug; el ha [...] dau

GUARINUS
Sie kennen die Drohungen des Dämons, die er beim Verlassen ihrer Tochter ausgestossen hat. Ich und sie, wir haben diesem Lügner geglaubt. Aufgrund dieser Drohungen haben sie mich gezwungen, ihre Tochter bei mir zu behalten, was ich sehr ungern tat. Schon am nächsten Tag war die Versuchung so stark, dass ich, bevor ich eine solche Sünde begehen würde, die Einöde und ihre Tochter verlassen habe und geflohen bin. Auf meinem Weg, nicht weit entfernt von meiner Einöde, bin ich einem anderen Einsiedler begegnet [...] Er fragte mich, wohin ich ginge, und weshalb. Ich erzählte ihm von meiner Krankheit: er tröstete mich, riet mir gut zu und forderte mich auf, zu meiner Wohnung zurückzukehren [...]. Ich armer Unglücklicher habe diesen teuflischen Rat befolgt, bin zurückgekehrt und bei ihrer Tochter Susanna geblieben, und die Versuchung wuchs mehr und mehr und überkam mich so sehr, dass ich ihre Tochter vergewaltigt habe und dadurch tief gefallen bin.

GRAF
Was hast du daraufhin getan, hast du sie schnell getötet und ihre Seele auf schnurgeradem Weg zum Dämon geschickt?

GUARINUS
Nein, die Gewissensbisse haben mich so sehr geplagt, dass ich nicht wusste, wo ich stehen und was ich tun sollte. Zu guter Letzt habe ich mich dann wieder an meinen alten Ratgeber und Tröster gewandt [...].
  Ich ging und fand ihn am gleichen Ort vor; [...] und er gab mir noch

aber in mender cuseilg chell'
emprema gada. Ach havess jau mai
suondau el! De turnar tier miu
Eremitasch, et tier la giufna, et de
mazar ella cur ch'ella diermi, a
lura satrar ella, che nagin anfli pli
ella: et de dar la risposta, ch'jau
dau agli Signur, cur chell'ei vegnius
per ritscheiver ella anavos.

OBRIST
Et has stgiau far quei?

GUARINUS
Gie muort las grondas enguoschas
enten las quallas jau senflava, et
muort il bien plidar da quei velg
Eremit.[361]

einen Rat, der weitaus schlimmer
als der erste war; ach, hätte ich ihn
nur nicht befolgt!
    Ich sollte zu meiner Einsiedelei
und zum Mädchen zurückkehren
und es, während es schlief, töten
und dann begraben, damit niemand
es findet. Er riet mir auch, ihnen so
zu antworten, wie ich es denn auch
tat, als sie kamen, um die Tochter
zu holen.

OBERST
Und so etwas konntest du tun?

GUARINUS
Ja, wegen der grossen Ängste, in
denen ich mich befand, und wegen
des des guten Zuspruchs dieses
alten Einsiedlers.

Gion Guarinus fährt fort und erzählt, dass der Dämon, den er aus der Grafentochter hatte vertreiben können, schliesslich ihn selbst übermannt habe. Jener Dämon habe sich die Gestalt des Einsiedlers gegeben, um ihn zu täuschen und zu diesem grausamen Werk zu verleiten.

Nachdem Guarinus die Tochter des Grafen bestattet hatte, sei er nach Rom zu Papst Hadrain III. gepilgert und habe jenem seine Sünden gebeichtet. Zur Sühne habe ihm der Papst aufgetragen, sieben Jahre lang eine strenge Busszeit zu halten, durch die er dann zu dem Tier geworden sei, das die Jäger im Wald gefunden, aber nicht mehr erkannt hätten.

Guarinus fällt auf die Knie, entblösst seinen Hals und bittet den Grafen, mit ihm zu willfahren, wie es ihm beliebe. Aber der Graf beteuert, er könne nicht über den richten, den der Himmel selbst so wunderbar losgesprochen habe. Hingegen bittet er Guarinus, dass er ihm das Grab seiner Tochter zeigen möge, damit er sie an einem würdigeren Platz bestatten könne.

Cornelius fordert den Grafen und die Diener auf, sich mit Guarinus auf den Weg zu machen, um die Leiche der Susanna zu bergen und ihr die geziemende Ehre zu erweisen. Und wiederum mahnt Cornelius in prophe-

---

361 Ms.GUARINUS.A.Tuor. S. 27.

tischer Ahnung, das Ende der Geschichte abzuwarten. Noch könne sie trostreich enden. Die Offiziere und ihre Diener schliessen sich dem aufbrechenden Zug des Grafen an.

Hier endet der zweite Akt, und der Vorhang wird heruntergelassen.

III. Akt
1. Szene
Die Herrin hat den Nachmittag weinend in der Kapelle verbracht. Sie fragt Sophia, ob das Abendessen vorbereitet sei.

Sophia bejaht die Frage. Auch sie habe vor lauter Tränen nicht im üblichen Ton befehlen können. Die Amme berichtet von einem tränenreichen Nachmittag. Allein das Kind, der kleine Sohn der Gräfin, habe ruhig geschlafen.

Die Herrin sieht dem traurigen Nachtmahl entgegen und befürchtet, dass an beiden Tafeln, sowohl bei der Dienerschaft als auch bei den Herren, kaum über Cornelius Prophezeihungen gelacht werden könne; dazu sei der Tag wohl zu traurig.

Sophia äussert den Wunsch, der Graf und seine Männer mögen die Gebeine der Tochter nicht ins Schloss bringen. Die Gräfin pflichtet ihr bei. Sie hofft, das die Männer die Gebeine irgendwo in einer Kirche zurücklassen.

2. Szene
Cornelius stürmt herein. Er bringt erfreuliche und wunderbare Nachrichten. Er kündigt die Ankunft der Tochter Susanna an, die vergewaltigt und ermordet worden sei, jetzt aber dennoch lebe. Die Frauen zweifeln an seiner Botschaft. Aber Cornelius lässt sich nicht beirren, und ruft die Herrin zu sich, da der Zug schon herannahe.

3. Szene
Der Graf tritt mit seiner Tochter Susanna, den Offizieren, Dienern und Jägern auf. Es herrscht grosse Freude über das Wunder, das durch die Gnade Gottes und die Fürbitte Marias bewirkt worden sei. Susanna ist sich sicher, dass Gott die Leiden ihrer Eltern nun beenden und deren Traurigkeit und Schmerz in Freude und Trost verwandeln werde.

Daraufhin erzählen die Jäger, die als erste Susanna entdeckt hatten, die Einzelheiten der Bergung der Totgeglaubten. Zuächst hätten sie riesige Steine entfernt. Dann seien sie auf den Leib der Toten gestossen und hätten plötzlich gemerkt, dass Susanna lebe. Cornelius, der eigentlich damit beauftragt gewesen sei, einen Sarg für sie zu bereiten, habe sie die Augen aufschlagen sehen. Er habe sie gefragt, ob sie lebe.

Dann hätten sie Susanna gleich aus dem Grab geholt und sie mit Fragen bestürmt. Susanna habe aber zuerst ihren Vater umarmt und ihrer Freude Ausdruck verliehen.

Nun werden Fragen an Guarinus gerichtet. Die Herrin will wissen, was er denn getan habe, als man Susanna aus dem Grab geholt habe. Guarinus erzählt ihr, er hätte gebetet und sei beinahe von der Last seiner Reue und der begangenen Schande erdrückt worden, als er das Mädchen aus dem Grab habe steigen sehen. Zwar hätte er von ihr eine harte Strafe verdient, habe sich aber dennoch nicht gefürchtet. Denn dazu sei das Erstaunen über das Wunder, das er mitansehen durfte, zu gross gewesen.

Am Schluss der dritten Szene berichtet der Graf, wie schwer es gewesen sei, Susanna nach Hause zu bringen. Am liebsten wäre sie gleich dort verblieben, um Maria, die ihr das zweite Leben geschenkt habe, zu danken. Den Heimweg hätte sie nur unter der Bedingung angetreten, dass sie baldmöglichst wieder in den Wald zurückkehren dürfe.

Die Gräfin schickt nun Sophia in die Küche, damit das Nachtmahl bereitet werde. Cornelius weist sie an, die Tische zu decken, und zwar in beiden Sälen.

4. Szene

Die Gräfin möchte wissen, wo Guarinus Susanna begraben hatte. Man versichert ihr, das Grab ihrer Tochter hätte sich genau an dem Ort befunden, wo jetzt die Kapelle zu Unserer Lieben Frau stehe.

Der General interessiert sich für die Kapelle. Der Graf fordert Cornelius, der gerade aus der Küche zurückkommt, auf, die Geschichte der Kapelle zu erzählen, da er als Augenzeuge am besten um die Hintergründe und Umstände wisse.

CORNELIUS	CORNELIUS
Ei senflaven sin quei Cuolm Serrat pasturs digl vigt Monithol, che schei enten l'entschatta digl cuolm [...]. Quels han viu [...] mintgia sonda noig, chei vegneva giu de tschiel ina Columna [...] sin ina teuna de quella greppa. Quels pasturs han reportau il faig als lur geniturs [...], suenter han quels reportau la	Auf jenem Berg Serrat befanden sich einst Bauern aus dem Dorf Monithol, das am Fuss des Berges liegt [...]. Diese Hirten sahen [...] jeden Samstag, nachts, eine Säule [...] sich herabsenken auf eine Höhle jenes Felsens. Die Hirten erzählten ihren Eltern von den Vorfällen [...] später unterbreiteten diese die An-

caussa agli Monsigniur Uestg dilg marcau de Manesa, il qual habitava dellas etzas uras een Monistrol. Quell'ei l'emprema sonda suenter jus ora sil cuolm sez cun ils pasturs: et ha giu la medema visiun, ei aber jau tier la tauna, sin la qualla la petgia de fiug seschava giu, et lu enten quella enflau in zun bi, et zun velg maleig de Nossa Duna. Ord da quella tauna vegnievi ora in admirabel bien fried. Jgl uestg ha instituju ina processiun [...] per ira a transportar, [...] quei maleig ent' enten Monithol. Ei han era transportau il maleig senza nagina difficultat entochen quei liug nua ch'ella caplutta stat ussa, et nua che nus havein cavau si nossa chara Susana. Curchai een stai enten quei liug, sche een ils portaders tut anetgiameing vegni reteni dad'ina zuppada forza ch'ei havess bucca podiu muentar pli in peiet [...]. Sin quei ha igl Monsigniur Uesch, comendau sil moment de pinar giu lena, et faig bagegiar si quella capluta [...], et schentau enten quella il enflau maleig: ad'ussa deventei enten quellas zun biarras a grondas miraclas.[362]	gelegenheit dem Monsignore Bischof von Manesa, der zu dieser Zeit gerade in Monithol wohnte. Der Bischof begleitete die Hirten am drauffolgenden Samstag auf den Berg und hatte dieselbe Vision, stieg aber zur Höhle hinunter, auf der die Feuersäule stand und fand darin ein wunderschönes und uraltes Bild der Muttergottes. Der Höhle entströmte ein wunderbarer Wohlgeruch. Der Bischof ordnete eine Prozession an, [...] um das Bild in das Dorf Monithol zu verbringen. Der Transport des Bildes verlief reibungslos bis zu der Stelle, wo heute die Kapelle steht, und wo wir unsere liebe Susanna ausgegraben haben: Als sie aber an diesem Ort ankamen, wurden die Träger plötzlich von einer versteckten Kraft zurückgehalten, so dass sie keinen Fuss mehr bewegen konnten [...] Daraufhin ordnete der Bischof sogleich an, Holz zu fällen, und die Kapelle errichten zu lassen [...] Das Bild, das er gefunden hatte, verwahrte er in dem kleinen Gotteshaus, und seitdem geschehen dort viele und grosse Wunder.

Der Oberst und der General beschenken den Kammerdiener. Der Graf gesteht, dass die Prophezeihungen des Cornelius in ihm sowohl Hoffnung erweckt als auch Zweifel genährt hätten. Selbst Cornelius, der zwar einen glücklichen Ausgang des Tages erwartet hatte, ist überrascht. Mit soviel Freude hatte er nicht gerechnet.

5. Szene
Sophia tritt auf und meldet, dass das Abendessen vorbereitet sei.
    Susanna sieht die Zeit des Aufbruchs gekommen. Sie möchte in die Ein-

---

362 Ms.Guarinus.A.Tuor. S. 34–35.

öde zurückkehren, um Jesus und Maria zu loben, ihnen zu dienen und zu danken. Der Graf versucht, sie zurückzuhalten:

GROFF O chara feglia! Stai cun nus, nus ti eis ertavla cun in sollet frar de grondias richezias, et lain procurar per matrimonium che convegni a tia persuna, a tiu stand, et a tias richezias.	GRAF O liebe Tochter! Bleibe bei uns, du und dein einziger Bruder seid Erben grosser Reichtümer, wir wollen dir eine Hochzeit ausrichten, die deiner Person, deinem Stand und deinen Besitztümern entspricht.
EUGENIA Quei fuss era miu grond plascher.	GRÄFIN Das wäre auch meine grosse Freude.
Cau van tuts surviens digl groff a gien ach chara Susana stei ma cau cun nus!	*Hier sagen alle Diener des Grafen* Ach liebe Susanna, bleibt hier bei uns!
SUSANA Ach, chars geniturs mi molestei bucca samigliontas causas! Jau hai bucca survegniu la secunda veta per viver a tallas caussas, sonder per viver, a morir a Jesu, a Maria.[363]	SUSANNA Ach, liebe Eltern, quält mich nicht mit derartigen Dingen! Ich habe nicht das zweite Leben erhalten, um solchen Sachen zu frönen, sondern um für Jesus und Maria zu leben und zu sterben.

Die Offiziere raten dem Grafenpaar, die Tochter ziehen zu lassen und sich dem göttlichen Willen zu fügen. Cornelius ist glücklich, die Offiziere dazu überredet zu haben, den ganzen Tag im Schloss des Grafen zu verbleiben. Die Offiziere danken ihm, und der Kammerdiener erbittet, im Chor mit der ganzen Dienerschaft, den Segen Gottes für Graf, Gräfin und deren liebe Tochter Susanna. Dann verabschiedet sich Susanna.

SUSANA Adia chars geniturs, adia chars signurs officiers, adia chars amigs, adia tut il mund: jau vomel per viver, a morir solettameing a Jesu, a Maria; et per viver perpettnameing cun els.[364]	SUSANNA Adieu, liebe Eltern, adieu, liebe Herren Offiziere, adieu, liebe Freunde, adieu, du ganze Welt; ich gehe mit dem Wunsch, allein für Jesus und Maria zu leben und zu sterben und ewiglich mit ihnen zu leben.

Der Vorhang fällt, das Spiel ist zu Ende.

---

363 Ms.GUARINUS.A.Tuor. S. 36.
364 Ms.GUARINUS.A.Tuor. S. 36.

7.3 Gliederung, Struktur und Disposition der Handlung

7.3.1 Akt- und Szeneneinteilung
Das Drama *Gion Guarinus* ist in drei Akte eingeteilt. Ein Prolog leitet das Spiel ein. Der erste Akt ist in neunzehn, der zweite in sieben, der dritte in fünf Szenen eingeteilt.

Dem Autor des *Gion Guarinus* unterlaufen in der Szenenabfolge mehrere Zählfehler, sowohl im ersten als auch im zweiten Akt. Die hier vorgeschlagene Zählweise entspricht dem eigentlichen Ablauf der Szenen. In der Inhaltsangabe wird die alte Szenenzählung der Manuskripte in den Fussnoten angemerkt.

7.3.2 Ort der Handlung
Alle drei Akte des Stückes spielen im Schloss von Graf Guifrapellus. Die Bühnenanweisungen nennen einen Saal, der mit Stühlen und Sesseln ausgestattet ist und offensichtlich repräsentativen Charakter hat.

In der ersten Szenenüberschrift des zweiten Aktes ist der Saal genannt.

1ma Scena. Puspei ant'il Saal[365]	*Erste Szene. Wieder im Saal*

Im dritten Akt werden Säle in der Figurenrede erwähnt. Es gibt keinerlei Hinweise auf einen zweiten Handlungsort.

GROFF	GRAF
A ti Corneli va a metta meisa en domaduas saallas: en ina per nus ed'enten l'autra per ils survlturs de quels Signurs, et per ils catschadurs.[366]	Und du Cornelius gehe und tische in beiden Sälen: in einem für uns und in dem anderen für die Diener von diesen Herren und für die Jäger.

7.3.3 Bühnenanweisungen
Der Nebentext der Handschriften *Gion Guarinus* ist nicht besonders ausgeprägt. Er enthält Titel, ein Rollenverzeichnis, Akt- und Szenenüberschriften. Zu Beginn jeder Szene werden die darin auftretenden Personen benannt. Auf- und Abtritte der Personen werden in der Regel angegeben. Sie decken sich nicht immer mit den Szeneneinschnitten.

---

365 Ms.GUARINUS.A.Tuor. S. 16.
366 Ms.GUARINUS.A.Tuor. S. 33.

Am Anfang des Textes gibt der Autor eine ausführliche Anweisung zum Kostüm des Tieres und zum Verhalten der Amme.

Nota bene.
Guarinus sto comparer sil thetaer sin tuts quater enbrauncas, et esser curclaus cun vistgiu de palegnia, et ils mauns curclai ora cun palegnia, et armai cun unglas, che sameglien empau quellas din [...],³⁶⁷ et la fatscha sto era esser cuvretga u cun caveilgs, u cun launa, chinvezi nuotta ch'el seigi in charstgiaun, sonder chel samegli in zun nunenconoschent thier. El la beilla cun in affon fatschau een sin brast, et in auter affon de 4 u 5 on che sapi sta davos la beilla a clomar cun vusch d'affon enzacons paucs plaids sco vegnen ent'il dueivel lieug nodai.³⁶⁸

Nota bene.
Guarinus muss auf allen Vieren kriechend auf der Bühne erscheinen. Er muss eingehüllt sein in ein Fellkleid. Die Hände müssen mit Fell besetzt sein und mit Fingernägeln, die in etwa aussehen wie die eines [...], bewaffnet sein. Das Gesicht muss entweder mit Haaren oder mit Wolle bedeckt sein, damit man keinesfalls erkenne, dass er ein Mensch ist; vielmehr soll er einem unbekannten Tier gleichen. Und die Amme mit einem eingewickelten Kind auf dem Arm; und ein anderes Kind von vier oder fünf Jahren, das fähig ist, hinter der Amme zu stehen und mit Kinderstimme einige Worte zu rufen, wie sie an gebührendem Ort aufgezeichnet sind.

In einer Regieanweisug im dritten Akt wird die Bezeichnung *theater* in einem räumlichen Zusammenhang verwendet. Das ist für romanische Dramen dieser Zeit aussergewöhnlich, zumal es keine stehenden Theater gab.

Ell va entochen entaden il theater, et lura sevolva entuorn a gi:
Signura vegni ei en schon tschau.³⁶⁹

Er geht bis zuhinterst im Theater, und dann dreht er sich um und sagt:
Herrin, kommt, sie sind schon da.

Wahrscheinlich meint der Autor den Hintergrund der Bühne. Dann würde Cornelius nämlich zum hinteren Teil der Bühne rennen, aus der Türe schauen, die Herannahenden sehen, sich umdrehen und die Herrin auffordern, mit ihm zu kommen, um ihre Tochter zu begrüssen.

---

367 Das fehlende Wort ist im romanischen Text nicht lesbar.
368 Ms.Guarinus.B.Tuor. S. 1.
369 Ms.Guarinus.A.Tuor. S. 30.

7.3.4 Disposition der Handlung

Das Drama *Gion Guarinus* ist ein Erzähldrama. Fast alle Geschehnisse werden von den Akteuren berichtet.

Der Besuch der beiden Offiziere bildet den Anlass zur Berichterstattung. Graf Guifrapellus und seine Frau Eugenia teilen den Herren detailliert alle Vorkommnisse mit, die sich in den vergangenen Jahren ergeben haben. Dabei legen sie ihre Erzählung dramaturgisch geschickt an. Sie wechseln sich ab. Graf und Gräfin berichten jeweils von ihren subjektiven Erlebnissen. Durch den Hinweis auf noch grössere Leiden, die sie im Verlauf des Gespräches ankündigen, erhalten sie die Spannung der beiden Zuhörer.

GROFF	GRAF
[...] Jau sundel vegnius a Casa, et gleitti suenter semeridaus, et igl tschiel ha schengegiau ina zun buna Signura, et benediu cun ventireivels affons, et aschia adina staus bein consolaus entochen avon oig ons; lura eis ei curdau tier ina zun gronda, crusch, et suenter in on ina aung bia pli gronda, las quallas mei tormenten adina zun feg.[370]	[...] Ich bin nach Hause gekommen, habe bald danach geheiratet, und der Himmel hat uns eine sehr gute Gemahlin geschenkt und mit glücklichen Kindern gesegnet, und so waren wir immer gut getröstet, bis vor acht Jahren. Dann fiel uns ein grosses Kreuz zu, und ein Jahr später ein noch grösseres Kreuz; diese quälen mich immer sehr heftig.

Ein anderes Moment, das Spannung erzeugt und Erwartungen weckt, ist die Prophetie des Cornelius. Bereits in der allerersten Szene des Dramas kündigt er eine erfreuliche Wende an. Er meint im Gesicht des Grafen eine hoffnungsvollere Zukunft zu erblicken.[371] Cornelius wird von den Mitgliedern des Hofes nicht ganz ernst genommen. Den Zuschauern verheisst er aber einen guten Ausgang der bewegten Geschichte. Er überredet die Offiziere, doch bis zum (hoffentlich) guten Ende zu bleiben.

Handlungsverlauf
Die Exposition des Dramas umfasst den ganzen ersten Akt. Ausser den Bewegungen des servierenden Personals und der Ankunft der beiden Offiziere weist der erste Akt keine Handlung auf.

Im zweiten Akt wird das Tier vorgeführt. Der Auftritt des Tieres ist der szenische Höhepunkt des ganzen Stückes. Sein Erscheinen wird sorgfältig

---

370 Ms.GUARINUS.B.Tuor. S. 10.
371 Ms.GUARINUS.B.Tuor. S. 3–4.

vorbereitet, die Erwartung der Zuschauer gesteigert. Dann bringen die Jäger den verwilderten Guarinus. Das sprechende Kleinkind ist der zweite szenische Effekt dieses Aktes. Guarinus gesteht seine Taten und zeigt Reue. Der Graf vergibt ihm. Das Drama wäre nun zu Ende, wenn der Graf nicht noch den Wunsch äusserte, das Grab seiner Tochter zu sehen.

Die Handlung des dritten Aktes wird wiederum nur erzählt. Die Grafentochter erscheint als Beweis ihrer Auferstehung. Das Wunder selbst wird für die Zuschauer nicht sichtbar. Alles, was es wahrnimmt, ist die Freude der Menschen am Hofe.

Der Autor des *Gion Guarinus* verzichtet weitgehend auf die Darstellung der eigentlichen Handlung. Er lässt die szenisch interessanten Momente weg und schildert sie nur indirekt als Botenberichte. Dadurch verliert das Drama eine wichtige Dimension, auf die der *Gion Guarinus* eigentlich vorwiegend baut.

Stattdessen wird eine Salon-Handlung eingeführt, die mit ihrer Bemühung um höfische Atmosphäre dennoch sehr bürgerlich wirkt und in einem eigenartigen Gegensatz zur Bedrängis des Einsiedlers Guarinus und zum Mord an der Prinzessin steht.

7.4 Redestil und Charakterisierung der Personen

7.4.1 Vorbemerkung zum Sprachstil

Das Drama *Gion Guarinus* ist in einer schwerfälligen, einfachen Prosa abgefasst. Gadola bezeichnet die sprachliche Qualität der Übersetzung als mittelmässig,[372] gesteht ihr aber auch einige gute und interessante Ausdrücke zu.[373] Im ganzen Textkorpus finden sich deutsche Ausdrücke, die ganz selbstverständlich den Text durchsetzen. Allein in den Rollenbezeichnungen finden sich vier deutsche Ausdrücke: *groff, Obrist, Camerdier* und *camerjunfrau*.[374] Deren Schreibweise ist abgewandelt. Die Herkunft ist aber erkennbar.

---

[372] «Il lungatg della copiatura romontscha ei mediochers ...» – «Die Sprache der romanischen Kopiatur ist mittelmässig ...» – GADOLA. *Historia. Secunda perioda.* S. 33–34.

[373] «... mo tscheu e leu traplein nus tuttina enqual buna ed interessanta expressiun ...» – «... aber hie und da finden wir trotzdem manch guten und interessanten Ausdruck ...» – GADOLA. *Historia. Secunda perioda.* S. 34.

[374] Vgl. Ms.GUARINUS.B.Tuor. S. 1.

Die Verwendung dieser deutschen Ausdrücke ist keine Verlegenheitslösung. Vielmehr verfolgt die gezielte Anwendung deutscher Wörter in einem bestimmten Kontext die Absicht, das höfische Gepräge des Stücks durch eine gehobene Sprache zu vermitteln.

Kunst dad' jra a cavaigl [375]	Reitkunst
Fortreflia tgigolata [376]	Vortreffliche Schokolade
Nus havein seflissigiau [377]	Wir haben uns befleissigt
Einfaltig Camerdiener [378]	Einfältiger Kammerdiener
Thier [379]	Tier

Die Verwendung deutscher Ausdrücke im romanischen Text ist eine Tendenz der romanischen Literatur des ausgehenden 18. Jahrhunderts. Ähnlich wie die französischen Modewörter in der deutschen Sprache verwendet werden, benutzt der Romane den deutschen Wortschatz.

Auch französische Ausdrücke kommen vereinzelt vor.

Et quei tut alla gran fasong [380]	*Und das alles im grossen Stil*

7.4.2 Redestil der Personen

Die Personen des *Gion Guarinus* sprechen eine sehr formelhafte, starre Sprache. Insbesondere die adligen Figuren bemühen sich um eine angemessene Sprechweise.

Im ersten Akt fragt der Oberst seinen langjährigen Freund, den Grafen Guifrapellus, nach seinem Wohlergehen.

OBRIST	OBERST
A co eis ei passau cun els, signur Groff, sch'jau astgiel domandar, de lura ennau, che nus havein bucca pli sevesiu in l'auter? [381]	Und wie ist es ihnen ergangen, Herr Graf, wenn ich fragen darf, seit wir uns nicht mehr gesehen haben?

---

375 Ms.GUARINUS.A.Tuor. S. 6.
376 Ms.GUARINUS.A.Tuor. S. 7.
377 Ms.GUARINUS.A.Tuor. S. 8.
378 Ms.GUARINUS.A.Tuor. S. 17.
379 Ms.GUARINUS.A.Tuor. S. 12.
380 Ms.GUARINUS.B.Tuor. S. 8.
381 Ms.GUARINUS.B.Tuor. S. 10.

Einige Zeilen später teilt der Oberst mit, weswegen er den Grafen besuchen wollte.

OBRIST Nus essen vegni alla posta per travegnir il faig, sco ell ei enten sesez, et era per dar ad el' els enqualche consolatiun, sche nus savessen.[382]	OBERST Wir sind in der Absicht gekommen, die Tatsachen zu erfahren, wie sie wirklich sind, und auch um ihnen etwas Trost zu geben, wenn wir könnten.

Die Gräfin Eugenia pflegt ihr Leid sehr förmlich und gefasst auszudrücken. Um die Intensität ihres Schmerzes darzutun, benutzt sie einprägsame Bilder.

EUGENIA Sch'jau stgies metter enzatgei zun petschen enten comparatiun cun enzatgei nunmesareivel: sche schess jau ch'jau fuss stada perquei moment lautra Maria sutt la Crusch.[383]	EUGENIA Wenn ich etwas sehr Kleines mit etwas Unermesslichem vergleichen dürfte: dann würde ich sagen, dass ich für diesen Moment die zweite Maria unter dem Kreuz gewesen sei.

Über weite Strecken des Dramas wird gepflegte Konversation betrieben. Dabei ist die höfliche Art der Unterhaltung wichtiger als die inhaltliche Mitteilung.

SOPHIA Ad'ella signura, cun qual dei jau survir?	SOPHIA Und euch, Herrin, womit kann ich dienen?
EUGENIA Cun la tschigollata.	EUGENIA Mit der Schokolade.
AURELIUS Quei ei fortreflia tgigolata: quella tempra sco ei auda il magun.	AURELIUS Dies ist eine vortreffliche Schokolade: sie wärmt den Magen gehörig.
ANTONI Glei era bucca in mender Caffe.	ANTONI Es ist auch nicht ein schlechterer Kaffee.
EUGENIA Nus havein adina la moda defar sco ei auda.[384]	EUGENIA Wir haben immer die Gewohnheit es so zu machen, wie es sich gehört.

---

382 Ms.GUARINUS.B.Tuor. S. 10.
383 Ms.GUARINUS.A.Tuor. S. 14.
384 Ms.GUARINUS.A.Tuor. S. 7.

Die sozialen Schichten werden auch sprachlich stark betont. Der Graf Guifrapellus duzt die gesamte Dienerschaft, seine Frau und seine Freunde siezt er. Die Diener sprechen den Grafen und seine Frau mit *Herr* und *Herrin* an.

GUIFRAPELLUS
Esses lau vus dus?

CORNELIUS
Gie signur: tgei camonden ei?[385]

GUIFRAPELLUS
Seid ihr beide da?

CORNELIUS
Ja Herr: was wünscht Ihr?

7.4.3 Charakterisierung der Personen

Die Personen des *Gion Guarinus* sind starre Charaktere. Sie verhalten sich immer gefasst. Die grösste Freude, der heftigste Schmerz wird immer in sprachlich vollendeter Form wiedergegeben. Diese Verhaltensweise ist für den kultivierten Menschen des Barock selbstverständlich: es gilt, die Affekte zu beherrschen, die Form zu wahren.

Hinzu kommt, dass der Autor des *Gion Guarinus* sich sichtlich bemüht, höfische Formen zu imitieren. Er verwendet alle Attribute des adeligen Lebens. Seine Personen legen grössten Wert auf die geziemende Kleidung, die Gestaltung der Räume und die edlen, damals modischen Getränke: Kaffee und Schokolade. Der Autor verwendet viel Mühe auf die Imitation höfischen Gepränges. Seine Adligen sind sehr um ihren standesgemässen Auftritt bemüht. Dadurch wirken sie aber wie kleinkarierte Akteure. Die angestammte Würde des Adels kommt nicht zum Ausdruck.

Graf Guifrapellus bereitet sich innerlich auf den Empfang der befreundeten Offiziere vor. Ein frommer Gedanke wird dabei unmittelbar von der Sorge um die passende Kleidung verdrängt.

GROFF
[...] Daventi sco ei plai a Diu, jeu vi bugien retscheiver tut bien, a mal digl divin maun cun in bien cor. Denton vi jau trer ora quei nachtrock, et trer een in cammerrock, et plantofflas blauas. Quei ei in tract, ent' il qual in astgia schon dar audienzia, era a grons Signurs,

GRAF
[...] Es möge geschehen, wie es Gott gefällt, ich will alles Gute und Schlechte aus der göttlichen Hand gutwillig empfangen. Inzwischen will ich diesen Nachtrock ausziehen und einen Kammerrock anziehen, und blaue Pantoffeln. Das ist eine Tracht, in der man schon Audien-

---

385 Ms.Guarinus.A.Tuor. S. 6.

II. Die Dramentexte

cura ch'in sesaffla ent' in aschi
trest stand.³⁸⁶

zen gewähren darf, auch grossen
Herren, wenn man sich in einem so
traurigen Stand befindet.

Der Graf sorgt sich höchstpersönlich um jedes Detail der Inszenierung seines Hofes. Er wünscht, seine Gemahlin zu sehen, und teilt der Dienerin Sophia mit, was die Gemahlin bei ihrem Erscheinen zu tragen habe.

GRAF
Ti Sophia aber va tier la Signura,
et fai ad ella de saver la vegnida de
quels dus Signurs officiers, et gÿ ad
ella ch'ella degi sevastgir da Signura, tonaton bucca tuttalmeing een
galla; pertgei quei conveng bucca
alla nossa tristezia. [...]³⁸⁷

GRAF
Du, Sophia, aber gehe zur Herrin,
und lasse sie von der Ankunft
dieser zwei Herren Offiziere wissen,
und sage ihr, sie möge sich als
Herrin kleiden, aber dennoch nicht
ganz in Gala, denn das ziemt sich
nicht für unsere Trauer. [...]

Die Diener Cornelius und Sophia dürfen sich ab und zu kleine Scherze erlauben. Cornelius ist ein treuer Diener, der prophetisch begabt ist. Seine Prophetie ist deutender Natur. Im Lächeln des Grafen erkennt er eine Wende in dessen Unglückssträhne.³⁸⁸ Die Ankunft der Offiziere deutet auf ein freudiges Ereignis hin.³⁸⁹

Die Dienerin Sophia ist von robusterem Wesen. Der Graf befiehlt ihr, die Stühle und Sessel im Saal zu ordnen, während er sich für die Audienz umziehe. Nachdem Sophia ihre Aufgabe erfüllt hat, wartet sie ungeduldig auf ihren Herrn.

SOPHIA
Tgi sa nua il Signur ei, cau fuss tut
restigiau, et mess enten bien uorden,
sch'el less vegnir adar audienzia a
quels Signurs: ei podessen forza
haver furtina de turnar ad'jra; schei
mo massen bein gleitti; schei
duessen star pli dig, sche podein
nus survients saltar senza sunar.³⁹⁰

SOPHIA
Wer weiss, wo der Herr ist, hier
wäre alles vorbereitet und in guter
Ordnung, wenn er kommen will,
um diesen Herren Audienz zu gewähren. Die könnten vielleicht in
Eile sein, hier wieder wegzukom-
men. Wenn sie nur möglichst bald
wieder gehen. Wenn sie länger bleiben sollten, können wir Diener
tanzen ohne zu spielen.

---

386 Ms.GUARINUS.B.Tuor. S. 7.
387 Ms.GUARINUS.B.Tuor. S. 7.
388 Vgl. Ms.GUARINUS.B.Tuor. S. 4.
389 Vgl. Ms.GUARINUS.A.Tuor. S. 17.
390 Ms.GUARINUS.B.Tuor. S. 8.

Sophia ist die einzige Person, die das höfische Geschehen aus der Sicht der Bediensteten kommentiert und damit die starren Gesprächsformen des Stückes etwas aufbricht.

7.5 Sinnzusammenhänge

7.5.1 Sentenzen und Leitmotive
Göttliche Vorsehung
Das Stück *Gion Guarinus* ist durchsetzt von Sentenzen, die die Ohnmacht des Menschen gegenüber seinem Schicksal hervorheben. Am deutlichsten tritt diese Auffassung menschlicher Existenz im Leitmotiv der *Göttlichen Vorsehung* zutage.

ANTONIUS	ANTONIUS
Quei ei schon ina zun greva, a zun rucha crusch. La divina providenzia ei aber infinitameing sabia, et zun admirabla: Ella sa midar agnetgameing quella trestezia, enten ina grad aschi gronda letezia.[391]	Das ist schon ein schweres und sehr rauhes Kreuz. Die göttliche Vorsehung ist aber unendlich weise und sehr bewundernswert. Sie kann diese Trauer plötzlich in eine ebenso grosse Freude verwandeln.

Der Mensch ist der göttlichen Vorsehung ausgeliefert. Dieses Fanal wird im ganzen Stück immer wieder vorgetragen. Es trägt fatalistische Züge und verleitet die Figuren zur Passivität. Der Vater der vergewaltigten und ermordeten Prinzessin verbringt seinen Lebensabend nicht auf der Suche nach einem Schuldigen. Er ist weder Rächer noch Richter. Er sitzt zuhause und grübelt. Er versucht, das Schicksal zu verstehen. Und beklagt die schwere Last, die er zu tragen hat.

Strafe Gottes
Keine der Figuren des *Gion Guarinus* rebelliert gegen die göttliche Vorsehung. Die unendliche Weishcit der göttlichen Vorsehung erübrigt jede menschliche, aktive Anteilnahme am Lauf der Welt. Die Vorsehung muss erduldet werden. Einst wird man sie verstehen. Aber niemand kommt da-

---

391 Ms.GUARINUS.A.Tuor. S. 14.

II. Die Dramentexte

gegen an. Die Vorsehung ist auch keine Strafe. Der Offizier Aurelius mahnt die Gräfin Eugenia, den Tod ihrer Tochter nicht als Bestrafung Gottes zu sehen.

AURELIUS
O mia chara Signura! Diaus lai bucca adina tier las Cruschs mo per stroff digls umens; sonder per biarras autras mervigliusas fins. Ell'ai savens savens tier als christgiauns las cruschs per emprovar lur patienzia, per dar caschun da meritar ton pli bia; et per muossar a nus la sia infinitameing sabia providienscha. Per muossar ch'el sapi manar il charstgiaun entras las pli crutschas, pli ruchas, et entras las anus pli mall'emperneivlas via tier il pli ventireivel stand.

AURELIUS
O meine liebe Herrin! Gott lässt die Kreuze nicht immer nur als Strafe für die Menschen zu, sondern verfolgt damit viele andere wunderbare Ziele. Häufig lässt er die Kreuze zu, um die Geduld der Menschen zu prüfen, um ihnen Gelegenheit zu geben, umso mehr Verdienste zu erwerben und um uns seine unendlich weise Vorsehung zu zeigen; um zu beweisen, dass er den Menschen auf den krummsten, rauhesten und für uns unangenehmsten Wegen zum glücklichsten Zustand führen kann.

ANTONIUS
Per empruar la patienzia de Giob ha Diaus schau tier ad'el tontas crusch. Per schar meritar ton pli bia ha Diaus largau sin David tontas persecutiuns, et autras miserias. [...]³⁹²

ANTONIUS
Um die Geduld Hiobs zu prüfen, hat Gott so viele Kreuze zugelassen. Um ihm noch mehr Verdienste zukommen zu lassen, hat Gott so viel Verfolgung und anderes Elend auf David herabkommen lassen. [...]

7.5.2 Der leitende Sinn des Dramas

Der barocke Mensch wird von allen Seiten angefeindet. Er ist immer den Nachstellungen des Bösen ausgeliefert, und das Böse hat tausend Masken.

Auch Guarinus muss dies erfahren. Als frommer Einsiedler scheint er gegen das Böse gefeit. Aber er fällt in Versuchung und sucht Trost bei einem Eremiten, dem er vertraut.

GUARINUS
Sin viadi, bucca ton dalunsch dil miu desiert, sundel jau curdaus sin in auter eremit [...]. El damonda nua jau vomi, et pertgei. Jau hai

GUARINUS
Auf meinem Weg, nicht weit entfernt von meiner Einöde, bin ich einem anderen Einsiedler begegnet [...] Er fragte mich, wohin ich ginge,

---

392 Ms.GUARINUS.A.Tuor. S. 9.

confidau ad'el tutta la mia malsognia: el ha mai consolau, trostigiau, cusegliau, et faig anim de turnar tier mia habitatiun [...].³⁹³	und weshalb. Ich erzählte ihm von meiner Krankheit: er tröstete mich, riet mir gut zu und forderte mich auf, zu meiner Wohnung zurückzukehren [...].

Der Teufel hat die raffiniertesten Masken. Der Eremit, in Wahrheit ein Dämon, reisst Guarinus ins Verderben. Guarinus vergewaltigt die Tochter des Grafen. Auf das erneute Anraten des Einsiedlers bringt er sie um und vergräbt sie in seiner Verzweiflung.

Es gibt aber einen Ausweg aus dem Verderben. Guarinus geht nach Rom und empfängt die Absolution des Papstes. Die siebenjährige Busszeit macht ihn zum Tier – bis ihn die Jäger des Grafen finden. Nachdem Guarinus dem Grafen die traurige Geschichte erzählt hat, kniet er vor ihm nieder.

GUARINUS Signur Groff, cau hanei avont ils lur peis il culpeivel, et il confitent: stroffegian el suenter lur plascher, et suenter sees merets: *el sbassa igl tgiaun, et descuviera il culiez.*	GUARINUS Herr Graf, hier habt Ihr vor Euren Füssen den Schuldigen und den Bekennenden. Bestraft ihn nach Eurem Gefallen und nach seinen Verdiensten. *Er senkt den Kopf und entblösst den Hals.*
GROFF Ti eis stroffigiaus avunda: a co dei jau stroffigiar quel, ch'il tschiel ha aschi miraculusameing absolviu. [...]³⁹⁴	GRAF Du bist genug bestraft, und wie soll ich jenen bestrafen, den der Himmel auf so wunderbare Weise von seinen Sünden freigesprochen hat. [...]

Der Graf bestraft Guarinus nicht. Die Sünde, die er begangen hat, ist bereits Strafe genug. Und wenn Gott Guarinus von seiner Pein erlöst und freispricht, hat niemand mehr über ihn zu richten. Auch hier willigt der Graf wieder in die göttliche Vorsehung ein. Das eigentliche Gericht findet im Jenseits statt. Was diesseits geschieht, ist nur juristisches Geplänkel.

Gion Guarinus ist ein Stück der Jesuitenbühne. Der Einfluss ignatianischen Denkens auf die Materie ist an vielen Orten nachweisbar. Die Jesuiten lehren die Unterscheidung der Geister, die *discretio spriritum*. Nur

---

393 Ms.GUARINUS.A.Tuor. S. 26.
394 Ms.GUARINUS.A.Tuor. S. 28.

wer lernt, die bösen Geister von den guten zu unterscheiden, verfällt nicht
der Sünde. «Ignatianisch ist vor allem der Teufel, der in der Maske und im
Kostüm eines Einsiedlers erscheint. Nur so vermag er es, den frommen
Johannes Guarinus zum Bösen zu verleiten.»[395] Elida Maria Szarota cha-
rakterisiert das Guarinus-Thema in ihrem Kommentar zur Perioche des
Guarinus-Dramas von Freiburg im Breisgau, das 1620 aufgeführt wurde:[396]

> Ignatianisch ist die grosse Marienverehrung, die dem Mädchen und Johannes
> gemeinsam ist. Sie ist es, die beide vor dem Tode und vor der Verdammnis
> errettet. – Ignatianisch ist auch die entscheidende Rolle des Papstes. Jo-
> hannes beichtet ihm, nachdem er die Falschheit des Pseudo-Eremiten er-
> kannt hat, seine Sünden und bittet den Papst, ihm die Busse aufzuerlegen,
> die er verdient hat. […] Ignatianisch ist endlich die herausragende Rolle des
> unmündigen Kindes. Ihm wird aufgetragen, Johannes Guarinus zu verkün-
> den, dass er seine grosse Schuld abgebüsst hat.[397]

Der barocke Mensch ist ein Spielball der Mächte, er bewegt sich zwischen
dem ewigen Heil und der höllischen Verdammnis. Auf diesem schwierigen
und mühsamen Weg voller heimtückischer Versuchungen gilt es, die rich-
tigen Entscheidungen zu treffen und dem Bösen auszuweichen. Wenn der
Mensch vom rechten Weg abkommt, kann er unendlich tief fallen.

Aber es gibt immer auch einen Weg zurück. Keine Schuld ist zu gross,
als dass sie nicht gesühnt werden könnte. Dies unterscheidet das Jesuitentheater von späteren dramatischen Formen: es verliert die Hoffnung nie.

7.6 Ein Vergleich: der *Joannes Guarinus* von Zug

Im Jahr 1727 wurde in der Stadt Zug ein Guarinus-Stück gegeben. Guglielm
Gadola geht davon aus, dass die Zuger Fassung des Guarinus-Themas
als Vorlage für die romanische Version gedient habe.[398] Ein Vergleich der
Dramen anhand der Perioche[399] der Zuger Aufführung scheint deswegen
sinnvoll.

---

395 Szarota. *Jesuitendrama. Vita Humana.* S. 1814.
396 Vgl. Szarota. *Jesuitendrama. Vita Humana.* S. 1814.
397 Szarota. *Jesuitendrama. Vita Humana.* S. 1814.
398 Gadola. *Historia. Secunda perioda.* S. 31–33.
399 Peri.Guarinus.Zug. 1727. S. 3.

Die Perioche der Zuger Aufführungen trägt den Titel

Der ehemals Heilige/Nachmahls Übel Gefallene/Letztlich Bereuht Büssende
JOANNES GUARINUS
vorgestellt
durch die studierende Jugendt Löblicher Stadt ZUG
den 18. und 22. Herbstmonat 1727[400]

7.6.1 Einteilung des Dramas

Der *Joannes Guarinus* aus Zug umfasst, wie der *Gion Guarinus*, drei Akte. Die dramatische Handlung wird mit einem Prolog eingeleitet und mit dem Epilog beschlossen. Engelchöre mit dem Genius der göttlichen Gnade als Anführer singen vor den Akten, einmal dazwischen und am Ende des letzten Aktes.[401]

7.6.2 Inhaltsangabe

I. Akt

Im Prolog wird betont, dass durch «Vorstellung eines Beyspihls weit mehrere Frucht als mit den Worten allein angeschaffet werde».[402] Der erste Chor stellt vor, «wie wunderlich Gott mit dem Menschen alles anordne».[403]

Guarinus wird Einsiedler, um den Gefahren der Welt zu entgehen. Er ruft Gott und Maria um ihren Beistand an und begibt sich in eine Höhle des Berges Monserrat, obschon seine Anverwandten ihm davon abgeraten haben. Aber Lucifer missfällt das fromme Vorhaben. Er ermahnt den Ehrgeiz, die Begierde und die Schmeichelei, das ihrige zum Fall des Guarinus beizutragen. Dann befiehlt er einem Teufel, vom Leib der Tochter des Grafen Guilfredus Besitz zu nehmen. Der Hirtengott Pan veranstaltet mit seinen Faunen ein Freudenfest. Nachdem die Statuten vorgelesen wurden, erfreut Bacchus die Gesellschaft mit einem Ehrenwein. Aber dann erfahren Pan und die Satyrn, dass ihre Waldung von einem fremden Gast bezogen worden sei. Sie rüsten sich, um ihn zu verjagen. Graf Guilfredus versucht vergeblich, seine Tochter vom Teufel zu befreien, der von ihr Besitz ergriffen hat. Ein Priester exorziert sie erfolglos. Der Teufel bekennt,

---

400 Peri.Guarinus.Zug. 1727. S. 3.
401 Vgl. Eberle. *Theatergeschichte*. S. 130.
402 Peri.Guarinus.Zug. 1727. S. 3.
403 Peri.Guarinus.Zug. 1727. S. 3.

dass nur Guarinus ihn austreiben könne. Währenddessen wird Guarinus von den Satyrn überfallen. Aber er treibt die Bande mit dem Kreuzzeichen in die Flucht.

II. Akt
Der Chor tritt auf. Der Genius der göttlichen Gnade zeigt, dass auch heilige Leute der Sünde verfallen können. Der Mensch solle sich selbst besser nicht zuviel zutrauen.

Guarinus gelingt es, der Tochter des Grafen den Teufel auszutreiben. Er müsse sie aber mehrere Tage in der Hütte behalten, sonst werde der «leydige Gast die verlassene Wohnung widerumb beziehen».[404] Prinz Savenus sucht den Hof des Grafen Guilfredus auf, um im Namen seines Bruders um die Hand der Grafentochter anzuhalten. Guarinus beklagt sich bei einem Eremiten, wie stark er zu einem «unziehmlichen Werke angefochten»[405] sei. Der Satan, in der Gestalt eines Eremiten, rät ihm, die Tochter nicht zu entlassen. Ein Bauer zeigt seinen Freunden seine Liebste und lädt sie zur Hochzeit ein. Guarinus wird schwach und vergewaltigt die Tochter des Grafen. Und wieder berät ihn der Eremit: Guarinus soll die Grafentochter töten. Circe rühmt sich ihrer Zauberkunst. Sie behauptet, Menschen in Tiere verwandeln zu können. Nachdem Guarinus den Mord begangen hat, entschliesst er sich, «mit dem liederlichen Gesindel zu halten und mit Verlassung seiner Wohnung Sünden auf Sünden zu häufen».[406] Ein Tänzer unterrichtet die Bauern und bereitet sie auf die Hochzeit vor.

III. Akt
Der Genius der Göttlichen Gnade stellt Guarinus die Vergebung Gottes in Aussicht und ermahnt ihn, nach Rom zu ziehen. Guarinus wird von der göttlichen Stimme wie von einem Blitz getroffen und will dem Rat des Himmels folgen. Die Adeligen, die ausgezogen waren, um die Grafentochter zu freien, beklagen ihre Abwesenheit. Der Graf schickt seine Leute nochmals aus, die vermisste Tochter zu suchen. Währenddessen freut sich der Höllenfürst, Guarinus so leicht zu Fall gebracht zu haben. Als ihm

---

404 Peri.Guarinus.Zug. 1727. S. 4.
405 Peri.Guarinus.Zug. 1727. S. 4.
406 Peri.Guarinus.Zug. 1727. S. 5.

eine Teufelin aber erzählt, dass Guarinus zur Busse schreite, ärgert er sich sehr. Guilfredus wird benachrichtigt, dass seine Tochter immer noch nicht gefunden worden sei. Orpheus beweint seine verlorene Eurydice. Er vernimmt von der Sybille, dass Pluto und Proserpina sie zu sich genommen haben und setzt über den Höllen-See. Guilfredos Jäger finden ein schreckliches Wunder-Tier, das sie angebunden heimführen, um ein Spektakel damit auszurichten. Guilfredus lässt das Tier seinen Vettern vorführen. Ein unmündiges Kind aber heisst Guarinus aufstehen. Seine Sünden seien ihm verziehen. Und während Guarinus die Geschichte seines Leidens erzählt, steigt die Tochter frisch und gesund aus dem Grab hervor. Maria habe ihr das Leben neu geschenkt.

Guarinus und die Tochter freuen sich über die Bekehrung eines Sünders und danken Gott und Maria für ihren Gnadenerweis.

Der Sprecher des Epilogs bedankt sich beim Publikum und erklärt, welchen Nutzen man aus dem Schauspiel zu ziehen habe. Jeder Sünder dürfe in der Hoffnung auf die Gnade Gottes und auf den Beistand Mariens vertrauen.

7.6.3 Charakterisierung des *Joannes Guarinus* von Zug

Der *Joannes Guarinus* von Zug ist in drei Stoffreihen angelegt, die sich durchdringen. Kein Erzählstrang ist vollständig, die Handlungsebenen wechseln sich ab.

Der erste Stoffkreis umfasst Engel und Teufel. Nach Eberle verschwinden sie Mitte des 17. Jahrunderts auf der Luzerner Jesuitenbühne. In Zug und auf dem Land halten sie sich länger.[407]

Der zweite Stoffkreis mit Pan, Satyrn, Bacchus, Orpheus und Eurydike ist der klassischen Mythologie entnommen. Der dritte Stoffkreis, die Legende, ist dem Buch der Marienwunder von Anton Spinelli entnommen.[408] Eberle beschreibt den Aufbau des Stückes.

> Die Grundregel des Dramenbaus heisst: fortschreitende Handlung in fortschreitenden Bildern und wechselnden Stoffen. Das ist Weissenbach, der an der Stelle einer wirklichen Handlung eine Bilderreihe setzt. Die fallende Handlung, die wirklichkeitstreu nicht gespielt werden darf – Guarin ver-

---

407 Vgl. EBERLE. *Theatergeschichte*. S. 130.
408 Vgl. EBERLE. *Theatergeschichte*. S. 130.

sündigt sich an der Königstochter – wird durch eine steigende Nebenhandlung der Bauernhochzeit und der Hochzeitstänze weiter geführt. Der Tod der Königstochter ist nur bildlich gesagt: Orpheus beweint seine verlorene Euridice. Pan und Faune sind hier keine rokokohafte Spielerei, sondern ernstliche Versuche, mit Mitteln des Barock die Natur zu beleben. Der Wald ist in Pan und Faunen Person geworden und will sich erwehren eines Gastes, der seiner Art nicht entspricht und der Wald nimmt ihn auf, da er, fast zum Tier geworden, seinem Wesen sich fügt. Natur als Wesen erfasst, die ausstösst, was ihr nicht gemäss: ein feiner Zug für den Natursinn des bescheidenen Zuger Dichters.[409]

Im romanischen *Gion Guarinus* ist die Vielschichtigkeit des Zuger Stückes nicht mehr vorhanden. Die Personen der klassischen Mythologie, die Engel und Teufel, auch die allegorischen Figuren kommen darin nicht mehr vor. Selbst die Handlung um den bussfertigen Sünder Guarinus wird grösstenteils nicht mehr gespielt, sondern erzählend vorgetragen.

Das romanische Stück baut die Szenen am Hofe des Grafen aus. Es betont damit stärker das Schicksal der Prinzessin und ihrer Familie. Der romanische Text verzichtet auf die barocke Bilderfülle zugunsten einer linearen, klar strukturierten Handlung, die aber ohne wirkliche Dramatik auskommen muss. Fürstenalltag, herrschaftliche Mode, zeremonielles Verhalten bilden den Rahmen der romanischen Textfassung. Ein adliges Quartett erzählt sich Schauermärchen und Wundergeschichten und trinkt dabei Kaffee und Schokolade. Höfische Selbststilisierung ist wichtiger als Dramatik. Die Mode kommt vor dem Sinn.

Es ist fraglich, ob der *Joannes Guarinus* aus Zug tatsächlich als Vorlage für die romanische Textfassung gedient hat. Die Unterschiede in der Bearbeitung, das Fehlen ganzer Figurengruppen, die unterschiedliche Tektonik, schliesslich das grundsätzlich verschiedene dramatische Empfinden, das den Fassungen zugrundeliegt, sprechen eher dagegen.

7.6.4 Anmerkungen zur rätoromanischen Rezeption

Gadola vermutet aufgrund inhaltlicher Übereinstimmungen, dass Beziehungen zwischen dem Autor des Guarinus-Stückes von Zug und dem romanischen Übersetzer bestehen mussten. Seine Rekonstruktion der Grundlagen für die rätoromanische Übernahme des Stoffes wird hier wiedergegeben.

---

409 EBERLE. *Theatergeschichte*. S. 130.

Die Sache wird greifbarer, wenn wir wissen, dass der Autor des Guarinus von Zug, Joh. Caspar Moos, ein naher Verwandter von Pater Meinrad Moos, Konventuale des Klosters Disentis am Ende des 17., bzw. zu Beginn des 18. Jahrhunderts war. Dass Pater Meinrad auch in romanischer Sprache ein aktiver Literat war, können wir aus der Tatsache schliessen, dass er im Jahre 1680 zwei lange romanische Lieder von einem seiner Zuger Verwandten drucken liess. Was ist denn natürlicher, als den Werdegang des romanischen Guarinus folgendermassen zu erklären: Johann Caspar Moos, der Verwandte von Pater Meinrad in Disentis, hat diesem sein Guarinus-Drama zum Gebrauch der Klosterschüler zur Verfügung gestellt, die das Stück dann in gleicher Art und Weise wie in Zug, aber auf romanisch und für ein romanisches Publikum gegeben haben. Das Volk zeigte dann ein grosses Interesse für das Stück, und später hat eine Gemeinde gewünscht, das Stück in ihrer Mitte aufzuführen. Zu diesem Zweck hat ein Pater oder vielleicht auch ein Weltpriester das Stück in die Form gebracht, in der wir es heute in unserem Manuskript besitzen. [...] Für die Einwohner eines kleineren Dorfes wären die Anforderungen, wie sie sich im Zuger Text finden, zu gross gewesen. – Eine bessere und konkretere Erklärung zum Ursprung unserer Handschrift können wir nicht finden.[410]

Dieser These der Übernahme des Guarinus-Stoffes ins Rätoromanische bleibt folgendes anzufügen.

(1) Es ist nicht sicher, dass Joh. Caspar Moos der Autor des *Johannes Guarinus* ist. Oskar Eberle, auf dessen Angaben[411] Gadola sich bei der An-

---

410 «La caussa vegn pli palpabla, sche nus savein ch'igl autur dil G. de Zug ei stau Joh. Caspar Moos, in tierparents dil pader Meinrad Moos, conventual della claustra de Mustér alla fin dil 17avel, entschatta dil 18avel tschentaner. Che pader Meinrad era in activ litterat, era per romontsch, savein nus prender ord il factum, ch'el ha fatg stampar igl onn 1680 duas liungas canzuns romontschas in de ses parents a Zug. Tgiei ei pli natural, che de declarar igl origin dil *Guarinus* romontsch en sequenta moda: Johann Caspar Moos, parents cun pader Meinrad a Mustér ha tarmess a quel siu teater *Guarinus* per diever dils scolars claustrals, che han lu dau il toc en medema moda e maniera sco a Zug, mo en romontsch, pil pievel romontsch. Mussond il piev[el] gronda veneraziun per quei toc, ha pli tard ina vischnaunca giavischau de saver dar il toc en lur miez. Per quei diever ha lu in pader, ni forsa era in spiritual secular imitau il toc ella fuorma, sco nus possedein quel oz en nies manuscret? [...] Als habitonts d'in vitg pli pign fussen las pretensiuns dil toc, sco el sepresenta el text de Zug stai memia grondas. – Ina megliera e pli palpabla declaraziun sur digl origin de nies manuscret savein nus buc anflar.» – GADOLA. *Historia. Secunda perioda.* S. 31–32.
411 «Wer schrieb das Spiel? Lehrer der Redekunst sind 1626 Johann Kaspar Moos, 1694–1754, und 1627–1634, Karl Anton Müller, 1683–1734. Beide Zuger Geistlichen sind als Spielbuchdichter überliefert. Welcher den ‹Guarinus› schrieb, ist nicht zu entscheiden.» – EBERLE. *Theatergeschichte.* S. 130.

nahme der Moos'schen Autorschaft stützt, gibt zwei mögliche Verfasser an.[412]

(2) Die Bearbeitung des gleichen Stoffes setzt nicht unbedingt die gleiche dramatische Textfassung voraus. Die Guarinus-Legende war ein beliebtes Thema der Jesuitenbühne, das in mehreren Bearbeitungen vorliegt.[413]

---

412 Vgl. EBERLE. *Theatergeschichte*. S. 130.
413 SZAROTA. *Jesuitendrama. Vita Humana*. S. 1813.

Das Drama *Paulinus de Nola*

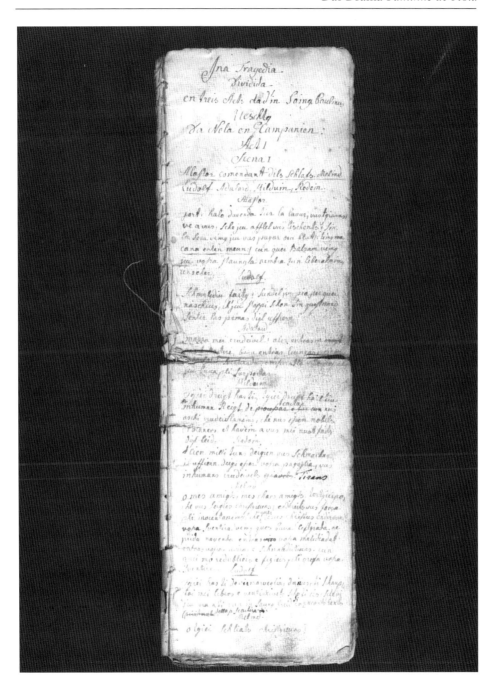

Paulinus de Nola
Erste Seite des Manuskriptes. 11,5 × 36 cm.

II. Die Dramentexte

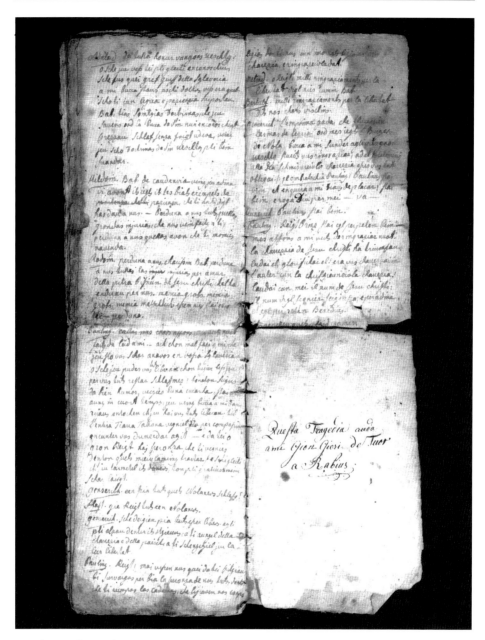

Paulinus de Nola
Letzte Seiten des Manuskriptes. 11,5 x 36 cm.

8 Das Drama *Paulinus de Nola*

Das Drama *Paulinus de Nola* ist ein Stück über die christliche Nächstenliebe. Der Bischof von Nola, Paulinus, begibt sich freiwillig in die Gefangenschaft des Vandalenkönigs Genserich, um den einzigen Sohn einer Witwe namens Melind aus dem Sklavendienst zu befreien. Paulinus arbeitet jahrelang unerkannt am Hofe des Königs als Gärtner. Erst als Melind eines Tages erscheint, um den Bischof nun seinerseits auszulösen, erfährt König Genserich von der aufopfernden Tat des Bischofs und entlässt ihn aus der Sklaverei. Der König überschüttet ihn mit Ehren und schickt ihn zurück in die Heimatstadt Nola.

Das Drama *Paulinus de Nola* ist eine Bearbeitung für die Volksbühne, das heisst für ein rätoromanisches Dorf, und unterscheidet sich durch starke Vereinfachungen in Text und Aufführungspraxis von den aufwendigeren Produktionen der Abtei Disentis. Inhaltlich orientiert es sich an einer Heiligenlegende, die nicht biblischen Ursprungs ist.

8.1 Überlieferungsgeschichte und Textbefund

Das Drama *Paulinus de Nola* ist in mehreren Varianten überliefert. Die älteste Textfassung, die hier als Handschrift *Paulinus de Nola* bezeichnet wird, stammt aus der Feder von Gion Gieri de Tuor.[414] Bei dieser Handschrift handelt es sich wahrscheinlich um die Kopie einer älteren Übersetzung aus dem Deutschen, möglicherweise auch um die romanische Erstübersetzung.

Eine zweite Bearbeitung des gleichen Stoffes ist uns von Gion Theodor de Castelberg (1748–1818) überliefert. Claudio Vincenz[415] hat nachgewiesen, dass de Castelbergs Fassung des *Paulinus de Nola* auf der deutschen

---

[414] «La scartira dil copist ei dal tuttafatg identica cun quella dil teater romontsch ‹Paulinus de Nola›, [...] ch'ei vegnius copiaus da Gion Gieri de Tuor a Rabius.» – «Die Schrift des Kopisten ist gänzlich identisch mit jener des romanischen Theaterstückes ‹Paulinus de Nola›, [...] das von Gion Gieri de Tuor aus Rabius kopiert wurde.» – GADOLA. *Historia. Secunda perioda.* S. 34.

[415] Claudio Vincenz hat 1999 die Dramen von Gion Theodor de Castelberg ediert und untersucht. – VINCENZ, Claudio: *Die Dramen von Gion Theodor de Castelberg : Edition Glossar Untersuchungen.* Chur : Vincenz, 1999.

Vorlage des Jesuiten Franz Xaver Jann beruht, der als Priester und Lehrer in Augsburg tätig war. Jann gab von 1782–1821 sieben Bände mit Gedichten und Schauspielen unter dem Titel *Etwas wider die Mode* heraus. Es handelt sich dabei sowohl um Eigendichtungen als auch um Bearbeitungen älterer Jesuitendramen.[416]

Es existieren noch zwei weitere Bearbeitungen bzw. Kopien des Paulinus-Stoffes, die jedoch wesentlich jünger als die genannten Handschriften sind und auf der Bearbeitung von Gion Theodor de Castelberg beruhen.

Der hier besprochenen Handschrift von Gion Gieri de Tuor wurde vor den Nachforschungen Guglielm Gadolas keine grosse Bedeutung zugemessen. Obwohl der Paulinus-Stoff ein beliebtes Bühnenthema war und bis ins späte 19. Jahrhundert bearbeitet und aufgeführt wurde,[417] geriet die Fassung, die die Handschrift *Paulinus de Nola* überliefert, in Vergessenheit. Dafür können drei Gründe benannt werden:

1. Die Textfassung von Gion Gieri de Tuor als Kopie einer spätbarocken Übersetzung entsprach am Anfang des 19. Jahrhunderts nicht mehr dem Zeitgeschmack. Man bediente sich lieber der moderneren Fassung von Gion Theodor de Castelberg.[418]

2. Die literarische Qualität der Textfassung von Gion Gieri de Tuor ist nicht sehr hoch. Die einfache, direkte Übersetzung aus dem Deutschen[419] entspricht nicht dem romanischen Sprachgefühl und erschwert eine Aufführung mit Laienschauspielern beträchtlich.

3. Die Handschrift *Paulinus de Nola* ist aufgrund der Abnutzungserscheinungen, der Verfärbung des Papiers und des unpraktischen Formates schlecht lesbar.

---

416 Vgl. VINCENZ. *Dramen*. S. 17.
417 «Il toc, che P. Baseli Berther ha danovamein arranschau per la tribuna, ei vegnius daus 1888 a Sedrun.» – «Das Stück, das P. Baseli Berther für die Bühne überarbeitet hat, wurde 1888 in Sedrun gegeben.» – GADOLA. *Historia. Secunda perioda.* S. 39, Anmerkung 41.
418 Der Aristokrat Gion Theodor de Castelberg hat sich als Dichter und Staatsmann mit Fragen der Aufklärung befasst. In seinem Werk *Rezitativ*, das im September 1809 im Kloster Disentis aufgeführt wurde, gestaltet er einen Dialog zwischen der *Alten Zeit* und der *Neuen Zeit*. – Vgl. MÜLLER. *Studententheater*. S. 265.
419 «Il lungatg dil toc tradescha la translaziun verbala ord il tudestg; cunzun la construcziun dil tuttafatg tudestga, tradescha quei.» – «Die Sprache des Stückes verrät die wörtliche Übersetzung aus dem Deutschen; vor allem der gänzlich deutsche Satzbau verrät es.» – GADOLA. *Historia. Secunda perioda.* S. 38.

8.1.1 Beschreibung der Handschrift
Die Handschrift PA1 umfasst 34 Seiten auf 17 Blättern in länglichem Oktavformat.[420] Die Handschrift ist fast vollständig erhalten. Vom ersten Blatt fehlt die obere Hälfte. Der Text einschliesslich des Titels beginnt aber erst auf Seite drei. Es ist daher anzunehmen, dass die fehlende Seitenhälfte des ersten Blattes nur als Schutzumschlag diente.

8.1.2 Aufbewahrungsort
Die Handschrift *Paulinus de Nola* befindet sich in der romanischen Bibliothek der Benediktinerabtei Disentis/Mustér. Sie wird dort in der Sammelmappe mit der Signatur M48 aufbewahrt.

8.1.3 Datierung der Handschrift
Die Handschrift *Paulinus de Nola* enthält auf der letzten Seite eine Bemerkung bezüglich des Besitzers des Manuskriptes: «Questa Tragedia auda a mi Gion Gieri de Tuor a Rabius.» – «Diese Tragödie gehört mir Gion Gieri de Tuor in Rabius.»[421] Aufgrund dieser Anmerkung und der Kenntnis der Schrift Gion Gieri de Tuors nimmt Guglielm Gadola an, dass jener nicht nur Besitzer, sondern auch Kopist der Handschrift *Paulinus de Nola* sei.[422]

Guglielm Gadola nennt kein Entstehungsdatum für die Handschrift *Paulinus de Nola*. Wenn sie tatsächlich von Gion Gieri de Tuor erstellt wurde, muss sie zu dessen Lebzeiten – zwischen 1801 und 1844 – entstanden sein.

8.1.4 Der Autor des *Paulinus de Nola*
Ausser der Notiz Gion Gieri de Tuors am Ende der Handschrift *Paulinus de Nola*, die ihn als Besitzer des Manuskriptes kennzeichnet, haben wir keine gesicherten Angaben über den Autor des *Paulinus de Nola*. Weder der Verfasser der Erstübersetzung aus dem Deutschen noch der Autor der deutschen Fassung des *Paulinus de Nola* wird benannt.

---

420 Die Höhe der Seiten beträgt 36 cm, die Breite 11,5 cm.
421 Ms.PAULINUS.Tuor. S. 33.
422 «La pli veglia translaziun ei quella che Gion Gieri de Tuor ha copiau.» – «Die älteste Übersetzung ist die, die Gion Gieri de Tuor kopiert hat.» – GADOLA. *Historia. Secunda perioda.* S. 35.

Sicher ist, dass ein Paulinus-Drama im deutschsprachigen Raum der Schweiz existierte und auch aufgeführt wurde. Oskar Eberle benennt eine Aufführung in Hergiswil.[423] Im Jahre 1803 wurde in Brig, im Jahre 1810 in Sitten ein Paulinus-Drama aufgeführt.[424] Wie es zur Rezeption durch den romanischen Übersetzer kam, ist nicht bekannt. Sehr wahrscheinlich spielte das Kloster Disentis eine vermittelnde Rolle.

8.1.5 Aufführungen

Für das 18. Jahrhundert sind im rätoromanischen Sprachbereich keine Paulinus-Aufführungen bekannt. Die Erstübersetzung, die möglicherweise in der Klosterbibliothek aufbewahrt wurde und eventuell Hinweise zu Aufführungsdaten enthielt, ist nicht erhalten.

Es ist anzunehmen, dass die Kopie von Gion Gieri de Tuor, die besprochene Handschrift *Paulinus de Nola*, im Hinblick auf eine Aufführung erstellt wurde. Das Dorf Rabius, aus dem Gion Gieri de Tuor stammte, pflegte eine reiche Theatertradition.[425]

Für das 19. Jahrhundert sind zwei romanische Aufführungen des *Paulinus de Nola* belegt. Die erste fand am 24. August 1815 im Kloster Disentis[426] statt. Welche Textfassung des *Paulinus de Nola* als Spielvorlage diente, ist aus den Akten nicht ersichtlich.[427] Die zweite Aufführung fand im Jahre 1888 in Sedrun statt. Als Spielvorlage diente damals die von P. Baseli kopierte Textfassung von Gion Theodor de Castelberg.[428]

Damit kann nicht nachgewiesen werden, ob Gion Gieri de Tuors Text jemals als Spielvorlage gedient hat. Alle späteren Bemühungen um den

---

423 «In Hergiswil spielte man den ... ‹Pauline von Nola›, ‹Genoveva› 1810 und etwas später noch einen ‹Alexius›.» – EBERLE. *Theatergeschichte*. S. 191.
424 Vgl. VINCENZ. *Dramen*. S. 18–19.
425 Guglielm Gadola nimmt an, dass der *Gion Guarinus* und der *Paulinus de Nola* zu Beginn des 19. Jahrhunderts in Rabius aufgeführt wurden. – Vgl. GADOLA. *Historia. Secunda perioda*. S. 34.
426 Vgl. MÜLLER. *Studententheater*. S. 266.
427 Vgl. VINCENZ. *Dramen*. S. 269.
428 «Il toc, che P. Baseli Berther ha danovamein arranschau per la tribuna, ei vegnius daus 1888 a Sedrun.» – «Das Stück, das P. Baseli Berther neu für die Bühne bearbeitet hatte, wurde 1888 in Sedrun aufgeführt.» – GADOLA. *Historia. Secunda perioda*. S. 39. Anmerkung 41.

Paulinus-Stoff beziehen sich auf die Neubearbeitung des Stoffes durch Gion Theodor de Castelberg.[429]

8.2 Darstellung des Inhaltes

8.2.1 Titel

| Ina Tragedia dividida en treis Acts dad'in Soing Paulinus Ueschtg da Nola en Campanien[430] | Eine Tragödie unterteilt in drei Akte von einem Heiligen Paulinus, Bischof von Nola in Campanien |

8.2.2 Rollenverzeichnis

Die Handschrift enthält kein Rollenverzeichnis. Die folgende Liste wurde vom Verfasser erstellt. Die Personen werden in der Reihenfolge ihres Auftritts aufgeführt.

ALASTOR	Hauptmann der Sklaven am Hofe Genserichs
MELIND	Jüngling aus der Stadt Nola
LUDOLF ADALARD MILDUIN RODOIN	versklavte Edelleute aus Nola
PAULINUS	versklavter Bischof aus Nola, der unter dem Decknamen Viktorin auftritt
BERTULF ALBERT WARMUND PARTHARIT	Gesandte aus Nola
GENSERICH	König der Vandalen
HUNERICH	Sohn König Genserichs

---

[429] «Las duas davosas elaboraziuns, quella de Sur Rensch e P. Baseli ein identicas cun quella de Th. de Castelberg e buca culla veglia copia digl original, il qual ei malgrad tuttas retschercas buca vegnius neunavon.» – «Die beiden letzten Bearbeitungen, die von Pfarrer Rensch und P. Baseli, sind mit jener von Th. de Castelberg und nicht mit der alten Kopie des Originals identisch, welches trotz aller Nachforschungen nicht mehr zum Vorschein gekommen ist.» – GADOLA. *Historia. Secunda perioda.* S. 39. Anmerkung 41.

[430] Ms.PAULINUS.Tuor. S. 1.

8.2.3 Inhaltsangabe
I. Akt
Der erste Akt spielt in den Hofgärten König Genserichs.

1. Szene
Die versklavten Edelleute aus Nola beklagen ihr hartes Schicksal und verfluchen den König, der sie zu Sklaven gemacht hat. Melind, ein ebenfalls aus Nola stammender Sklave, versucht seine Mitbürger zu besänftigen und weist auf das Schicksal Jesu hin, der noch unschuldiger als sie habe leiden müssen. Aber jene wollen sich nicht trösten lassen. Sie beneiden Melind um seine Freiheit und fordern ihn auf, ihnen einen Dolch zu beschaffen, damit sie ihrem Leiden ein Ende setzen können. Alastor treibt die aufsässigen Sklaven hinaus und bleibt alleine mit Melind zurück.

2. Szene
Melind sucht den Bischof Paulinus, der sich an seiner Stelle freiwillig in die Sklaverei begeben hatte. Doch Alastor, den Melind vorsichtig befragt, um seinen Bischof nicht zu verraten, kann ihm nicht weiterhelfen.

3. Szene
Paulinus, der sich in der Gefangenschaft hinter dem Decknamen Viktorin verbirgt, tritt auf und fragt Alastor, welche Arbeit er als nächstes zu verrichten habe. Alastor weist ihn an, die Gärten für die Ankunft des Königs vorzubereiten und lässt Melind bei Viktorin zurück, damit er ihn nach dem verschollenen Bischof Paulinus befragen könne.

4. Szene
Auf das drängende Fragen Melinds antwortet Viktorin, er kenne den Bischof sehr gut, aber er könne ihn nicht zeigen, weil der Bischof nicht erkannt werden wolle. Hierauf erzählt Melind, wie Bischof Paulinus ihn von den Vandalen freigekauft und sich selbst in die Sklaverei begeben habe, um Melind die Rückkehr zur Mutter zu ermöglichen. Unterdessen sei die Mutter gestorben.

MELIND	MELIND
La pli strengia, pli strengia obligaziun mei zungeggia tier quei. Jeu erel avon enzacons ons dad ina banda da morders vegnius pigliaus	Die allerstrengste Verpflichtung zwingt mich dazu. Ich war vor einigen Jahren von einer Räuberbande überfallen und entführt

e manaus navenda. Mia paupra muma tutt combriada e senza trost rugava il soing, il buntadeivel ueschtg, ch'el dues mei dalla sglaveria cumprar ora. El era surprius, il misericordeivel um porscheva ton schoi era en sia pussonza daners per mei spindrar, aber i era bucca avunda per la mei contenteivla ranveria dils Wandalers. Ussa mira la schnueivla charrezia da quei um! Tut dischos e zupadameing va el disvestgius navenda da Nola va en affrica, e surplidava suenter digl rugar il Reigt dils Wandalers, ch'el schava mei lairgt dalla sglaveria e prendeva si el enstaigl mei per Schlaff. E cun in aschi char spindrament turnentau ani mei anavos a mia mumma.- Ach amigt vess jeu miu liberatur enconoschius, mai, mai vess jeu mias cadeinas cun ina aschi charameing cumprada libertat paratau. - Ach festgina miu amigt, mussa a mi Paulinus.

PAULINUS
Giuven, enconuschas ti bucca miglier las obligaziuns dad in fegl? Paulinus, schoti dis, veva liberau tei per trost et agit della tia paupra et abandunada muma, e ti abandunas ella novameing? Vul ti deventar in nief schlaff denton che ti duesses esser la pitgia della viladegnia da tia mumma?

MELIND
Mia mama ei ussa morta, et aschia sai jeu bucca schar pli miu aschi custeivel liberatur pli digt enten la sglaveria. - Na miu amigt, jeu turnal bucca pli anavos a Nola. Schon digt suspira il entir marchau suenter lur charissim ueschtg, chei sin mei villaus mintgia di bitteni

worden. Meine arme Mutter war verzweifelt und bat den heiligen und gutmütigen Bischof, er möge mich von der Sklaverei freikaufen. Der mitleidvolle Mann war sehr bewegt und bot Geld, soweit es in seiner Macht lag, um mich zu retten, aber es war nicht genug für die unersättliche Gier der Vandalen. Und jetzt betrachte erschaudernd die Liebe dieses Mannes! Ganz heimlich und versteckt verlässt er entkleidet Nola, geht nach Afrika und überredet mit flehentlichem Bitten den König der Vandalen, dass er mich aus der Sklaverei befreie und ihn an meiner Stelle als Sklaven annehme. Und mit solch lieber Rettung gequält schickten sie mich zurück zu meiner Mutter. Ach Freund, hätte ich meinen Befreier gekannt, nie, nie hätte ich meine Ketten mit einer so teuer erkauften Freiheit getauscht. – Ach, beeile dich Freund, und zeige mir Paulinus!

PAULINUS
Jüngling, kennst du die Verantwortung eines Sohnes nicht besser? Paulinus hatte, wie du sagst, dich um deiner armen und verlassenen Mutter willen befreit, und du verlässt sie von neuem? Möchtest du ein neuer Sklave werden, obschon du die Stütze deiner alternden Mutter sein solltest?

MELIND
Meine Mutter ist jetzt gestorben, und so kann ich nun meinen teuren Befreier nicht länger in der Sklaverei belassen. – Nein, mein Freund, ich kehre nicht nach Nola zurück. Schon lange seufzt und sehnt sich die ganze Stadt nach ihrem Bischof, so dass sie auf mich wütend sind

233

avon avon a mi ch'ei haggien muort mei piars il pli bien, il pli mieivel, il soing uestg, il pli char Bab, il Pistur. Quei bitter avon poss jeu bucca pli surportar, quei fenda il miu cor. Jeu vi, jeu sto esser il liberatur digl miu liberatur amigt, jeu rogel tei, bucca tei entarda pli digt, muossa a mi Paulinus.[431]	und mir täglich vorwerfen, sie hätten um meinetwillen den besten, mildesten, heiligen Bischof, den liebsten Vater, den besten Hirten verloren. Diese Vorwürfe kann ich nun nicht mehr ertragen, es zerbricht mir das Herz. Ich will, ich muss der Befreier meines Befreiers sein, ich bitte dich, zögere nicht länger, und zeige mir Paulinus.

Er wolle nun an des Bischofs Stelle in die Sklaverei zurückkehren. Doch Viktorin lässt sich nicht erweichen und versucht, Melind zu erklären, dass der Bischof es nicht wünsche, auf Kosten des Jünglings in die Freiheit entlassen zu werden. Der Bischof habe sich mit seinem Schicksal bestens abgefunden. Aber Melind gibt sich nicht zufrieden. Er möchte König Genserich um die Freigabe des Bischofs bitten und sich selbst als Lösegeld anbieten. Viktorin macht den stürmischen Jüngling darauf aufmerksam, dass der König, wenn er wüsste, dass ein Bischof unter seinen Sklaven wäre, gerade diesen nie hergeben würde, da er alle Bischöfe hasse und nichts lieber tue, als katholische Bischöfe zu quälen. Viktorin empfiehlt Melind, nach Nola zurückzusegeln. Doch Melind will nicht ohne den Segen des Bischofs abreisen. Viktorin gibt sich zu erkennen und segnet Melind – aber erst nachdem er ihm das Versprechen abgerungen hat, dass er sich nach Empfang des Segens baldmöglichst auf den Heimweg mache. Melind verabschiedet sich weinend, da der Bischof von ihm nun den versprochenen Gehorsam einfordert.

5. Szene
Die Sklaven Ludolf, Adalard, Rodoin und Milduin treten auf, um Viktorin bei der Arbeit zu helfen. Die Sklaven werfen Paulinus vor, er erschmeichle sich die Gunst des Königs. Sie selber als Menschen edlen Geblütes könnten sich solche Erniedrigungen nicht erlauben. Paulinus belehrt sie, dass wahrer Adel sich mit dem Glauben gut vertrage. Der Glaube aber verlange von ihnen Geduld, Arbeitswille und Pflichterfüllung. Dann geht Paulinus heimlich weg.

---

431 Ms.Paulinus.Tuor. S. 6–7.

6. Szene
Bertulf, Albert, Warmund und Partharit, die Gesandten aus Nola, treten auf und begrüssen ihre versklavten Landsleute, die sich freuen, endlich erlöst zu werden. Doch die Gesandten teilen ihnen mit, sie hätten lediglich das Lösegeld für Bischof Paulinus auftreiben können. Ein junger Mann habe ihnen bei ihrer Ankunft im Hafen erzählt, dass der gesuchte Bischof dem König als Gärtner diene. Aber die versklavten Nolaner klären die Gesandten auf. Der Jüngling habe sie angelogen. Der Gärtner sei kein Bischof, und sein Name sei Viktorin und nicht Paulinus.

7. Szene
Alastor tritt auf und fordert die Gesandten auf, vor dem König zu erscheinen. Die versklavten Nolaner bitten die Gesandten, ein gutes Wort für sie einzulegen.

II. Akt
Der zweite Akt spielt in den Hofgärten König Genserichs

1. Szene
Prinz Hunerich, der Sohn des Königs, unterhält sich mit Viktorin und erzählt ihm, dass die Gesandten viel Lösegeld geboten hätten, um einen gewissen Paulinus zu befreien, den der König nun suchen lasse. Hunerich hegt die Hoffnung, dass Viktorin Paulinus sei, denn er würde ihn gerne frei sehen, weil er ihn sehr mag. – Viktorin seinerseits ist gerührt über das Ansinnen des Prinzen und hofft, dass er auch als zukünftiger König mild und bescheiden herrschen werde.

2. Szene
Alastor erscheint mit den Sklaven und befragt sie nach ihren Namen. Dann schickt er sie weg. Alastor hat von der wunderbaren Nächstenliebe des Paulinus gehört und möchte ihn gern kennenlernen. Viktorin hört ihm zu.

3. Szene
König Genserich erscheint mit der Gesandtschaft aus Nola und lobt die Arbeit des Gärtners. Auf Wunsch seines Sohnes Hunerich lässt er Viktorin die Ketten abnehmen.
Dann befragt der König Alastor, ob er einen Paulinus habe ausfindig machen können. Alastor verneint, und der König bietet den Gesandten die

Möglichkeit, einen anderen Sklaven freizukaufen. Doch mittlerweile haben die Gesandten Paulinus im Gewand des Gärtners Viktorin erkannt. Paulinus gibt seine Identität preis, ohne jedoch sein Amt zu nennen. Nun ist aber der König nicht mehr gewillt, Paulinus freizugeben. Er will nicht auf die Arbeit seines Gärtners verzichten. Den Versprechungen der Gesandten, ihm einen anderen gewandten Gärtner senden zu wollen, schenkt er kein Vertrauen. Stattdessen will er mit Paulinus allein sprechen und schickt die Gesandten weg.

4. Szene

Der König möchte wissen, warum den Bürgern der Stadt Nola so viel an Paulinus liege und befragt ihn eingehend über seine Herkunft und seine Ämter. Paulinus erzählt, wie er einem jungen Sklaven die Freiheit erkauft habe, indem er sich selbst in die Sklaverei verkauft habe. Er gibt sich aber nicht als Bischof zu erkennen. Der König ist beeindruckt von der Nächstenliebe Paulinus und schenkt ihm die Freiheit.

5. Szene

Paulinus betet. Er dankt Gott für seine Befreiung, die ihn angesichts der zurückbleibenden Sklaven auch traurig stimmt. Aber er ist auch jetzt bereit, den göttlichen Willen zu akzeptieren. In Nola möchte er darüber nachsinnen, wie man auch die anderen Sklaven befreien könnte.

6. Szene

Melind hat sich besonnen und das Schiff, das ihn nach Nola bringen sollte, nicht bestiegen. Er möchte mit dem Bischof die Ketten der Sklaverei tragen und mit ihm leiden. Aber der Bischof erzählt ihm von seiner wiedergewonnenen Freiheit und schickt ihn von neuem aufs Schiff, damit er dort auf ihn warte.

7. Szene

Doch Melind kommt nicht weit. Der König, der jetzt auftritt, hat gesehen, wie Paulinus ihn segnete. Dadurch hat sich Paulinus als Bischof verraten. Der erzürnte König fühlt sich hintergangen und lässt Paulinus gefangennehmen. Alles Bitten und Flehen der Gesandten kann ihn nicht mehr erweichen. Der König verlässt die Bühne in Begleitung von Paulinus und Melind.

8. Szene
Prinz Hunerich und die Gesandten beschliessen, gemeinsam den König um Gnade anzuflehen.
  Damit endet der zweite Akt.

III. Akt
Der dritte Akt spielt in den Gärten König Genserichs

1. Szene
Alastor legt Melind die Ketten an, die Paulinus vormals trug. Er ist traurig und möchte Paulinus und Melind die Freiheit schenken, obwohl er von sich behauptet, er habe ein hartes Herz. Alastor erzählt auch von den vergeblichen Versuchen der Gesandten und des Prinzen, das Herz des Königs zu erweichen. Sein Urteil sei aber unwiderruflich.

2. Szene
Die Gesandten treten auf. Der König habe angeordnet, sie sollen sich versammeln, um die Urteilsverkündigung und deren Vollstreckung mit eigenen Augen anzusehen. In ihrer Wut beschimpfen sie Melind als den einzigen Schuldigen am Tode ihres geliebten Bischofs. Melind zieht sich in den Garten zurück. Alastor, der ihn bemitleidet, lässt ihn ziehn.

3. Szene
Alastor wirft den Gesandten vor, Melind Unrecht zu tun. Aber die Gesandten lassen sich nicht erweichen. Sie scheuen sich, mit der schlechten Botschaft nach Nola zurückzukehren.

4. Szene
Der König tritt auf. Die Gesandten werfen sich ihm zu Füssen und bitten ihn um Gnade. Aber Genserich beteuert immer wieder, er habe ein gerechtes Urteil gefällt, und das werde er auch vollstrecken lassen. Die Gesandten klagen Melind als den wahren Schuldigen an. Doch Genserich fühlt sich Melind gegenüber zu Dank verpflichtet, da jener ihm die wahre Identität des Bischofs geoffenbart habe. Nur so könne er den Bischof nach seinen Verdiensten beurteilen. Die Gesandten bitten den König, ihnen zumindest das Blut des Bischofs überlassen zu wollen, um es in die Heimat überführen zu können. Doch Genserich verweigert ihnen auch diesen Wunsch.

5. Szene
Paulinus erscheint im Bischofsornat. Die Gesandten werfen dem König vor, er tue alles, um sie zu quälen. Paulinus nimmt Abschied von seinen Mitbürgern und beteuert Melinds Unschuld. Dann bittet er den König, das Todesurteil vollstrecken zu lassen. Doch der König begnadet Paulinus, lässt ihm alle Ehren zuteil werden, schenkt ihm das Lösegeld und erstattet die gesamte Kriegsbeute zurück.

6. Szene
Der König fordert nun Melind auf, sich von seinem Bischof Paulinus zu verabschieden. Paulinus weigert sich, ohne Melind wegzufahren und den Jüngling in der Sklaverei zu belassen. Der König beteuert, er brauche Melind als Gärtner. Die Gesandten erinnern ihren Bischof an seine Gemeinde, für die er auch verantwortlich sei. Doch Paulinus lässt sich nicht erweichen. Genserich, von der grossen Liebe des Bischofs noch tiefer beeindruckt, schenkt Melind die Freiheit.

7. Szene
Prinz Hunerich kommt hinzu und erzählt, dass die Sklaven den Wunsch geäussert hätten, sich von Paulinus zu verabschieden. Genserich lässt sie holen.

8. Szene
Die versklavten Nolaner bitten Paulinus um Vergebung. Paulinus verspricht ihnen, in ganz Italien Geld für ihre Freilassung zu sammeln. Genserich kommt ihm zuvor und schenkt allen Sklaven um Paulinus willen die Freiheit. Das Stück endet mit dem Lobgesang des Paulinus auf die Liebe Jesu Christi.

8.3 Gliederung, Struktur und Disposition der Handlung
8.3.1 Akt- und Szeneneinteilung
Das Drama *Paulinus de Nola* ist in drei Akte eingeteilt. Der erste Akt ist in sieben Szenen, der zweite und dritte Akt in jeweils acht Szenen unterteilt. Die Szenenwechsel markieren immer den Auftritt, bzw. den Abtritt einer Person oder einer Personengruppe. Innerhalb der Akte finden keine Ortwechsel statt.

8.3.2 Ort der Handlung

Die Bühnenanweisungen des Dramas enthalten keine Angaben zum Ort der Handlung. Dennoch kann der Schauplatz aus den Sprechtexten indirekt erschlossen werden. In allen drei Akten beziehen sich die Personen auf einen Garten, in dem sie sich befinden. Im ersten Akt möchte Adalard, einer der versklavten Nolaner, seinem Leben ein Ende setzen.

ADALARD	ADALARD
Dai a mi in stillet, crudeivel, ch'jeu possi far fin alla mia vitta.- Schnegas era a mi quella grazia? Bien jeu vi emflar in auter mittel. Vid il mir digl jert vi jeu miu sventirau tgiau schmachar, aluscha sas ira vi e ligtiar giu miu saung e miu Schturvi.[432]	Gib mir einen Dolch, Grausamer, damit ich meinem Leben ein Ende setzen kann. – Du verweigerst mir auch diese Gnade? Gut, dann werde ich ein anderes Mittel finden. Gegen die Mauer des Gartens will ich meinen unglückseligen Kopf zerschmettern, dann kannst du hinübergehen und mein Blut und mein Hirn ablecken.

In der ersten Szene des zweiten Aktes kommt Prinz Hunerich zu Paulinus und lobt dessen Arbeit:

HUNERICH	HUNERICH
Jeu veing quei far. Jeu hai era miu Bab rugau per tei, che il comandant dils schlafs tei bucca pli bastuni, ma che ti nies jert aschi bein ornau, e lugau ora. Mintgia gada ch'jeu vegniel egl jert, sche afflel jeu tei husslis vid la lavur, aber ils auters schlafs en bein salvatgia gliaut.[433]	Das werde ich tun. Ich habe meinen Vater für dich gebeten, dass der Hauptmann der Sklaven dich nicht mehr prügle, da du ja unseren Garten so schön geschmückt, und in Ordnung gebracht hast. Jedesmal, wenn ich in den Garten komme, finde ich dich fleissig bei der Arbeit vor, aber die anderen Sklaven sind doch wilde Leute.

In der zweiten Szene des dritten Aktes will Melind sein Leid den Mauern des Gartens und den Obstbäumen klagen:

MELIND	MELIND
Als mits mirs, et als pumers digl jert vi jeu las anguoschas digl miu	Den stummen Mauern und den Obstbäumen will ich von den

---

432 Ms.PAULINUS.Tuor. S. 4.
433 Ms.PAULINUS.Tuor. S. 13.

| cor, che sponda saung, requintar e da quellas lamentar.⁴³⁴ | Ängsten meines Herzens, das Blut vergiesst, erzählen und mich darüber beklagen. |

Auch wenn die Bühnenanweisungen den Ort der Handlung nicht explizit benennen, spielen alle drei Akte in den Gärten König Genserichs. Diese Gärten werden von einer Mauer umgeben. Der umschlossene Garten ist zugleich königlicher Privatbereich und Gefängnis der Sklaven.

8.3.3 Bühnenanweisungen

Der Nebentext der Handschrift umfasst lediglich einen Titel, klar hervorgehobene Akt- und Szenenüberschriften und vierundzwanzig kurze Regieanweisungen, die häufig aus einem einzigen Wort bestehen. Einige Beispiele:

*ils Schlafs van*⁴³⁵	*die Sklaven gehen*
*egl ir navend*⁴³⁶	*im Weggehen*
*sebitta avont ils peis*⁴³⁷	*wirft sich zu Füssen*
*va*⁴³⁸	*geht*

Die Handschrift enthält weder ein Motto noch eine Widmung. Drameninhalt und Personenverzeichnis fehlen ebenfalls. Es gibt keine Anweisungen zur Gestaltung des Szenariums und keine Angaben zum Aussehen der Figuren.

8.3.4 Quantitative Untersuchungen
Personenzahl
Das Drama *Paulinus de Nola* zählt dreizehn männliche Rollen. Fünf davon sind Hauptrollen: Bischof Paulinus, der Jüngling Melind, König Genserich, sein Sohn Hunerich und der Hauptmann der Sklaven, Alastor.

---

434 Ms.PAULINUS.Tuor. S. 25.
435 Ms.PAULINUS.Tuor. S. 4.
436 Ms.PAULINUS.Tuor. S. 5.
437 Ms.PAULINUS.Tuor. S. 9.
438 Ms.PAULINUS.Tuor. S. 9.

Das Drama *Paulinus de Nola*

	I. Akt							II. Akt								III. Akt							
Szene	1	2	3	4	5	6	7	1	2	3	4	5	6	7	8	1	2	3	4	5	6	7	8
ALASTOR	T	T	T		T			T	T	S				S	T	T	T	T	S	S	S	S	T
MELIND	T	T	T	T									T	T		T	T				T	S	T
LUDOLF	T			T	T	S		T	S														T
ADALARD	T			T	T	T		T	S														T
MILDUIN	T			T	T	S		T	S														T
RODOIN	T			T	S	S		S	S														T
PAULINUS		T	T	T				T	T	T	T	T	T							T	T	T	T	
BERTULF					T	T				T			T	T		T	S	T	T	T	S	T	
ALBERT					T	S				T			T	T		S	S	T	S	T	S	S	
WARMUND					T	S				T			T	T		S	T	T	S	T	S	S	
PARTHARIT					T	T				T			T	T		T	S	T	T	T	S	S	
GENSERICH										T	T		T							T	T	T	T	
HUNERICH								T	T	S			S	T							T	T	

T = Auftritt mit Text S = Stummer Auftritt

Vier Darsteller bilden die Gruppe der versklavten Edelleute aus Nola, vier weitere Darsteller die Gruppe der Gesandten aus Nola. Beide Gruppen treten immer geschlossen auf.

Die Rollenverteilung enstpricht den Anforderungen einer kleineren Schulbühne. Die grossen Rollen konnten von älteren oder begabteren Schülern gespielt werden. Die kleinen Rollen der Sklaven und Gesandten hingegen waren einfacher darzustellen und konnten den jüngeren Schülern überlassen werden. Die kurzen Texte, der gemeinsame Auf- und Abtritt erleichtern das Rollenspiel wesentlich. Ausserdem sind die Rollen der Sklaven und Edelleute nicht so stark individualisiert wie die Hauptrollen.

Auffallend ist, dass keine Doppelrollen angelegt sind. In der letzten Szene treten alle Personen gleichzeitig auf. Dies schliesst die Besetzung von zwei Rollen durch den gleichen Spieler aus. Die Schulbühne hatte in der Regel genügend Darsteller und konnte auf Doppelbesetzungen verzichten. Indes bieten die Gruppen der Gesandten und Sklaven die Möglichkeit, die Schauspielerzahl bei Bedarf zu erhöhen, bzw. zu verringern.

II. Die Dramentexte

Redelänge
Der Text meidet übermässig lange oder extrem kurze Redeeinheiten. Vorherrschend ist eine aufgelockerte, quantitativ unregelmässige Dialogform. Längere Redestücke kommen nur dreimal vor.

In der vierten Szene des ersten Aktes berichtet Melind von seiner Gefangennahme und von der grossmütigen Opferbereitschaft des Bischofs, der ihn losgekauft habe. Damit werden die Zuschauer in die Vorgeschichte eingeführt. Es ist denkbar, dass die ursprüngliche szenische Umsetzung der Vorgeschichte zu einem späteren Zeitpunkt durch eine ausschliesslich narrative Fassung ersetzt wurde. Die fünfte Szene des zweiten Aktes besteht aus einem langen Monolog. Paulinus beklagt vor Gott seine Ohnmacht, unterwirft sich aber dem göttlichen Willen und ist bereit, nach Hause zurückzukehren. In der fünften Szene des dritten Aktes offenbart sich König Genserich als grosser Bewunderer des grossmütigen Bischofs und beschenkt ihn reich. Das Stück wendet sich dadurch zum Guten. Die ausführliche Rede Genserichs kennzeichnet diesen wichtigen dramaturgischen Wendepunkt der Handlung und erklärt das frühere Verhalten des Königs.

Die drei genannten Redestücke sind nicht zufällig enstanden, sondern sind bewusst gesetzt und haben eine herausragende dramaturgische Funktion.

Personenkonstellationen
Zwei elementare Gesprächskonstellationen kommen im *Paulinus de Nola* mehrmals vor: (1.) der lange Dialog zwischen Paulinus und einer weiteren Person und (2.) die konfrontative Gegenüberstellung einer Gruppe und einer Einzelperson.
Die Dialoge zwischen Paulinus und weiteren Einzelpersonen dienen der Unterweisung, der gegenseitigen Respektbezeugung und Selbstoffenbarung. Der Gesprächston ist durchgehend freundlich. Paulinus erklärt seine Haltung und wird für seine selbstlose Opferbereitschaft bewundert.

GENSERICH Cho! Ti vul portar enconter tes Patriots ina gronda charrezia cun il tiu pli gron don?	GENSERICH Was! Du willst deinen Landsleuten Liebe entgegenbringen zu deinem allergrössten Schaden?
PAULINUS Scho chatolich sto jeu carrezzar mes Patriots, schei gie carezzegien bucca mei. […]	PAULINUS Als Katholik muss ich meine Landsleute lieben, obwohl sie mich nicht lieben. […]

GENSERICH
Cho era quels stos carrezzar, che
tei bucca carrezeggien?

GENSERICH
Was, auch jene musst du lieben,
die dich nicht lieben?

PAULINUS
Gie, aschia ha Jesus christus a ses
fideivels comandau; gie el ha schizun comendau de charrezzar nos
inimigts.[439]

PAULINUS
Ja, so hat es Jesus Christus seinen
Getreuen befohlen, ja, er hat sogar
befohlen, unsere Feinde zu lieben.

Die konfrontative Gegenüberstellungen einer Gruppe – meistens jener der vier versklavten Nolaner – und einer Einzelperson sind von Ungeduld und Aggression geprägt. Die gefangenen Edelleute verzweifeln an ihrem harten Schicksal. Sie versuchen wiederholt, jemanden für ihr Los verantwortlich zu machen. Ihre Haltung kontrastiert sehr stark zu jener des Bischofs. Statt Opferbereitschaft demonstrieren sie Auflehnung, statt Zuversicht Verzweiflung, statt Nächstenliebe Hass. In der ersten Szene des ersten Aktes versucht Paulinus, die Nolaner zur Mitarbeit zu bewegen.

PAULINUS
Vegni mess chars frars; nus vein
comond de schubergiar ils gangs,
et ornar ora il jert. Il Reigt veing
oz far lau ina mrenda.

PAULINUS
Kommt, meine lieben Brüder, uns
wurde befohlen die Gänge zu reini-
gen und den Garten zu schmücken.
Der König wird heute dort eine
kleine Mahlzeit einnehmen.

HILDUIN
Quella crudeivla bestgia, pudess
ella cun la emprima buccada migliar
en la mort.

HILDUIN
Diese grausame Bestie, soll sie doch
mit dem ersten Bissen den Tod auf-
fressen.

ADALARD
Jeu creigt che ti seigies stathalter
de quei Tiraun; ti sas far il leischen
cun el, e gudigniar sia carrezzia.
Cun in tal biestg pudess jeu bucca
fa il leischen.[440]

ADALARD
Ich glaube, dass du der Statthalter
dieses Tyrannen bist. Du kannst
ihm schmeicheln und seine Liebe
gewinnen. Einem solchen Unmen-
schen könnte ich nicht schöntun.

Die Gruppenszenen setzen sich in ihrer aggressiven Dichte von den Einzelszenen ab. Dadurch wird die Grossmut des Bischofs noch stärker betont. Zuletzt setzt sich die Kraft des Einzelnen gegen die Gruppe durch.

---

439 Ms.PAULINUS.Tuor. S. 18.
440 Ms.PAULINUS.Tuor. S. 10.

8.3.5 Aufbau des Dramas

Das Drama ist regelmässig konstruiert. Die drei Akte sind etwa gleich lang. Der Ort der Handlung ist in allen drei Akten derselbe. Die Handlungskontinuität wird dreimal unterbrochen: erstmals zwischen der vierten und fünften Szene des ersten Aktes, dann bei jedem Aktwechsel. Die Handlung spielt an zwei bis drei Tagen. Der Text macht dazu keine genauen Angaben. Eine gewisse Dauer setzt nur die erste Unterbrechung der Handlung im ersten Akt voraus. Am Ende der vierten Szene schickt Paulinus Melind zum Hafen, damit er sich dort einschiffe. In der sechsten Szene berichten die neu eingetroffenen Gesandten aus Nola, dass sie vor einigen Tagen einen Jüngling im Hafen getroffen hätten.

> WARMUND
> Ach Diu, tgiei mortala frida per nus, tonaton amigts, nus vein enqualgadas zurvegniu novas che nies ueschtg vivi aung. – In giuven Nolaner, per il qual nies ueschtg entras memia gronda charrezzia ha se faitg schlaf di a nus avon paug dis che Paulinus schubreggi ils gangs dil Palaz, et orneschi il jert digl Reigt.[441]

> WARMUND
> Ach Gott, welch ein tödlicher Schlag für uns, wo wir doch seine Freunde sind, wir haben mehrmals Nachricht erhalten, dass unser Bischof noch lebe. – Ein junger Nolaner, um dessentwillen sich unser Bischof aus allzugrosser Liebe zum Sklaven gemacht hat, hat uns vor wenigen Tagen gesagt, dass Paulinus die Gänge des Palastes reinige, und dass er den Garten des Königs schmücke.

Bei diesem Jüngling kann es sich nur um Melind handeln.[442] Damit muss aber zwischen der vierten und der sechsten Szene des ersten Aktes ein Zeitraum von einigen Tagen liegen. Eine Unterbrechung der Handlungskontinuität ist nur nach der vierten Szene möglich. Die sechste Szene schliesst nämlich inhaltlich direkt an die fünfte Szene an.[443]

Die unterschiedlich angelegten Redelängen, die Lebhaftigkeit der Personen, die Zurücknahme einer affektierten Redeweise kennzeichnen das Werk als spätbarocke Bearbeitung des Themas. *Paulinus de Nola* ist aber dennoch ein geschlossenes Drama mit starren konstruktiven Momenten.

---

441 Ms.PAULINUS.Tuor. S. 12.
442 Paulinus hatte sich zuvor nur Melind als Bischof von Nola offenbart. – Vgl. Ms.PAULINUS.Tuor. S. 9.
443 Am Ende der fünften Szene sieht Paulinus die Gesandten aus Nola kommen und versteckt sich. Die sechste Szene beginnt mit dem Auftritt der Nolaner. – Vgl. Ms.PAULINUS.Tuor. S. 10.

Ein Beispiel: der entscheidende und einzige Monolog Melinds in der fünften Szene des zweiten Aktes befindet sich genau in der Mitte des Dramas, nämlich in der zwölften von insgesamt dreiundzwanzig Szenen. Auch diesem Werk liegt ein klarer konstruktiver Wille zugrunde, der sich aber durch die lebhafte Gestaltung der Rede nicht in den Vordergrund drängt.

8.3.6 Disposition der Handlung

Das Drama ist geschickt konstruiert. Im ersten Akt erfahren die Zuschauer die Vorgeschichte der Dramenhandlung. Der Gärtner Viktorin lässt sich von Melind erweichen und gibt sich als Bischof Paulinus zu erkennen. Dadurch bekommen die Zuschauer einen Wissensvorsprung vor allen Akteuren. Kurz darauf erfahren die Zuschauer, warum der Bischof seine wahre Identität nicht preisgeben darf. Der König der Vandalen ist ein erbitterter Feind aller Bischöfe.

ADALARD	ADALARD
Il Reigt Genserich ei in infernal inimigt dils chatolichs Ueschtg. Tuts quels chel ha […] vegniu de pilgiar, ha el senza misericordia schau sil pli crudeivel martarizar.[444]	Der König Genserich ist ein höllischer Feind der katholischen Bischöfe. Alle, die er […] gefangennehmen konnte, hat er ohne Erbarmen aufs Grausamste quälen lassen.

Dadurch ist ein Grundkonflikt angelegt, der die Spannung des Stückes trägt. Paulinus darf nicht entdeckt werden. Wenn dies geschieht, ist sein Leben verwirkt. Darum bemühen sich die Gesandten aus Nola, die ihn aufgrund eines Hinweises von Melind ausfindig machen und als ihren Bischof erkennen, seine Identität nicht zu verraten.

In der Mitte des zweiten Aktes zeichnet sich eine mögliche Lösung des Konfliktes ab. Paulinus soll freigelassen werden, nachdem der König erfahren hat, dass jener den Sklavendienst freiwillig auf sich genommen hat, um Melind auszulösen. An dieser zentralen Stelle des Dramas hält Paulinus seinen Monolog, der eigentlich ein Gebet ist. Er bekräftigt vor Gott, dass er ohne Zagen seine Ketten bis zum Ende seines Lebens getragen hätte, unterwirft sich dann aber dem göttlichen Willen und beschliesst, nach Nola zurückzukehren.

---

[444] Ms.PAULINUS.Tuor. S. 12.

PAULINUS	PAULINUS
Mo quei fa mal a mi o gron Diu, ch'jeu sto mes sventirai confrars scha star anavos en lur sventira senza trost e senza agit. Ach fussei en mia pussonza de puder era quels schlargiar; tonaton sche jeu vegniel en mia Patria sche vegniel jeu pattertgiar sin mittels per puder els liberar.[445]	Aber dies schmerzt mich, o grosser Gott, dass ich die unglücklichen Mitbrüder in ihrem Unglück ohne Trost und Hilfe zurücklassen muss. Ach läge es doch in meiner Macht, auch diese zu befreien; dennoch werde ich, wenn ich in meine Heimat komme, nach Mitteln suchen, um sie zu befreien.

Aber dann kehrt Melind unerwartet zurück. Aus Unachtsamkeit gibt er die Identität des Bischofs preis. Es folgt die Katastrophe. König Genserich lässt den Bischof in Ketten legen. Die Gesandten aus Nola befürchten die Hinrichtung ihres Bischofs und beschwören den König, Gnade walten zu lassen.

Diese Wendung im Dramengeschehen macht alle Hoffnungen der Akteure und der Zuschauer zunichte. Die Zuschauer wissen ja um den Hass des Königs. Paulinus muss sterben.

Ging es in der ersten Dramenhälfte noch darum, den Bischof mit Geschick, Diplomatie und passiver Täuschung aus der Sklaverei zu befreien, so ist in der zweiten Hälfte das Leben des Bischofs ernsthaft gefährdet. Besonders tragisch ist der Umstand, dass Paulinus nicht durch bewussten Verrat, sondern durch die übergrosse Nächstenliebe Melinds in diese Situation geraten ist.

Durch das Verhalten Melinds kommt nun aber die Entwicklung in Gang, die das Drama zum guten Ende führt. König Genserich ist so sehr von der aufopfernden Nächstenliebe des Bischofs beeindruckt, dass er sein Urteil über die Bischöfe revidiert und Paulinus und allen Nolanern die Freiheit schenkt. Der König lässt aber bis zum Schluss des Dramas alle Akteure (und auch die Zuschauer) im Glauben, er habe Paulinus zum Tode verurteilt. Dadurch hält sich die Spannung bis zum Schluss.

---

445 Ms.PAULINUS.Tuor. S. 21.

8.4 Redestil und Charakterisierung der Personen

8.4.1 Vorbemerkung zum Sprachstil

Die Sprache des Dramas *Paulinus de Nola* ist einfach und kraftvoll. Sie verwendet viele Bilder, um der Aussage mehr Gewicht und Anschaulichkeit zu verleihen. Dabei wirkt sie häufig roh und grob.

Ein grosser Anteil der Reden ist als pathetischer Ausruf gestaltet. Diese Ausrufe sind Ausdruck von Schmerz, Bewunderung, Freude, Trauer, Wut oder seelischer Ergriffenheit.

Der Satzbau des *Paulinus de Nola* lässt die wörtliche Übersetzung aus dem Deutschen erkennen.[446] Dabei wurde der Übertragung des einzelnen Wortes mehr Gewicht beigemessen. Der Satzbau hingegen wurde vernachlässigt und entspricht nicht der rätoromanischen Syntax. Dazu einige Beispiele:

fort, halo, davenda tier la lavur[447]	Fort, los, weg, an die Arbeit!
jeu veing vies comond per in comond da Diu considerar[448]	Ich werde ihren Befehl als einen Befehl Gottes erachten
jeu vignies il Reigt rugar, chel enstaigl daners prendes mei[449]	Ich würde den König bitten, dass er an Stelle von Geld mich nehmen würde.

8.4.2 Redestil der Personen

Den Personen sind unterschiedliche Redestile zugeordnet. Die gefangenen Edelleute aus Nola drücken sich kraftvoll und grob aus. Wehrufe, Flüche und Beschimpfungen gehören zu ihrem Standardvokabular.

LUDOLF Schmalediu faitg! Sundel jeu pia per quei naschius, ch'jeu stoppi schon sin quest mund sentir las peinas digl uffiern?[450]	LUDOLF Verfluchtes Ding! Bin ich denn dazu geboren, schon auf dieser Welt die Qualen der Hölle zu fühlen?

---

446 «Il lungatg dil toc tradescha la translaziun verbala ord il tudestg; cunzun la construcziun dil tuttafatg tudestga, tradescha quei.» – «Die Sprache des Stückes verrät die wörtliche Übersetzung aus dem Deutschen; vor allem der gänzlich deutsche Satzbau verrät dies.» – GADOLA. *Historia. Secunda perioda.* S. 38.
447 Ms.PAULINUS.Tuor. S. 3.
448 Ms.PAULINUS.Tuor. S. 5.
449 Ms.PAULINUS.Tuor. S. 5.
450 Ms.PAULINUS.Tuor. S. 3.

LUDOLF	LUDOLF
Fai mei libers e ventireivels scho ti eis, sche vi jeu era a ti cun saung freid di enzaconts texts della scartira.[451]	Mach mich frei und glücklich wie du es bist. Dann will ich dir auch kaltblütig einige Sprüche aus der Schrift sagen.

Diesem Redestil bleiben die Sklaven bis zum Schluss des Stückes verhaftet. Erst mit ihrer Befreiung aus dem Sklavendienst erinnern sie sich wieder an ihre angestammte Ausdrucksweise.

Paulinus artikuliert sich zurückhaltend und besonnen. Sein Redestil ist geprägt von Höflichkeitsformen, Dankbarkeitsbezeugungen, Ergebenheitsformeln und biblischen Zitaten. Dennoch spricht er sehr bestimmt. Im Gegensatz zu den Edelleuten aus Nola entfaltet Paulinus seine Gedanken in logischen Schritten und beispielhaften Einschüben.

PAULINUS	PAULINUS
Jeu engraziel a vus, miu signur, per vossa buntat, tonaton sundel jeu buca vangons de vegnir miglier tractaus che ils auters mes confrars. Miu Diu ha stabiliu a mi questa sventira, jeu adoreschel la sia sontgia voluntat, e vi quella gravezia cun legria surportar. – Signiur, comandai a mi novas lavurs, jeu veing vies comond per in comond da Diu considerar.[452]	Ich danke ihnen, mein Herr, für ihre Güte, dennoch bin ich nicht würdig, besser als meine Mitbrüder behandelt zu werden. Mein Gott hat mir dieses Unglück zugedacht, ich bete seinen heiligen Willen an, und möchte diese Last mit Freude ertragen. – Herr, befehlt mir neue Arbeiten, ich werde ihren Befehl als einen Befehl Gottes erachten.

Der Redestil ist bei allen Personen dieses Dramas festgelegt und stark typisiert. Dies entspricht weitgehend der einfachen Anlage der Charaktere.

Die soziale Situation am Hofe König Genserichs spiegelt sich am besten in der Sprache des Hauptmannes der Sklaven, Alastor. Er verfügt als einziger über sehr unterschiedliche Redestile. Seine Untergebenen, die Sklaven, lässt er seine Macht spüren:

ALASTOR	ALASTOR
Va pir vi, ti denuot, [...] e crepa! Glei paug don per tei.[453]	Geh nur hin, du Nichtsnutz, [...] und verrecke! Um dich ist es wenig schade.

---

451 Ms.PAULINUS.Tuor. S. 3.
452 Ms.PAULINUS.Tuor. S. 5.
453 Ms.PAULINUS.Tuor. S. 4.

Aber Alastor verfügt auch über eine gepflegte Rede. Den eifrigen Sklaven Paulinus lobt er gern und häufig.

ALASTOR	ALASTOR
Schlaf, jeu laudel tia spertadat, e tiu iffer tier novas lavurs. Jeu portel en vardat compassiun de tia sventira, ti fusses vangons d'enzitgiei meglier. [...] Mo va aschia vinavon, sche vegnies gleiti vegnir liber dallas fridas.[454]	Sklave, ich lobe deine Schnelligkeit und deinen Eifer bei neuen Arbeiten. Ich bemitleide dich wahrlich, du hättest etwas besseres verdient. [...] Mach nur so weiter, und bald wirst du von den Schlägen befreit werden.

Schliesslich rührt das Schicksal des Jünglings Melind den Sklaventreiber Alastor zutiefst.

ALASTOR	ALASTOR
Giuven jeu sundel in barbar, aber las tias larmas foren tras il miu cor. – Sche il cor digl Reigt fus bucca pli salvadis che il miu, sche stuess el a ti, et a Paulinus schengigiar la libertat, et alla vossa Religiun, che tals guerriers parturescha, mussar pli gronda favur.[455]	Jüngling, ich bin ein Barbar, aber deine Tränen stechen mir ins Herz. – Wenn das Herz des Königs nicht wilder wäre als meines, müsste er dir und Paulinus die Freiheit schenken, und eurer Religion, die solche Krieger gebiert, grössere Gunst bezeugen.

8.4.3 Charakterisierung der Personen

Die Charakterisierung der Personen erfolgt fast ausschliesslich über den Haupttext.

Im Nebentext tragen die Namen der Personen wenig zur Differenzierung der Rollen bei. Der Plot unterscheidet zwei Gruppen nach ihrer Herkunft: die Bewohner von Nola mit ihrem Bischof Paulinus und dem Hofstaat König Genserichs. Die Eigennamen der Personen erlauben aber keine eindeutige Zuteilung zur einen oder anderen Gruppe. Nur Paulinus ist klar als Lateiner klassifiziert. Die versklavten Nolaner und die Gruppe der Gesandten tragen keine lateinischen Namen, obschon sie durch das Stück eindeutig als Bürger von Nola in Campanien ausgewiesen sind. Auf eine Namensänderung im Kontext der Versklavung wird aber nirgends hingewiesen.

---

454 Ms.PAULINUS.Tuor. S. 5.
455 Ms.PAULINUS.Tuor. S. 24.

Die Namengebung ist im Bezug auf die örtliche Herkunft der Protagonisten missverständlich. Wenn der lateinische Name aber als Indikator für zivilisierte Umgangsformen und hochentwickelte Kultur gelten soll, ist es richtig, dass nur Paulinus einen eindeutig lateinischen Namen erhält. Tatsächlich wird im Stück mehrmals auf Barbarentum der Vandalen hingewiesen.

GENSERICH	GENSERICH
Jeu sai, che vus auters Taglianers tegnits mei e miu Pievel per Barbars Tyrauns, vus deigies ussa experimentar, vus deigies cun igls vi, tgiei Barbar che il Reigt seigi.[456]	Ich weiss, dass ihr Italiener mich und mein Volk für Barbaren haltet, ihr sollt nun erfahren, ihr sollt mit den Augen sehen, was für ein Barbar der König ist.

Die Beschreibung der Personen erfolgt direkt und indirekt. Der Charakter des Paulinus wird mehrmals geschildert. Melind berichtet ausführlich von der grossen Nächstenliebe des Bischofs.[457] Alastor lobt seinen Fleiss.[458] König Genserich schätzt den Bischof als Gärtner[459] und bewundert später seine einzigartige Grossmut.[460]

Die Person des Paulinus wird auch indirekt durch dessen Sprechen und Handeln charakterisiert. Paulinus agiert verständnisvoll und mild. Er erfüllt seine Aufgaben immer pflichtgetreu und zuverlässig. Er interpretiert seine Gefangenschaft als göttlichen Willen und unterwirft sich seinem Schicksal mit Ausdauer und Geduld.[461] Paulinus wird nie schwach. Zorn und Aufbegehren kennt er nicht.

Paulinus lebt seine Prinzipien ohne jegliche Kompromisse. Diese Prinzipien sind aber nicht Ideale im heutigen, individuell geprägten Sinn. Für Paulinus ist die Nachfolge Jesu in seiner radikalen Art und Weise oberstes Prinzip der Lebensgestaltung. Alles, was ihm widerfährt, interpretiert er im Kontext seines Glaubens. Für Paulinus bedeutet Sklaverei nicht eingeschränkte Freiheit, sondern eins werden mit Christus im Ertragen des Lebens und des Todes. Errettung erhofft er sich erst im Jenseits.

---

456 Ms.PAULINUS.Tuor. S. 27.
457 Ms.PAULINUS.Tuor. S. 6–7.
458 Ms.PAULINUS.Tuor. S. 5.
459 Ms.PAULINUS.Tuor. S. 15.
460 Ms.PAULINUS.Tuor. S. 28.
461 Ms.PAULINUS.Tuor. S. 10.

PAULINUS	PAULINUS
Jeu mei schezzeggiel ventireivels, che poss in inocent giuven dalla sglaveria liberar suenter il exempel digl divin spindrader, che nus entras siu saung ha dalla cadeinas della perpetna sglaveria liberau.⁴⁶²	Ich schätze mich glücklich, dass ich einen unschuldigen Jüngling aus der Sklaverei befreien darf, nach dem Beispiel unseres göttlichen Retters, der uns mit seinem Blut von den Ketten der ewigen Sklaverei befreit hat.

Im Gegensatz zur Person des Paulinus reagieren die Gefangenen aus Nola unbeherrscht und zornig. Sie sind nicht gewillt, sich mit ihrem Schicksal abzufinden. Sie werfen Paulinus Unterwürfigkeit, Anpassertum und mangelnden Stolz vor.⁴⁶³

RODOIN	RODOIN
Ma che ti eis naschius dad ina bassa schlatteina sas era buca far auter, che bass partraigts. Ti sas buc, tgiei che vegli di noblezia, aung meins sas las obligaziuns della noblezzia.⁴⁶⁴	Da du niedriger Herkunft bist, kannst du auch nur niedere Gedanken haben. Du weisst nicht, was Adel heisst, und noch weniger kennst du die Verpflichtungen des Adels.

Eine besondere Figur ist schliesslich der Jüngling Melind. Er hat die besten Absichten und möchte sich anstelle seines Bischofs in die Sklaverei begeben. Aber er ist vom Pech verfolgt. Seine edlen Absichten bringen ihm selbst und vor allem Paulinus nur Unglück. Melinds tolpatschiger Edelmut steht in Kontrast zur hehren Gestalt des Bischofs und ist ungemein sympathisch. Natürlich kann Melinds Ungeschicklichkeit nicht wirklich jemandem zum Verhängnis werden. Am Ende des Stückes wird sein guter Wille belohnt, und er darf mit dem Bischof nach Nola zurückkehren.

8.5 Sinnzusammenhänge

8.5.1 Symbole und Metaphern

Paulinus begibt sich freiwillig in die Sklaverei und erträgt sie gelassen. Er fordert seine Landsleute auf, ihr Schicksal geduldig zu ertragen.

---

462 Ms.PAULINUS.Tuor. S. 5.
463 Vgl. Akt I. Fünfte Szene. – Ms.PAULINUS.Tuor. S. 10.
464 Ms.PAULINUS.Tuor. S. 10.

PAULINUS
Ach chars frars, cura leits vus quella
nunchristgieuneivla malapazienza e
quella endirada garmeschia
dismeter, la quala fa mo pli bittra
la vossa sventira, e fa si a vus
l'uffiern schon sin quest mund.[465]

PAULINUS
Ach liebe Brüder, wann wollt Ihr
diese unchristliche Ungeduld und
diese harte Anmassung abtun, die
euer Unglück nur noch bitterer
macht und euch die Hölle schon
auf Erden bereitet.

Paulinus deutet die Sklaverei als Metapher für das menschliche Erdenleben. Dieses Leben gilt es zu ertragen und zu bestehen, um nicht der Sklaverei der Sünde zu verfallen. In seiner Auffassung ist das Leben auf Erden nicht ein Wert in sich, sondern nur eine zeitlich begrenzte Frist, in der man sich zu bewähren hat. Wirklich erstrebenswert ist nur jenseitiges Glück. Darum fordert Paulinus die versklavten Nolaner auf, ihre Sklaverei geduldig zu ertragen. Ein glückliches Leben zu führen ist angesichts der himmlischen Glückseligkeit kein erstrebenswertes Gut.

Paulinus erduldet aber die Sklaverei nicht nur, sondern empfindet sie als geeignetes Mittel, Christus nachzufolgen. Den Männern aus Nola wirft er Stolz und Anmassung vor.

PAULINUS
Esses vus pia pli nobels che Jesus
nies spindrader? Et ha quel buc
muort nies salit priu si la figura
din pauper schlaff? Ha el bucca se
suttamess cun la pli gronda
humilitonza als scharfs comons
bucca mo dils buns, sunder era dils
schliats Regenters?[466]

PAULINUS
Seid ihr denn vornehmer als Jesus,
unser Retter? Hat er nicht um
unseres Heiles willen die Gestalt
eines armen Sklaven angenommen?
Hat er sich nicht mit grösster Demut
nicht nur den scharfen Befehlen der
guten, sondern auch der schlechten
Herrscher unterworfen?

Diese persönliche Deutung der Sklaverei als Mittel der kompromisslosen Nachfolge Christi wird aber letztlich nur von Melind verstanden. Weder die Edelleute aus Nola noch die Höflinge König Genserichs können seine Auffassung teilen.

Eine weitere Metapher, die mit der Deutung des Lebens zusammenhängt, kann in der Tätigkeit des Bischofs am Hofe Genserichs gesehen werden. Paulinus arbeitet dort nämlich als Gärtner. Damit wird eine bildliche Ana-

---

465 Ms.PAULINUS.Tuor. S. 10.
466 Ms.PAULINUS.Tuor. S. 10.

logie zu Darstellungen des *Noli me tangere*⁴⁶⁷ geschaffen, in denen der auferstandene Herr Maria Magdalena als Gärtner mit Spaten und Kappe entgegentritt. Dadurch bekommt nun die Sklavenarbeit des Paulinus einen doppelten Sinn. Sie verweist einerseits auf das Leben, das es mutig zu ertragen gilt, um sich von der Sklaverei der Sünde zu befreien. Andererseits verheisst diese erniedrigende Arbeit bildlich bereits die Auferstehung und das ewige Leben.

8.5.2 Der leitende Sinn des Dramas

Das Drama *Paulinus de Nola* hat ein ganz klares didaktisches Ziel. Es will den Sieg der christlichen Nächstenliebe über die Widerwärtigkeiten des Lebens und über die menschliche Schwäche darstellen. Am Ende setzt sich die Liebe durch. Niemand ist stärker als sie, auch der grausamste aller Könige nicht, denn Gott lenkt die Herzen der Könige. Diese Gewissheit wird im Stück mehrmals zum Ausdruck gebracht. Am deutlichsten bringt Melind diesen Gedanken in einem Gebet zur Geltung, nachdem Paulinus von Genserich abgeführt worden ist.

MELIND O dolur de mort, stauscha giu a mi il cor, ieu poss tei bucca pli surportar! – Diu, vegnies ti pia bucca star tier agli tiu fideivel survient, vul ti pia il pli inocent surdar alla furia da d'in crudeivel Tiraun? *dat an schanuglias* miu signiur Diu, ti has ils cors digls Reigts enten tes meuns […] suenter tia santissima voluntad poss ti quels manar, tei rogel jeu, muossa tia forza vid il cor de quei Reigt; mida el, sinaquei chel detti a Paulinus grazia e misericordia. – Tgiei enegtia strola de speronza – mia olma reveing puspei, Paulinus veing bucca morir.⁴⁶⁸	MELIND O Todesschmerz, erdrücke mein Herz, ich kann dich nicht mehr ertragen! Gott, wirst du also deinem treuen Diener nicht beistehen, willst du also den Unschuldigsten dem Zorn eines grausamen Tyrannen übergeben? *Fällt auf die Knie.* Mein Herrgott, du hältst die Herzen der Könige in deinen Händen […] Du kannst diese nach deinem heiligsten Willen lenken, dich flehe ich an, zeige deine Kraft am Herzen dieses Königs, verwandle ihn, damit er Paulinus Gnade und Barmherzigkeit gewähre. – Welch ein plötzlicher Hoffnungsstrahl – meine Seele erholt sich wieder, Paulinus wird nicht sterben.

---

467 Vgl. *Neues Testament*. Joh 20,14–18.
468 Ms.PAULINUS.Tuor. S. 24.

Der unerwartete Sinneswandel des Königs ist der dramatische Beweis für die Zuverlässigkeit Gottes. König Genserich entscheidet sich nicht in vorsichtiger Abwägung der Güter, ob er Paulinus die Freiheit schenken solle oder nicht, sondern wird schlichtwegs übermannt.

GENSERICH	GENSERICH
Jeu sai bucca pli resister. Ad in similiond um deigi il giuff de schlaff bucca pli far mal.[469]	Ich kann nicht mehr widerstehen. Einem solchen Mann soll das Joch der Sklaverei keine Schmerzen mehr bereiten.

Am Schluss des Stückes bricht Genserich, der stolze Barbar, in Tränen aus und umarmt Paulinus.

GENSERICH	GENSERICH
L'emprima gada, che flussegien larmas de legria ord mes iegls ! Burgers de Nola, bucca a mi, sunder agli vies gron ueschtg stueits vus ringraziar, ad el soletameing alla sia schmisureivla charrezia esses vus tutts obligai.[470]	Zum ersten Mal fliessen Tränen aus meinen Augen! Bürger von Nola, nicht mir, sondern eurem grossen Bischof müsst ihr danken, ihm und seiner unermesslichen Liebe seid ihr alle verpflichtet.

Paulinus weist diesen Dank zurück. Er tut dies nicht nur aus Höflichkeit, sondern in der Überzeugung, dass Gott tatsächlich den Sinneswandel Genserichs bewirkt hat. – Das Weltbild des barocken Menschen stützt diesen Glauben. Die Welt an sich ist schlecht, aber manchmal bricht das Gute förmlich in die verderbte Welt ein. Dann kann sich ihm niemand widersetzen.

---

469 Ms.PAULINUS.Tuor. S. 20.
470 Ms.PAULINUS.Tuor. S. 33.

III. Bedeutung des rätoromanischen Dramas des 18. Jahrhunderts

1 Einschränkungen

In der vorliegenden Arbeit wurden sieben rätoromanische Dramen aus dem 18. Jahrhundert besprochen. Diese sieben Dramen stellen den bekannten Bestand an rätoromanischer Dramenliteratur aus der genannten Epoche dar. Nicht berücksichtigt wurden die Dramen von Gion Theodor de Castelberg, da sie in einer neuen Edition von Claudio Vincenz vorliegen[471] und frühestens 1794 entstanden sind.[472] Die sieben Dramen stammen aus den rätoromanischen Sprachgebieten, in denen die Idiome *sursilvan* oder *surmiran* gesprochen werden.[473] Der verhältnismässig kleine Bestand ist auf mehrere Faktoren zurückzuführen.

Dramentexte des 17. und 18. Jahrhunderts sind grundsätzlich schlecht überliefert. Dies mag an einer zeitweisen Geringschätzung der gesamten Epoche liegen. Das Zeitalter der Aufklärung insbesondere hatte den Zugang zur Barockliteratur verloren.

Die Bibliothek der Benediktinerabtei Disentis war die wichtigste Dokumentationsstelle für die rätoromanische, barocke Dramenliteratur. Durch den Klosterbrand im Jahre 1799 wurde dieser Bestand vernichtet. Die Texte der Disentiser Schulbühne sind damals verlorengegangen und können heute nur chronikalisch belegt werden. Der heutige Bestand an Dramenliteratur geht auf die Sammeltätigkeit verschiedener Patres und privater Sammler zurück, die sich besonders um das Schrifttum dieser Epoche bemüht haben.

Die romanischen Dramen des 18. Jahrhunderts sind nicht mit den monumentalen Werken der Orden, Städte und Höfe vergleichbar. Sie sind in der Regel Bearbeitungen für kleine Bühnen mit beschränkten Aufführungsmöglichkeiten. Die fehlende gesellschaftliche Relevanz ist mit ein Grund für den Verlust der Dramentexte.

Die romanischen Dramentexte wurden nicht gedruckt. Erst Caspar Decurtins hat die Passionen von Sumvitg und Lumbrein anfangs des 20. Jahrhunderts ediert. Vorher erfolgten Abschriften der Texte vorwiegend als Rol-

---

471 VINCENZ, Claudio: *Die Dramen von Gion Theodor de Castelberg: Edition Glossar Untersuchungen.* Chur: Vincenz, 1999.
472 Vgl. VINCENZ. *Dramen.* S. 23.
473 Das Gebiet, in dem diese Idiome gesprochen werden, liegt im Kanton Graubünden in der Schweiz. Es umfasst im Wesentlichen das Vorderrheintal mit dessen Seitentälern (*sursilvan*) und die Region Surmeir in Mittelbünden (*surmiran*).

lenauszug und hatten die Funktion, das Erlernen der Rolle zu gewährleisten. Als letzlich fragmentarischer Teil des Dramas hatten sie nur einen geringen Sammelwert und verloren ihre Bedeutung mit der letzten Aufführung eines Stückes.

Keines der romanischen Dramen kann mit Sicherheit einem bestimmten Autor zugeschrieben werden. Die bekannten Autoren barocken romanischen Schrifttums kommen als Dramendichter nicht in Frage. Die fehlende Bindung an wichtige Namen und die damit verbundene künstlerische Geringschätzung mögen den kleinen Textbestand zusätzlich erklären.

Schliesslich sind Dramentexte Arbeitsmaterialien. Sie stellen kein vollständiges künstlerisches Produkt dar, sondern sind Bestandteil einer Inszenierung. Dies gilt insbesondere für das Zeitalter des Barock, das den optischen Komponenten einer Inszenierung mehr Bedeutung zumisst als der textlichen Grundlage.

Dennoch muss abschliessend festgestellt werden, dass der Forschungsstand in der rätoromanischen Barockliteratur höher ist als im deutschsprachigen Bereich. Szarota bestätigt dies für den Bereich des Jesuitendramas.

> Eine geringe Zahl von Jesuitendramen ist in extenso gedruckt worden. [...] Im grossen und ganzen aber muss festgestellt werden, dass die Zahl der gedruckten und auch für den Druck geplanten Jesuitendramen sehr klein ist. Allerdings besitzen wir in der Bayerischen Staatsbibliothek, in der Österreichischen Nationalbibliothek, in der Abtei Engelberg in der Schweiz eine Reihe von Handschriften, die wahrscheinlich noch sehr lange werden auf eine Veröffentlichung warten müssen. Es wäre wünschenswert, dass ein ganzes Editoren-Team an die Herausgabe von mindestens 20 bis 30 Handschriften heranginge, wenn ein so wichtiges Kulturgut nicht völligem Vergessen preisgegeben werden soll.[474]

Das Ziel dieser Arbeit war nicht, das Drama des 18. Jahrhunderts umfassend als Gesamtphänomen darzustellen. Vielmehr sollten die vorhandenen Stücke gesichert, für den deutschsprachigen Leser erschlossen und theaterwissenschaftlich aufgearbeitet werden, um eine vergleichende Analyse im europäischen Raum zu ermöglichen.

---

474 SZAROTA. *Jesuitendrama. Vita Humana.* S. 12.

2 Charakterisierung

Die sieben, teilweise fragmentarischen Dramen dieser Arbeit können in drei Gruppen eingeteilt werden: die Passionen, die grossen Barockdramen und die Bearbeitungen für dörfliche Aufführungen, hier als *Kleine Dramen* bezeichnet.

Gemeinsam ist allen Stücken der geistliche Inhalt. Die konfessionelle Zugehörigkeit, die kerygmatische Intention und die unterschiedlichen theologischen Ansätze vermitteln ein breites Spektrum barocker Spiritualität. Träger und Förderer der Spiele sind ausschliesslich kirchliche Organisationen. Ordensangehörige, Weltgeistliche und Mitglieder von katholischen Bruderschaften treten gleichermassen als Promotoren der geistlichen Stücke auf.

Alle Stücke, von denen gesicherte Aufführungsdaten überliefert sind, werden ausschliesslich von Laiendarstellern gegeben und auch von Laien geleitet. Höchstens der klösterliche Choragus dürfte als semi-professioneller Spielleiter aufgetreten sein.

2.1 Die Passionen

Die romanischen Passionsspiele sind Aufführungen dörflicher Gemeinschaften, die eine grosse Anzahl von Schaupielern benötigt. Die Proben finden während der Wintermonate statt, die Aufführungen in der vorösterlichen Fastenzeit. Sie werden in einem bestimmten regelmässigen Turnus gegeben. Verantwortlich für die Durchführung ist der Dorfgeistliche.

Die Aufführungen finden im Freien statt. Die Orte der Handlung sind über das ganze Dorf verteilt, das ganze Spiel hat Prozessionscharakter. Die Zuschauer begleiten das Geschehen durch die Strassen des Dorfes. Am Ende der Passionsspiele findet eine Prozession statt, die den Kreuzweg Christi darstellt. Die Darstellung der Kreuzigung findet auf einer Anhöhe oberhalb des Dorfes statt. Die Aufführungen beginnen morgens und dauern mehrere Stunden.

Die Zuschauer nehmen lange Wanderungen auf sich, um das Passionsspiel zu besuchen. Sie stammen aus den Nachbardörfern, aber auch aus den umliegenden Tälern und müssen teilweise tags zuvor von zuhause aufbrechen. Der Besuch der Passionsaufführung hat Wallfahrtscharakter. Auf dem Weg wird gebetet, manchmal auch während der Aufführungen.

Die Gewährung der Gastfreundschaft gilt als selbstverständlich. Die letzten Aufführungen der *Passiun da Lumbrein* hatten mehrere tausend Besucher.

Die Passionsspiele sind sehr stark mit örtlichen Formen der Volksfrömmigkeit verknüpft. Besondere Hochfeste, Bruderschaften mit besonderen geistlichen Intentionen und die lokale Verehrung von bestimmten Heiligen können Stil und Aufführungspraxis betonen. In Lumbrein kommt die Bruderschaft zur Schmerzensreichen Muttergottes als Hintergrund für die Entstehung und Trägerin der Aufführungen in Betracht. In Sumvitg ist der Entstehungshintergrund nicht greifbar. In beiden Orten muss man davon ausgehen, dass der jeweilige Geistliche einen starken Einfluss auf Entstehung und Durchführung der Spiele hatte.

Inhaltlich stützen sich die Passionen auf die biblische Überlieferung des Passionsberichtes und auf apokryphe Quellen, die zur Ergänzung, Ausschmückung und Dramatisierung des Geschehens eingearbeitet werden. In Lumbrein spielt barocke Leidensmystik eine grosse Rolle. Die gläubigen Zuschauer sollen durch mitfühlende Solidarität ihrem Herrn begegnen und so den Weg zum Glauben finden. In Sumvitg liegt der inhaltliche Schwerpunkt auf einer rechtlich fundierten Darstellung des Prozesses Jesu. Die Zuschauer sollen verstehen, wie es zur Verurteilung Jesu kommen konnte und lernen, wie Neid, Machtbesessenheit und Lüge einen Unschuldigen zu Fall bringen konnten.

Es ist nicht ausgeschlossen, dass die *Passiun da Lumbrein* als Vorlage für die Erarbeitung der *Passiun da Sumvitg* gedient hat. Die *Passiun da Sumvitg* hat indes eine starke intentionale Überarbeitung erfahren, die den beiden Passionen ein sehr unterschiedliches Gepräge gegeben hat.

2.2 Das Ordensdrama

Das einzige Drama, das zu dieser Gattung gehört, ist das Stück *Sogn Placi*, welches 1744 in der Benediktinerabtei Disentis aufgeführt wurde. Dieses Stück trägt alle Elemente des aufwendigen Ordensdramas. Das Drama ist nicht erhalten. Das Stück wird durch eine Perioche aber gut dokumentiert.

Aufführende sind die Schüler der Klosterschule. Die Rollen werden im Rahmen des Unterrichts einstudiert. Ausser den Darstellern der Hauptrollen stellt jeder Schüler mehrere Rollen dar. Die älteren Schüler werden mit den grossen Rollen betraut. Die Jüngeren stellen vorwiegend kleine

Statistenrollen dar. Die Disentiser Aufführung des *Sogn Placi* kommt mit verhältnissmässig wenigen Schaupielern aus.

Das Stück wird am Hochfest der Klosterpatrone am 11. Juli gegeben. Es soll an das Martyrium des Heiligen Placidus von Disentis erinnern. Es hat ausgesprochen feierlichen, repräsentativen Charakter. Nach Gadola wird es im Freien gegeben.

Formal enthält das Stück alle Elemente des grossen Barockdramas. Es ist in drei Akte eingeteilt. Prolog und Epilog umfassen das Stück. Je eine Chor- und eine Tanzszene beschliessen die ersten beiden Akte. Die Handlung verläuft auf zwei Ebenen. Die Bekehrung, das Martyrium und das Wunder der Errettung des Placi gehören zur Haupthandlung. In den Chorszenen bepflanzt Orpheus die Einöde. Das Wachsen der Blumen ist Sinnbild für den wachsenden Glauben der einheimischen Bevölkerung. Triumphal ist der Schluss: Orpheus pflückt die Blumen. Erst im Tod ist Vollendung. Das gilt für die Blumen, das gilt für Placi.

2.3 Die *Kleinen Dramen*

Die Dramenbearbeitungen für die Dorfbühne, wie sie Gadola nennt, sind nur als Texte überliefert. Zu ihnen gehören die Stücke *Gion Guarinus*, *Sogn Gieri* und *Paulinus de Nola*. Wann, von wem und wo sie aufgeführt wurden, ist unklar. Die Handschriften enthalten keine Daten und vermerken keine Besetzungen. Die Tatsache aber, dass teilweise mehrere romanische Bearbeitungen der gleichen Stoffe vorliegen, deutet darauf hin, dass diesen Stücken ein grosses Interesse entgegengebracht wurde.

Der inszenatorische Aufwand ist bei allen drei Dramen gering. Es werden zehn bis fünfzehn Darsteller für die Besetzung der Hauptrollen benötigt. Diener, Soldaten und andere Statistengruppen sind dabei nicht mitgezählt. Zwei dieser drei Stücke haben einen einzigen Handlungsort. Im *Paulinus de Nola* sehen die Zuschauer einen ummauerten Garten, im *Gion Guarinus* den Saal eines Schlosses. Im Drama *Sogn Gieri* spielen die ersten Akte im Palast Diokletians, der dritte Akt im Wald der Götter. Die Inszenierung der Stücke setzt keine komplizierten Verwandlungen voraus.

Die Kargheit der Ausstattung findet ihre Entsprechung in der dramatischen Gestaltung der Stücke. Alle drei sind einfach und linear konstruiert. Es gibt jeweils eine einzige Handlungsebene. Die Wunder und phantasti-

III. Bedeutung des rätoromanischen Dramas des 18. Jahrhunderts

schen Ereignisse, die der Plot der Stücke enthält, werden nicht szenisch umgesetzt, sondern lediglich erzählt. Dadurch entfällt ein wesentliches Element der Aufführung. Besonders im *Gion Guarinus* wird diese eigenartige Form dramatischer Gestaltung offensichtlich. Obwohl der zugrundeliegende Plot eine Vergewaltigung, einen Mord, die Verwandlung eines Menschen in ein Tier, eine Marienerscheinung und eine Auferstehung enthält, bekommen die Zuschauer nur das verwandelte Tier zu sehen. Die restliche Geschichte wird von vier Adligen erzählt, die beisammen sitzen und die modischen Getränke der Zeit, Kaffee und Schokolade, trinken.

Diese eigenwillige Konstruktion der Dramen ist schwierig zu begründen. Sicherlich haben die beschränkten Mittel zur szenischen Vereinfachung der Stücke beigetragen. Die fehlende Bühnentechnik lässt keine grossen Verwandlungen zu. Die Zahl der Darsteller ist begrenzt, die finanziellen Mittel sind es sicherlich auch.

Dennoch ist es angebracht, auch die Geistesgeschichte zur Deutung dieser nüchternen Dramen zu bemühen. Alle drei wurden wahrscheinlich in der zweiten Hälfte des 18. Jahrhunderts ins Rätoromanische übertragen. Zu diesem Zeitpunkt ist die Aufklärung auch in Graubünden im Vormarsch. Man fühlt sich inhaltlich noch an die alten Stoffe gebunden. Aber die sinnliche Darbietung der Wunder, Morde und Erscheinungen entsprechen nicht mehr dem Zeitgeschmack.

Zudem neigt der Rätoromane auch in anderen literarischen Gattungen zur Nüchternheit. Viele seiner Märchen kommen ohne Zauberer aus. Er neigt zu rationalen Deutungen des Geschehens. Möglicherweise hat sich auch hier dieser behutsame Umgang mit Übersinnlichem manifestiert.

3 Rätoromanische Dramen im europäischen Kontext

Graubünden ist uraltes Passland. Schon in der Bronzezeit lässt sich ein reger Handel über die Alpenpässe nachweisen. Die Römer legten eine ihrer wichtigsten Routen mitten durch Graubünden. Der Bischof von Chur verdankt seine Bedeutung der Herrschaft und Kontrolle über die Pässe.

Die Romanen, die ursprünglich das ganze Rheintal bis zum Bodensee bevölkerten, haben sich im Laufe der Jahrhunderte immer mehr in die Berge zurückgezogen. Die Stadt Chur war bis zum 15. Jahrhundert das geografische und wirtschaftliche Zentrum des rätoromanischen Sprachgebietes. Mit der Germanisierung der Stadt nach dem Brand von 1464 zerfiel die Rätoromania in Sprachinseln, die sich sprachlich weitgehend autonom weiterentwickelten.

Zwei gegensätzliche Tendenzen sind hier vereint. Auf der einen Seite halten sich kulturelle Formen in alpenländischen Gebieten länger als in den städtische Agglomerationen. Dies ist auch der Grund für das Überleben des Rätoromanischen. Auf der anderen Seite waren die Romanen immer auch mit Zeitgenossen aus aller Herren Länder konfrontiert. Nicht nur der Handelsverkehr, auch kriegerische Auseinandersetzungen im Streit um die grossen Alpenstrassen bringen immer wieder Menschen ins Land, die andere Sprachen sprechen und andere kulturelle Formen entwickelt haben.

Auf diesem bewahrenden und dennoch weltoffenen Hintergrund ist es interessant zu fragen, inwiefern die Dramen dieser Arbeit originäre rätoromanische Werke sind. Wie gross ist der Anteil der schöpferischen Eigenleistung? Was wurde übernommen? Übersetzt? Wie frei geht der rätoromanische Übersetzer mit den Textvorlagen um? – Diesen Fragen widmen sich die folgenden Abschnitte.

Um es gleich vorwegzunehmen: fast alle besprochenen Dramen stammen aus anderssprachigen Kulturräumen. Die Stoffe, die hier bearbeitet werden, sind anderswo enstanden. Sie wurden von den Romanen übersetzt, teilweise auch kräftig überformt. Dies gilt schon für das Humanisten- und Reformationsdrama des Engadins. Es war offenbar einfacher, Dramen zu übersetzen als sie neu zu erfinden.

Träger dieses kulturellen Austausches ist wiederum die Kirche. Die Orden haben eine wichtige Funktion in der Verbreitung der barocken Dramen. Für Graubünden spielt die Benediktinerabtei Disentis eine zentrale

III. Bedeutung des rätoromanischen Dramas des 18. Jahrhunderts

Rolle. Ihre Verbindungen zu den grossen Klöstern der Schweiz, vor allem zu Einsiedeln, schaffen ein dichtes kulturelles Netzwerk. Aber auch die Weltgeistlichen tragen viel zum Austausch bei. Die beiden Pfarrer von Sumvitg und von Lumbrein, die als Autoren der jeweiligen Passionen in Frage kommen, haben beide in Dillingen studiert, einer Hochburg des Jesuitentheaters.

Die Romanen haben nicht nur bestehende Texte übersetzt, sondern vielfache Formen der Abwandlung erfunden. Im folgenden soll die Art der literarischen Überformung anhand der einzelnen Dramengruppen untersucht und dokumentiert werden.

3.1 Die Passionen

Der Autor der Passion von Lumbrein definiert bereits in der Überschrift zur *Passiun da Lumbrein* die Art seiner Arbeit an der Passion. «Darstellung der Passion und des Todes unseres Erlösers Jesus Christus, aus den vier Evangelisten ausgezogen und aus anderen romanischen und deutschen geistlichen Büchern.» Grundlage für sein Werk ist der biblische Bericht der Passion Jesu. Mit Szenen aus den Apokryphen schmückt und dramatisiert er das Passionsgeschehen. Schliesslich fliesst auch religiöse Erbauungsliteratur in das Werk ein. Der Autor der *Passiun da Lumbrein* beansprucht für sich kein künstlerisches Recht. Er versteht sich als Redaktor. Die Passion, die er komponiert, ist einerseits auf die dörflichen Bedürfnisse und Möglichkeiten hin konzipiert, andererseits verwendet er literarische Quellen, die im gesamten deutschsprachigen Raum bekannt sind. Die *Passiun da Lumbrein* ist dadurch autochthon und weltoffen zugleich.

Der Autor der *Passiun da Sumvitg* indes vesteht sich nicht als Redaktor. Zwar benutzt er weitgehend die gleichen Quellen, aber er setzt andere Akzente. Er verlagert den Schwerpunkt des Interesses weg von der Darstellung des Leidens hin zur Schilderung des Prozesses Jesu. Er streicht das berühmte Verhör Jesu vor Pilatus, um stattdessen die intriganten Machenschaften der Hohepriester zu skizzieren. Jesus wird im Hintergrund verhört, er spricht kaum noch, sein Anspruch scheint fallengelassen. Hier ist freier, dichterischer Wille am Werk. Die *Passiun da Sumvitg* ist mehr als Redaktion. Sie ist Neuschöpfung aus alten Quellen, vor Ort gewachsen, auf Sumvitg zugeschnitten.

3.2 Das Ordensdrama

Mit dem *Sogn Placi* erschafft die Benediktinerabtei ein Werk, das die eigene, lokale Geschichte thematisiert. Die Legende des Klostergründers wird auf die Bühne gehoben. Das Drama *Sogn Placi* ist für Disentis geschaffen, mit seiner Aufführung gedenkt das Kloster der eigenen Wurzeln. *Sogn Placi* ist das einzige Drama, das nicht aus einer anderen Sprache übersetzt wurde, sondern in Disentis entstanden ist.

Hier mag klösterlicher Selbstbehauptungswille eine Rolle gespielt haben. Einsiedeln hatte sein Meinradsstück. Vielleicht wollte Disentis seine Heiligen auch entsprechend ehren.

Interessant ist folgendes. Die Geschichte, der Plot des *Sogn Placi*, ist neu. Formal lehnt sich das Stück aber ganz an die barocke Tradition an, es ist geradezu das Musterbeispiel eines barocken Dramas. Die strikte, parallele Einteilung der Akte, die Chöre, Tänze, schliesslich der Prolog und der Epilog, alles ist barocke Machart. In Disentis wird eine klassische Form des Barockdramas übernommen, aber mit einem neuen Inhalt gefüllt.

In einem Punkt ist die Disentiser Aufführung des *Sogn Placi* einzigartig. Die Patres erstellen eine Perioche in vier Sprachen. Im gleichen Heft wird Titel, Inhalt und Szenenübersicht viersprachig gedruckt: in der Kirchensprache Latein, in der Volkssprache Romanisch, dann in Italienisch für den römischen Gesandten und in Deutsch als Reverenz an die Amtssprache. Elida-Maria Szarota nennt in ihren Arbeiten höchstens zweisprachige Periochen, meist in der jeweiligen Landessprache und Latein. Die Disentiser Perioche ist einzigartig, vielleicht in ganz Europa. Sie spiegelt die Sprachsituation Graubündens wieder und zeugt von diplomatischem Geschick und sprachlicher Weltgewandtheit.

3.3 Die *Kleinen Dramen*

Die Themen der einfachen Dramen sind alle entlehnt. *Paulinus de Nola* und *Gion Guarinus* sind Stoffe der Jesuitenbühne. Das Drama *Sogn Gieri* wurde in der Innerschweiz gegeben. Wie diese Texte ins rätoromanische Graubünden gelangt sind, ist nicht klar. Ihre Bearbeiter sind unbekannt, die Originalübersetzungen – bis auf den *Sogn Gieri* – verloren. Vieles liegt im Dunkeln und wird wohl nicht zu ergründen sein, solange für diese Dramen keine Aufführungdaten, kein konkreter Kontext gefunden wird.

III. Bedeutung des rätoromanischen Dramas des 18. Jahrhunderts

Dennoch bleibt die Tatsache, dass mitten in den Bergen, weitab von jeder städtischen Zivilisation und Modernität, die grossen zeitgenössischen Stücke gegeben werden, sehr interessant. Wir müssen davon ausgehen, dass mitten im romanischen Sprachgebiet, in einem Dorf mit einigen hundert Seelen, die gleichen Stoffe auf die Bühne gelangen, wie in Freiburg, Luzern, Dillingen und München.

Natürlich sind diese Dramen ihrer barocken Gewandung beraubt. Die szenische Opulenz, die reiche Symbolik, die kunstvolle Verwebung der Ebenen, dies alles ist verloren. Aber die Stoffe bleiben und halten sich länger als anderswo. Der Paulinus de Nola wird 1888 das letzte Mal gespielt, zuoberst in der Surselva, in Sedrun.

4 Schlusswort

Die romanischen Dramen des 18. Jahrhunderts sind Zeugen grosser Theaterbegeisterung. Das Interesse für fremde Stoffe, der Mut zur verformenden Aneignung anderssprachiger Quellen, schliesslich die originelle, wenn auch nicht immer glückliche Anpassung an die Erfordernisse einer bestimmten Bühne, dies alles steht für kulturelle Vitalität, für spielerisch vertiefenden Umgang mit Glaubensinhalten, für leistungsfähige dörfliche Gemeinschaften.

Faszinierend ist die kulturelle Kraft der Kirche, die einigende Kraft des Barockzeitalters, die Aufgeschlossenheit für die Welt. – Hundert Jahre später wird das nicht mehr so sein.

IV. Anhang

1 Abkürzungsverzeichnis

Allgemeines
Ms.   Manuskript
Peri.   Perioche

Handschriften
Ms.Paulinus.Tuor.   Manuskript *Paulinus de Nola*
Ms.Gieri.Disent.   Manuskript *Sogn Gieri*
Ms.Guarinus.B.Tuor.   Manuskript *Gion Guarinus*, Handschrift B
Ms.Guarinus.A.Tuor.   Manuskript *Gion Guarinus*, Handschrift A

Periochen
Peri.Placidus.Disent.   Perioche des *Trinum Perfectum. S. Placidus*
Peri.Guarinus.Zug.   Perioche des *Joannes Guarinus* von Zug

2 Literaturverzeichnis

2.1 Primärliteratur

Berchter, (Familie): *Familien-Notizbuch.* Handschrift aus dem 17./18. Jahrhundert. Aufbewahrt im Stiftsarchiv der Abtei Disentis.

Berther, Baseli (Kop.): *Paulinus de Nola ne La vera carezia humana Ina tragedia en treis acts.* Vollständige Handschrift in Heftform, um 1888 (Dat. nach Gadola). – Kopie eines älteren Originals (von Gion Theodor de Castelberg, um 1815). Aufbewahrt in der romanischen Klosterbibliothek in Disentis/CH.

Berther, Baseli: *Gieri, il grond sogn marter.* Handschrift, undatiert. – Kopie eines älteren Originals. Aufbewahrt in der romanischen Klosterbibliothek in Disentis/CH.

Carnot, Maurus Camathias, Flurin (Übers.): Igl emprem sanctuari sul Rein. In: *Nies Tschespet : Cudischets per il pievel : Edi della Romania.* Bd. 20 (1940), S. 1–132.

CASTELBERG, Theodor de: *Paulinus de Nola.* Fragmentarische Handschrift, um 1815 (Dat. nach Gadola). – Aufbewahrt in der romanischen Klosterbibliothek in Disentis / CH.

DECURTINS, Caspar: *Rätoromanische Chrestomathie.* 14 Bände (Reprint der Originalausgabe) und Registerband. Chur : Octopus, 1982–85.

GIGER, August (Kop.): *Gieri, il Grond s. Marter.* Handschrift in Heftform, um 1900 (Dat. nach Gadola). – Kopie eines älteren Originals. Aufbewahrt in der romanischen Klosterbibliothek in Disentis / CH.

N. N.: *Der ehemals Heilige nachmals übel Gefallene letztlich bereuht-Büssende Joannes Guarinus. Vorgestellt durch die studierende Jugendt löblicher Stadt Zug den 18. und 22. Herbstmonat 1727.* – Perioche. Signatur Rd 504 f. Aufbewahrt in der Zentralbibliothek in Zürich.

N. N.: *Sogn Gieri.* Handschrift, 2. Hälfte des 18. Jh. (Dat. nach Gadola). – Originalübersetzung. Aufbewahrt in der romanischen Klosterbibliothek in Disentis / CH.

N. N.: *Trinum perfectum. S. Placidus S. Sigisberti Abbatis ed superioris Rhaetiae Apostoli discipulus devotus christianus humilis monachus martyr gloriosus : In Scena publica exhibitus à Studiosa Juventute Principalis Monasterij Disertinensis Ordinis S. Benedicti Die 11. Julij. 1744.* Disentis : Klosterdruckerei, 1744. – Perioche. Aufbewahrt in der romanischen Klosterbibliothek in Disentis / CH.

Neues Testament. Einheitsübersetzung. Stuttgart : Katholisches Bibelwerk, 1998.

SALE, Flaminio da: *Fundamenti principali della lingua Retica o Griggiona, con le regole del declinare i nomi, e congiugare i verbi, all'uso delle valli di Sopraselva e di Sorset... Coll' aggiunta d'ün vocabolario italiano e reto di due lingue romancie.* Disentis / Mustér : Klosterdruckerei, 1729.

SALO, Zacharias da: *La glisch sin il candelier invidada.* Cumbel/CH : Barbisch, G. G., 1685. – Aufbewahrt in der romanischen Klosterbibliothek in Disentis/CH.

SALO, Zacharias da: *La Vita de S. Plazi martir e Soing Sigisbert, avat e confessur.* Surrhein-Sumvitg : Stamparia de Surrhein-Sumvitg, 1838. – Aufbewahrt in der romanischen Klosterbibliothek in Disentis/CH.

TUOR, Gion Gieri de: *Comediaetta che representa en treis acts Gion Guarinus igl penitent puccont.* Handschrift A, um 1810 (Dat. nach Gadola). – Kopie eines älteren Originals. Aufbewahrt in der romanischen Klosterbibliothek in Disentis/CH.

TUOR, Gion Gieri de: *Comediaetta che representa en treis acts Gion Guarinus igl penitent puccont.* Handschrift B, um 1810 (Dat. nach Gadola). – Kopie eines älteren Originals. Aufbewahrt in der romanischen Klosterbibliothek in Disentis/CH.

TUOR, Gion Gieri de (Kop.): *Ina tragedia Dividida en treis Acts da d'in Soing Paulinus Ueschtg da Nola en Campanien.* Handschrift im Hochformat, um 1810 (Dat. nach Gadola). – Aufbewahrt in der romanischen Klosterbibliothek in Disentis/CH.

VENZIN, Vigeli (Kop.): *Gieri, il grond s. marter.* Handschrift in Heftform, um 1896. – Kopie eines älteren Originals. Aufbewahrt in der romanischen Klosterbibliothek in Disentis/CH.

2.2 Sekundärliteratur

ALEWYN, Richard: Der Geist des Barocktheaters. In: BRAUNECK, Manfred (Hrsg.); SCHNEILIN, Gérard (Hrsg.): *Drama und Theater.* Bamberg : Buchner, 1987. (Themen-Texte-Interpretationen RÖTZER, Hans Gerd [Hrsg.]. Bd. 8), S. 25–46.

ALEXANDER, Robert J.: *Das deutsche Barockdrama.* Stuttgart : Metzler, 1984. (Sammlung Metzler, Bd. 209).

ASMUTH, Bernhard: *Einführung in die Dramenanalyse.* 3., durchges. und erg. Auflage. Stuttgart : Metzler, 1990. (Sammlung Metzler, Bd. 188).

BAUER, Hermann: *Barock : Kunst einer Epoche.* Berlin : Reimer, 1992.

BENDER, Wolfgang F. (Hrsg.): *Schauspielkunst im 18. Jahrhundert : Grundlagen, Praxis, Autoren.* Stuttgart : Franz Steiner Verlag, 1992.

BERTHER, Sigisbert: La processiun da Nossadunna dallas dolurs a Lumbrein. In: *Igl Ischi : Revista semestrila.* 70. Jahrgang, Nr. 25 (1985), S. 46–51.

BEZZOLA, Reto R.: *Litteratura dals Rumauntschs e Ladins.* Chur : Lia Rumauntscha, 1979.

BRAUN, Heinrich Suso: Bühnenkunst des Einsiedler Barocktheaters. In: SCHMID, Alfred A. (Hrsg.): *Corolla Heremitana : Neue Beiträge zur Kunst und Geschichte Einsiedelns und der Innerschweiz in Verbindung mit Albert Knoepfli und P. Maximilian Roesle.* Olten und Freiburg im Breisgau : Walter, 1964.

BRAUN, Heinrich Suso: *Das Einsiedler Wallfahrtstheater der Barockzeit : Ein Beitrag zur Schweizer Theatergeschichte und zum Ordensdrama.* (Unveröffentlichte) Dissertation zum Erlangen der Doktorwürde von der Philosophischen Fakultät der Universität Freiburg i.Ue., 1988. – Die Dissertation wird in der Stiftsbibliothek Einsiedeln und in der Universitätsbibliothek Freiburg i.Ue. aufbewahrt.

BRAUNFELS-ESCHE, Sigrid: *Sankt Georg : Legende, Verehrung, Symbol.* München : Verlag Georg D. W. Callwey, 1976.

BRINKMANN, Richard (Hrsg.): *Theatrum Europaeum. Festschrift für Elida Maria Szarota.* München : Fink, 1982.

BRUNOLD, Ursus: S. Fossa a Sevgein : Novs documents partenent la missiun retica dils caputschins. In: *Annalas da la Società Retorumantscha.* 97. Jahrgang (1984), S. 103–121.

BRUNOLD, Ursus: Zur Geschichte der Pfarrei Savognin. In: SIMONETT, Jürg (Hrsg.): *Savognin : Geschichte Wirtschaft Gemeinschaft.* Savognin : Gemeinde Savognin, 1988, S. 177–201.

CAHANNES, Gion: Las missiuns dils paders capucins en Rezia el 17avel tschentaner. In: *Igl Ischi : Organ della Romania.* (1902), S. 1–55.

CAPAUL, Giusep: *La Passiun da Lumbrein. Perdetga da cardientscha e tradiziun. Guid.* Lumbrein : Pleiv sogn Martin, 2000.

CAPAUL, Risch: La Passiun de Lumbrein : Dada per la davosa gada la primavera 1882. In: *Calender Romontsch 87.* (1987), S. 331–341.

DECURTINS, C.: Ina petschna contribuziun tier la historia della Passiun de Lumbrein. In: *Igl Ischi : Organ della Romania.* 2. Jahrgang (1898), S. 39–41.

DECURTINS, Caspar: *Das Somvixer Passionsspiel : Ein Vortrag.* Erscheinungsort und Verlag unbekannt; wahrscheinlich in Chur gedruckt, um 1878.

DECURTINS, Caspar: Geschichte der rätoromanischen Litteratur. In: GRÖBER, Gustav (Hrsg.): *Grundriss der romanischen Philologie.* Strassburg : Trübner, 1897, S. 251–256.

DEPLAZES, Gion: *Passiuns. Las Passiuns romontschas. Passiun.* Laax : Casa editura OVRAS, 1994.

DEPLAZES, Gion: *Die Rätoromanen: Ihre Identität in der Literatur.* Disentis : Desertina, 1991.

DEPLAZES, Gion: Die Somvixer Passion : Ein urtümliches Erbauungsspiel im Lande der Quarta Lingua. In: *Neue Bündner Zeitung.* Nr. 100 (1963), S. 17.

DEPLAZES, Gion: *Funtaunas : Istorgia da la litteratura rumantscha per scola e pievel : Dals origins a la refurma (Band I.) : Da las refurmas a la revoluziun franzosa (Band 2) : Da la revoluziun franzosa a l'avertura litterara. (Band 3).* Chur : Lia rumantscha, 1987–90.

DEPLAZES, Gion: *Las passiuns romontschas.* Disentis : Desertina, 1962. (Ediziuns Desertina, Bd.1).

DEPLAZES, Gion: Las Passiuns romontschas. In: *Gasetta Romontscha.* Nr. 27 (1962). – Beilage zur «Gasetta Romontscha.

DERUNGS, Alois: La confraternitad e processiun en honur de Nossadunna dellas dolurs a Lumbrein. In: *Igl Ischi : Organ della Romania.* 24. Jahrgang (1948), S. 33–53.

DOSCH, Luzi ; WALDMANN, Urs: Savognin und die Barockkunst der Kapuziner. In: SIMONETT, Jürg (Hrsg.): *Savognin : Geschichte Wirtschaft Gemeinschaft.* Savognin : Gemeinde Savognin, 1988, S. 203–218.

DRG: Società Retorumantscha, Institut dal Dicziunari Rumantsch Grischun (Hrsg.): *Dicziunari Rumantsch Grischun.* Chur : Institut dal Dicziunari Rumantsch Grischun, 1939ff.

EBERLE, Oskar: *Theatergeschichte der Inneren Schweiz : Das Theater in Luzern, Uri, Schwyz, Unterwalden und Zug im Mittelalter und zur Zeit des Barock 1200–1800.* Königsberg i. Pr. : Gräfe und Unzer, 1929 (Königsberger deutsche Forschungen, Heft 5).

FÄSI, J.C.: Kurze Biographie P. Basil Mayers von Baldegg, aus Luzern. Nebst der Probe eines lateinischen Gedichts desselben. In: *Schweizerische Litteratur, als Anhang zum ersten Band der Bibliothek der Schweizerischen Staatskunde, Erdbeschreibung und Litteratur von Prof. J.C. Fäsi.* Zürich : im Verlag des Herausgebers, 1797. S. 287–301.

FISCHER-LICHTE, Erika: *Geschichte des Dramas : Bd. 1 : Von der Antike bis zur deutschen Klassik.* Tübingen : Franke, 1990 (UTB für Wissenschaft : Uni-Taschenbücher ; 1565).

FISCHER-LICHTE, Erika: *Semiotik des Theaters. Vom «künstlichen» zum «natürlichen» Zeichen : Theater des Barock und der Aufklärung.* Tübingen : Narr, 1999.

FLEMMING, Willi: Geschichte des Jesuitentheaters in den Landen deutscher Zunge. In: *Schriften der Gesellschaft für Theatergeschichte : Band 32.* Berlin : Selbstverlag der Gesellschaft für Theatergeschichte, 1923.

FLEMMING, Willi: Das Ordensdrama. In: *Deutsche Literatur. Sammlung literarischer Kunst- und Kulturdenkmäler in Entwicklungsreihen : Reihe Barock.* Leipzig : Reclam, 1930.

FRIGG, Albert: *Die Mission der Kapuziner in den rätoromanischen und italienischen Talschaften Rätiens im 17. Jahrhundert. Abhandlung zur Erlangung der Doktorwürde der theologischen Fakultät der Universität Zürich.* Chur : Sprecher, 1953.

GADOLA, Guglielm: *Consolaziun dell'olma devoziusa : Recensiu da Dr. Guglielm Gadola.* Disentis : Condrau, 1942. – Separatdruck aus der Gasetta Romontscha, Nr. 8, 9, 10.

GADOLA, Guglielm: *Geschichte der rätoromanischen Literatur des 17. Jahrhunderts : Mit besonderer Berücksichtigung der Reformations- und Gegenreformationsliteratur und ihrer Quellen : Inaugural-Dissertation zur Erlangung der Doktorwürde von der Philosophischen Fakultät der Universität Zürich.* Masch. Schrift, undatiert. – Aufbewahrt in der Kantonsbibliothek Graubünden in Chur: Ac 752.

GADOLA, Guglielm: *Historia dil teater romontsch : Emprema perioda 1650–1750.* Disentis : Stampa Romontscha, um 1930.

GADOLA, Guglielm: *Historia dil teater romontsch : Secunda perioda 1750–1850.* Disentis : Stampa Romontscha, 1932. – Separat aus: Ischi XXIII (1932).

GADOLA, Guglielm: Historia dil teater romontsch: Tiarza perioda 1850–1960. In: *Igl Ischi : Organ della Romania.* 47. Jahrgang (1961), S. 77–113.

GADOLA, Guglielm: Historia litterara dil sentiment religius en Surselva de messa. In: *Igl Ischi : Organ della Romania*. 31. Jahrgang (1945), S. 19–53.

GADOLA, Guglielm: P. Baseli Berther : Sia veta e sias ovras. In: *Nies Tschespet : Cudischets per il pievel : Edi dalla Romania*. Bd. 23 (1943), S. 1–112.

GADOLA, Guglielm: Raccolta litterara retoromantscha 1552–1930 : Bibliotecas, Raritads, Stampas e Bibliografia. In: *Annalas da la Società Retorumantscha*. Jahrgang 51 (1937) – Separatdruck.

GIGER, Felix: *Hecastus: Ein unveröffentlichtes altoberengadinisches Jedermannsspiel (Textkritische Ausgabe) mit einer Einführung in das Engadiner Drama das 16. Jahrhunderts*. Unveröff. Abhandlung zur Erlangung der Doktorwürde der Philosophischen Fakultät I der Universität Freiburg i.Ue. Masch. Schrift. 1977. – Im Besitz des Autors.

GIGER, Felix: La «Passiun da Savognin». In fragment digl onn 1741. In: *Annalas da la Società Retorumantscha*. Jahrgang 96 (1983), S. 94–100.

GNILKA, Joachim: *Jesus von Nazareth. Botschaft und Geschichte*. Freiburg : Herder, 1993.

GOCKERELL, Nina: Das Leiden Christi in der volkstümlichen Bilderwelt. In: HENKER, Michael (Hrsg.); DÜNNINGER, Eberhard (Hrsg.); BROCKHOFF, Evamaria (Hrsg.): *Hört, sehet, weint und liebt : Passionsspiele im alpenländischen Raum : Katalogbuch zur Ausstellung*. München : Haus d. Bayer. Geschichte, 1990. (Veröffentlichungen zur bayerischen Geschichte und Kultur; Nr. 20).

HÄNE, Rafael: *Das Einsiedler Meinradspiel von 1576 : Ein Beitrag zur schweizerischen Literatur- und Theatergeschichte*. Einsiedeln : Stiftsdruckerei Einsiedeln, 1926. (Beilage zum Jahresbericht der Stiftschule Einsiedeln 1925/26).

HELVETIA SACRA, Kuratorium der (Hrsg.): Frühe Klöster, die Benediktiner und Benediktinerinnen in der Schweiz. In: *Helvetia Sacra : Abteilung III : Die Orden mit Benediktinerregel*. Band I. Erster Teil. Bern : Francke Verlag, 1986.

HENGGELER, Rudolf: *Die kirchlichen Bruderschaften und Zünfte der Innerschweiz*. Einsiedeln : Eberle, (o.J.)

HENGGELER, Rudolf: *Professbuch der fürstl. Benediktinerabtei U.L.Frau zu Einsiedeln : Festgabe zum tausendjährigen Bestand des Klosters von P. Rudolf Henggeler O.S.B. Einsiedeln*. Einsiedeln : im Selbstverlag des Stiftes, 1933. (Monasticon-Benedictinum Helvetiae, III. Band).

HENKER, Michael (Hrsg.); DÜNNINGER, Eberhard (Hrsg.); BROCKHOFF, Evamaria (Hrsg.): *Hört, sehet, weint und liebt : Passionsspiele im alpenländischen Raum : Katalogbuch zur Ausstellung*. München : Haus d. Bayer. Geschichte, 1990. (Veröffentlichungen zur bayerischen Geschichte und Kultur; Nr. 20).

HESS, J.H.: *P. Marianus Rot : (1597–1663) : Ein Kapitel schweizerische Theatergeschichte*. Basel : Hess, 1927.

HOFFMEISTER, Gerhart: *Deutsche und europäische Barockliteratur*. Stuttgart : Metzler, 1987. (Sammlung Metzler, Bd. 234)

HÖRRMANN: Das Passionsspiel in Lumbrein. In: *Ueber Land und Meer : Allgemeine Illustrierte Zeitung*. Nr. 36 (1882), S. 723–724.

JENNY, Rudolf: *Handschriften aus Privatbesitz im Staatsarchiv Graubünden*. Chur : Calven-Verlag 1974.

KOCH, Hans-Albrecht: *Das deutsche Singspiel*. Stuttgart : Metzler, 1974 (Sammlung Metzler, Bd. 133).

KRETZENBACHER, Leopold: *Passionsbrauch und Christi-Leiden-Spiel in den Südost-Alpenländern*. Salzburg : Müller, 1952.

MAISSEN, Alfons (Hrsg.); SCHORTA, Andrea (Hrsg.): *Rätoromanische Volkslieder: Erste Folge: Die Lieder der Consolaziun dell'olma devoziusa: 2. Teil: Kritischer Text.* Basel: Buchdruckerei G. Krebs, Verlagsbuchhandlung A. G., 1945. (Schriften der Schweizerischen Gesellschaft für Volkskunde, Bd. 27).

MÜLLER, Iso: *Abtei Disentis.* 10. Auflage. München und Zürich : Schnell und Steiner, 1988. (Schnell «Kleine Kunstführer» Nr. 655 [von 1957]).

MÜLLER, Iso: Augustin Stöcklin : Ein Beitrag zum Bündner Barockhumanismus. In: *Bündnerisches Monatsblatt : Zeitschrift für bündner. Geschichte, Landes und Volkskunde* (1950), S. 209–220.

MÜLLER, Iso: Barocke Volksliturgie. In: *Bündner Monatsblatt : Zeitschrift für bündnerische Geschichte, Heimat- und Volkskunde.* (1966), S. 281–299.

MÜLLER, Iso: Das Disentiser Studententheater 1657–1879. In: *Studien und Mitteilungen zur Geschichte des Benediktiner-Ordens und seiner Zweige : Herausgegeben von der Bayerischen Benediktinerakademie.* Bd. 83 (1972), Sonderdruck, S. 246–273.

MÜLLER, Iso: Der Brand der Abtei Disentis 1799 und die schweizerische Liebestätigkeit. In: *Bündner Monatsblatt : Zeitschrift für bündnerische Geschichte, Heimat- und Volkskunde.* (1966), S. 1–31.

MÜLLER, Iso: Der hl. Placidus. In: *Bündner Monatsblatt : Zeitschrift für bündnerische Geschichte, Landes- und Volkskunde.* (1940), S. 27–30; 48–55; 120–128.

MÜLLER, Iso: Der marianische Triumphzug von Maria Licht in Truns von 1687. In: *Disentis : Blätter für Schüler und Freunde.* Nr. 21 (1954), S. 25–34.

MÜLLER, Iso: Die Abtei Disentis und die westeuropäischen Höfe im Zeitalter der Restauration. In: *Bündner Monatsblatt : Zeitschrift für bündnerische Geschichte, Heimat- und Volkskunde.* (1964), S. 1–30.

MÜLLER, Iso: Die baulichen Restaurationen des Abtes Anselm Huonder (1804–26). In: *Bündner Monatsblatt : Zeitschrift für bündnerische Geschichte, Heimat- und Volkskunde.* (1966), S. 117–134.

MÜLLER, Iso: Die Cadi im Urteile eines Barocktheologen. In: *Bündner Monatsblatt : Zeitschrift für bündner. Geschichte, Heimat- und Volkskunde.* (1958), S. 54–69.

MÜLLER, Iso: Die Cadi um die Mitte des 18. Jahrhunderts. In: *Bündnerisches Monatsblatt : Zeitschrift für bündner. Geschichte, Landes- und Volkskunde.* (1945), S. 75–93; 97–119.

MÜLLER, Iso: Die Disentiser Barockscholastik. In: *Zeitschrift für Schweizerische Kirchengeschichte.* Nr. 52 (1958), S. 1–26; 151–180.

MÜLLER, Iso: Die Passio S. Placidi (ca. 1200). In: *Zeitschrift für schweiz. Kirchengeschichte.* (1952), S. 161–180; 257–278.

MÜLLER, Iso: Die sprachlichen Verhältnisse im Vorderrheintal im Zeitalter des Barocks. In: *Bündner Monatsblatt : Zeitschrift für bündnerische Geschichte, Heimat- und Volkskunde.* (1960), S. 273–316.

MÜLLER, Iso: Disentiser Bibilotheksgeschichte. In: *Studien und Mitteilungen zur Geschichte des Benediktiner-Ordens und seiner Zweige : Herausgegeben von der bayerischen Benediktinerakademie.* Bd. 83 (1974), Sonderdruck, S. 548–558.

MÜLLER, Iso: *Disentiser Klostergeschichte : Erster Band : 700–1512.* Einsiedeln : Benziger, 1942.

MÜLLER, Iso: Disentiser Reliquienübertragungen in der Barockzeit. In: *Bündner Monatsblatt : Zeitschrift für bündnerische Geschichte, Landes- und Volkskunde.* (1943), S. 206–223.

MÜLLER, Iso: Zur Disentiser Musikgeschichte in der 2. Hälfte des 18. Jahrhunderts. In: *Bündner Monatsblatt : Zeitschrift für bündnerische Geschichte, Landes- und Volkskunde.* (1953), S. 73–91.

MÜLLER, Iso: *Zur surselvischen Barockliteartur im Lugnez und in der Cadi 1670–1720.* 1951. – Separatdruck aus dem Jahresbericht der Hist.-Antiq. Gesellschaft von Graubünden.

MURK, Tista; GIANOTTI, Gian: *Theater der Rätoromanen.* Willisau : Theaterkultur-Verlag, 1987. (Bd. 18 der Schriften der Schweizerischen Gesellschaft für Theaterkultur).

PFISTER, Manfred: *Das Drama : Theorie und Analyse.* 7. Auflage (unveränderter Nachdruck der durchgesehenen und ergänzten Auflage 1988). München : Fink, 1988. (UTB für Wissenschaft : Uni-Taschenbücher ; 580).

PLATZ-WAURY, Elke: *Drama und Theater : Eine Einführung.* 2., durchges. Auflage. Tübingen: Narr, 1980. (Literaturwissenschaft im Grundstudium; Bd. 2).

POESCHEL, Erwin: *Zur Kunst- und Kulturgeschichte Graubündens : Ausgewählte Aufsätze.* Zürich : Kommissionsverlag Berichthaus Zürich, 1967.

REINLE, Adolf: Der Kruzifixus von Lumbrein. Ein Andachtsbild mittelalterlicher und barocker Leidensmystik. IN: BRUNOLD, Ursus (Hrsg.); DEPLAZES, Lothar (Hrsg.): *Geschichte und Kultur Churrätiens. Festschrift für Pater Iso Müller OSB zu seinem 85. Geburtstag.* Disentis : Desertina, 1986.

ROSENFELD, Hellmut: *Legende.* 4., verbesserte und vermehrte Auflage. Stuttgart: Metzler, 1982. (Sammlung Metzler, Bd. 9).

SCHÖNBÄCHLER, Daniel: *Die Benediktinerabtei Disentis.* Disentis : Condrau, 1992 (Schriften der Gesellschaft für Schweizerische Kunstgeschichte GSK, Bern).

SIMONETT, Jürg (Hrsg.): *Savognin : istorgia economia cuminanza.* Savognin : Cumegn da Savognin, 1988.

SZAROTA, Elida Maria: *Geschichte, Politik, und Gesellschaft in Drama des 17. Jahrhunderts.* Bern : Francke, 1976.

SZAROTA, Elida Maria: *Das Jesuitendrama im deutschen Sprachgebiet. Eine Periochen-Edition. Texte und Kommentare.* Band I–IV. München : Fink, 1979–1987.

TUOR, P.: La Passiun de Sumvitg dal temps dil domini franzos 1801. In: *Igl Ischi : Organ della Romania.* 13. Jahrgang (1911), S. 5–48.

VEY, Rudolf: *Christliches Theater in Mittelalter und Neuzeit.* Aschaffenburg: Pattloch, 1960. (Der Christ in der Welt HIRSCHMANN, Johannes [Hrsg.]. XV. Reihe. Bd. 10).

VINCENZ, Claudio: *Die Dramen von Gion Theodor de Castelberg : Edition Glossar Untersuchungen.* Chur : Vincenz, 1999.

WIDMER, Ambros: La claustra benedictina de Mustér en survetsch dil lungatg e della cultura retoromontscha. In: *Igl Ischi : Organ della Romania.* 47. Jahrgang (1961), S. 139–147.

WILLI, Christoph: *Die Kapuziner-Mission im romanischen Teil Graubündens mit Einschluss des Puschlav. I. Stationen. II. Missionare.* Brinzauls : Masch. Schrift, 1960.